*Philipp Franz von Siebold (Frontispiz)*

Wolfgang Genschorek

# Im Land der aufgehenden Sonne

Das Leben
des Japanforschers
Philipp Franz von Siebold

VEB F. A. Brockhaus Verlag Leipzig

Pioniere der Menschheit.
Hervorragende Forscher und Entdecker

Herausgegeben von Dr. sc. Wolfgang Genschorek (Leipzig)

ISBN 3-325-00053-3

1. Auflage

Lizenz-Nr. 455/150/6/88, LSV 5008
Lektor: Erika Kunath
Buchgestaltung: Hans-Jörg Sittauer
Kartenredaktion: Rüdiger Thomas
Kartenzeichnung: Klaus Thieme
Printed in the German Democratic Republic
Redaktionsschluß: 28. 2. 1986
Bestell-Nr. 587 267 0
01080

# Inhalt

# »Academia Sieboldiana«

Einer der ersten Deutschen, die den Weg der Freundschaft und Zusammenarbeit zwischen dem japanischen und dem deutschen Volk bahnten, war Philipp Franz von Siebold, der beste Japankenner seiner Zeit. Sein ereignisreiches, abenteuerliches Leben und sein in Japan unvergessenes Wirken sind ein Stück lebendiger Geschichte der vielseitigen guten Beziehungen unserer Völker.

Nur wenige deutsche Gelehrtenfamilien erlangten über Generationen hinweg auf unterschiedlichen Bereichen der Geistes- und Wissenschaftsgeschichte eine so nachhaltige Bedeutung wie die Würzburger Siebolds. Während die Vorfahren Philipp Franz von Siebolds Pionierleistungen in der Medizin vollbrachten, vertieften seine Söhne, das Werk ihres Vaters fortsetzend, die freundschaftlichen wissenschaftlich-kulturellen Beziehungen zwischen Japan und Deutschland.

Die Traditionen dieser Familie mit hervorragenden Persönlichkeiten reichen bis in das ausgehende 17. Jahrhundert zurück. Als erstem war es dem ehemaligen kurbayrischen Feldscher Johann Christoph Siebold (1701–1764) gelungen, sich von der Last der Hofdienerei zu befreien und in den Rang bürgerlicher Honoratioren aufzusteigen. Sein Können als Wundarzt, aber auch die glückliche Verbindung mit der Bürgermeisterstochter des niederrheinischen Städtchens Nideggen verhalfen ihm zu Ansehen und schließlich selbst zu Bürgermeisterwürden.

Sein Sohn Carl Caspar (1736–1807) beschritt erstmals in der Familie akademische Pfade. Nach Würzburg, wo er die soliden wissenschaftlichen und praktischen Grundlagen des Arztberufes erworben hatte, von der damals üblichen Bildungsreise zurückgekehrt, wurde ihm die fürstbischöfliche Gunst zuteil, eine Anstellung als Universitätsprofessor und Oberwundarzt zu erhalten.

In den von ihm vertretenen Fächern Anatomie, Chirurgie und Geburtshilfe blieben ihm zwar wissenschaftliche Großtaten versagt, wohl aber vermochte er das stagnierende Unterrichts- und Medizinalwesen zu reformieren sowie die chirurgische Versorgung der Patienten zu verbessern. Im Kampf gegen Kurpfuschertum und Aberglauben leistete er seinen Beitrag, der wissenschaftlichen Medizin den Weg zu bahnen. Dabei scheute er keine persönlichen materiellen Opfer, die ihm des kärglichen Gehalts wegen schwer genug fielen. Er war ein Mann ganz nach dem Geiste seines Landesvaters, der die Auffassung vertrat, daß »der Mangel die Tätigkeit der Gelehrten steigere, der Überfluß sie bequem mache«.

Für seinen Einsatz, insbesondere im Sanitätsdienst während der Schlacht bei Würzburg (1736), wurde Carl Caspar Siebold 1797 die Erhebung in den Reichsritterstand angetragen. Als er jedoch erfuhr, daß diese »Belohnung« mit erheblichen Gebühren verbunden war, zog er es vor, auf die ihm zugedachte »Ehre« zu verzichten.

Gute Freunde hielten sein Verhalten für kurzsichtig und veranlaßten ihn zu der Überlegung: »Wer weiß, was in späteren Zeiten diese meine Erhebung meinen Nachfolgern für Vorteil bringen kann«. So entschloß sich Carl Caspar Siebold vier Jahre später, doch den Antrag auf Aufnahme in den erblichen Adelsstand zu stellen. Ein Gesuch, dem trotz bedenklicher Verspätung huldvoll entsprochen wurde. Ein junger Kollege beglückwünschte den »Nobilitierten« zu dieser »Ehrung« mit der Ode:

»Sag' was adelt den Mann? – Ist's nicht sein höheres Wissen? Ist's nicht sein Herz? und die herrliche Saat, von beyden gestreuet dem Geschlechte, das ist, und das wird, zur seeligen Erndte? Oder, können es Pergament, und der Könige Siegel? Können die adeln, was unedel war, und ist und seyn wird? Sage, o Siebold, – Du, der die gestreueten herrlichen Saaten blühen und reifen schon sah'st, und siehest, – was soll das Diplom Dir, das des Kaisers Dank, vom Ufer der Donau, Dir sendet für die Sorge, die Seinen leidenden Kriegern Du weihtest, für ihr gerettetes Leben, heilig dem Herzen des Herrschers? ... Edel wirst Du nicht werden; edel bist Du schon lange.«

Die vier Söhne Carl Caspar von Siebolds wurden ebenfalls Ärzte, drei von ihnen setzten als Professoren sein Werk in Würzburg fort. Sehr zu recht wurde in der Medizinisch-chirurgischen Zeitung 1805 festgestellt: »Der Name Siebold ist in der Geschichte der deutschen Chirurgie nicht nur die Bezeichnung eines persönlichen Verdienstes, sondern auch einer universellen Bildungsepoche, die aus der Schule des ehrenvollen Veteranen dieses Namens in der letzten Hälfte des verflossenen Jahrhunderts sich hervorhob.«

*Christoph von Siebold*

*Apollonia von Siebold*

Uns interessiert vor allem sein ältester Sohn Christoph (1767–1798), der Vater des Japanforschers. Er hatte im Wintersemester 1790/91 die akademische Lehrtätigkeit für allgemeine Heilkunde, Diätetik und Geburtshilfe angetreten. Zu der Vielfalt seiner Aufgaben kamen später die Physiologie und die Anforderungen, die sein Amt als 1. Spitalarzt stellten, ganz zu schweigen von den Belastungen, die er, um den Lebensunterhalt der Familie zu sichern, auch noch als praktischer Arzt in Stadt und Land auf sich nehmen mußte.

Es versteht sich, daß eine solche fachliche Zersplitterung und ärztliche Inanspruchnahme schwerlich zu einer erfolgreichen wissenschaftlichen Laufbahn führen konnten. Christoph Siebolds besondere Leistungen lagen in der Verbesserung des klinischen Unterrichts und in kleinen physiologischen Arbeiten. Mit 31 Jahren erlag er einer schleichenden Lungenschwindsucht. Seine junge Witwe Appolonia von Siebold geb. Lotz (1768–1845) fand mit dem erst dreijährigen, am 17.2.1796 geborenen Kind Unterkunft bei ihrem Bruder.

Philipp Franz von Siebold verlebte seine Kindheit in dem unweit von Würzburg gelegenen Städtchen Heidungsfeld, wo der Onkel Franz Joseph Lotz (1765–1839) das Amt des Stadtpfarrers ausübte. 13jährig bezog er das Gymnasium von Würzburg und nahm, der Überlieferung der Familie folgend, im November 1815 das Medizinstudium auf. Er fand Aufnahme im Hause von Ignaz Döllinger (1770–1841), dem Wegbereiter des Entwicklungsdankens und Jugendfreund seines Vaters.

Doch nicht nur darin lag der Vorteil für den wißbegierigen Studenten. Gleichzeitig wurde er in einen umfassenden Prozeß des gesellschaftlichen Umbruchs einbezogen. Die zeitweilige Schwächung der fortschrittlichen bürgerlich-demokratischen und liberalen Bestrebungen nach dem Wiener Kongreß (1815), in dessen Folge die feudale Reaktion glaubte, die Veränderungen der letzten zwei Jahrzehnte rückgängig machen zu können, vermochte den historischen Entwicklungsprozeß nicht aufzuhalten. Vor allem die an den Universitäten wirkende bürgerliche Intelligenz wurde als Verfechter neuer Wissenschafts- und Menschheitsideale zum Sachwalter der ökonomischen und politischen Forderungen und Rechte ihrer Klasse. Auch Würzburg und seine Universität wurden von dem Entwicklungsprozeß erfaßt, in dessen Ergebnis die katholische Kirche als weltliche und geistliche Feudalmacht ihre Vormachtstellung einbüßte.

*Würzburg, Mainbrücke und Festung*

Am 3. September 1802 waren bayrische Truppen in die Stadt einmarschiert, die dem Kurfürsten von Pfalz-Bayern als »Entschädigung« für die verlorenen linksrheinischen Gebiete zugesprochen worden war. Mag dieser Menschen- und Länderschacher und die Anwesenheit der ungelieben »Gäste« auch manchen Verdruß bereitet haben, war doch die damit erfolgte Beseitigung des Fürstbischoftums ein historischer Fortschritt. Die Säkularisation brachte eine durchgreifende Umgestaltung des erstarrten geistigen Lebens. Erstmals wurde geduldet, daß die ketzerischen Protestanten in dem streng katholischen Terrain eine Gemeinde bilden konnten, selbst die »Israeliten«, denen der Zutritt zur Stadt nur an Werktagen bis zum Einbruch der Dunkelheit gewährt wurde, erhielten größere Freiheiten.

Vor allem die Universität, ihre Lehrer und Studenten waren Nutznießer des Neuen. Die Alma mater wurde »entkirchlicht«, von der Gefahr der Stagnation befreit und auf ein qualitativ neues Weltbild ausgerichtet. Ein städtisches Theater wurde gegründet und sogar eine politische Zeitung zugelassen, eine geradezu revolutionäre Neuerung, war doch das bisher zweimal wöchentlich erscheinende »Blättle« (obwohl es nur Anzeigen und Inserate enthielt) einer strengen Zensur unterworfen worden.

Die von den napoleonischen Feldzügen und der nachfolgenden Reaktionsperiode behinderte bürgerliche Entwicklung vollzog sich trotz feudaler Hemmnisse unaufhaltsam weiter. Siebolds Vorbild und väterlicher Freund Ignaz Döllinger war ein Exponent dieser Umgestaltung. In Zeiten romantisch-naturphilosophischer Spekulationen hatte er das feste Fundament der Tatsachenforschung nicht verlassen. Wenn seine Arbeit auch noch keine Experimentalphysiologie war, so bildeten doch anatomische und embryologische Untersuchungen sowie Beobachtungen der vergleichenden Naturforschung die Grundlage seiner Studien. Seine bedeutendsten Schüler waren der Embryologe Ernst von Baer (1792–1876) sowie der Kliniker Johann Lucas Schönlein (1793–1864), der leider erst 1819, gegen Ende von Siebolds Studium, seine Würzburger Lehrtätigkeit auf-

*Würzburg, Domstraße um 1825*

nahm. Wie ein Magnet zog die von ihm begründete »Naturhistorische Schule« die Studenten an die Julius-Maximilians-Universität.

Zu Siebolds Studienbeginn war, abgesehen von seinem väterlichen Freund und allenfalls noch dem Chirurgen Karl Textor (1782–1860) sowie dem Geburtshelfer Joseph d'Outrepont (1775–1845), in der Medizinischen Fakultät nur wenig von der späteren Anziehungskraft zu spüren.

Umso größer war deshalb der Einfluß seines Förderers. Siebold schrieb im Sommer 1818 an Onkel Elias von Siebold (1775–1828), der dank hervorragender Leistungen 1816 als Pro-

*Ignaz Döllinger*

fessor der Geburtshilfe nach Berlin berufen worden war: »Ich wohne seit 1 1/2 Jahren bei Herrn Prorektor und Hofrat Döllinger, ein Mann unter dessen Leitung ich mich sicher zu Ihrem Wohlgefallen ausbilden werde. In der Anatomie, Botanik und Physik arbeite ich fast täglich unter seiner Aufsicht.« Damit deutete er bereits an, daß ihn mindestens ebenso wie die Medizin deren naturwissenschaftliche Grundlagen in Bann zogen. Döllinger hatte sich zugleich große Verdienste bei der Neugestaltung der Universitätsausbildung erworben. Er sah die Funktion des Hochschullehrers nicht allein in der Vermittlung von Sachkenntnis, er übertrug ihm zugleich erzieherische Aufgaben und hielt bei der notwendigen Einheit von Lehre und Forschung die »Erweckung des wissenschaftlichen Sinnes« für die wichtigste Zielstellung. Zur Abgrenzung von Schule, Universität und Akademie erklärte er: »Eine Lehranstalt, welche den Zweck hat, ohne wissenschaftliches Streben Kenntnisse in Umtrieb zu setzen, heißt Schule. Eine wissenschaftliche Anstalt, deren Zweck die Mitteilung und Verbreitung des Wissens nicht ist, sondern das Streben nach Wissenschaft, heißt Akademie oder gelehrte Gesellschaft.«

Die Onkel Lotz und Elias von Siebold verfolgten mit kritischer Aufmerksamkeit den Werdegang des vaterlosen Mündels, von dem sie sich regelmäßig mündlich und schriftlich Bericht erstatten ließen. Da sich Siebold offensichtlich mit viel Fleiß den Studien widmete, ließ man ihn auch mancherlei »jugendliche Sprünge« gewähren. So stand er als Bruder des »Corps Moenania« in zahlreichen Mensuren seinen Mann.

Einen Monat nach dem mit Auszeichnung absolvierten medizinischen Staatsexamen verteidigte er im Oktober 1820 seine Dissertation, für die er eine anatomisch-physiologische Abhandlung über die Zunge (»De lingua«) gewählt hatte, und wurde zum Dr. med. promoviert.

Nach Abschluß des Studiums praktizierte Siebold zur Zufriedenheit des Magistrats, vor allem aber seiner Patienten, etwa eineinhalb Jahre im heimatlichen Heidungsfeld. So pflichtbewußt er auch das ärztliche Amt versah, zog es ihn doch aus der Enge seiner Heimat in die Ferne. Da ihm die Mittel zu einer Bildungsreise fehlten, wie sie die Mehrzahl seiner Kommilitonen nach Abschluß des Studiums dank wohlhabender Väter antreten konnten, mußte er sich nach einem Brotberuf umsehen, der ihm wenigstens die Hoffnung auf spätere Reisen gab.

Zunächst hatte er seine Erwartungen auf die Senckenbergische Naturforschende Gesellschaft gerichtet, von der er sich die Teilnahme an einer Brasilienexpedition versprach. Mitte März 1822 zum Korrespondierenden Mitglied ernannt, glaubte er den gesuchten »sicheren Hafen« gefunden zu haben, zumal er den Auftrag erhielt, für das kürzlich eröffnete Frankfurter naturkundliche Museum »Naturalien jeglicher Art« zu beschaffen.

Wer weitreichende berufliche Pläne verfolgt, darf seine Zukunft nicht voreilig auf nur ein Ziel ausrichten. Diese Erfahrung berücksichtigend, versuchte der junge Siebold, mehrere Eisen im Feuer zu halten. Er hatte erfahren, daß die niederländische Kolonialmacht für ihre nach Indonesien gesandten Soldaten Sanitätspersonal suchte. Vielleicht bot sich ihm eine Chance? Die Lage war günstig: Der Generalinspekteur des Militärsanitätswesens, Franz Joseph Harbaur (gest. 1824) war an jungen, gut ausgebildeten Medico-Chirurgen sehr interessiert. Da sich die Onkel des Bewerbers, zwei gutsituierte seriöse Bürger, zu Siebolds Fürsprechern machten, war Harbaur sicher, keinem Abenteurer, an dem er weder Bedarf noch Mangel hatte, aufgesessen zu sein. So wurde man bald einig, den jungen Arzt in holländische Dienste zu nehmen. So kühn das Vorhaben auch erscheinen mag, es war keineswegs vorwiegend Erlebnishunger, der Siebold in die Ferne trieb. Er hatte dem Sekretär der mathematisch-physikalischen Klasse der Bayrischen Akademie der Wissenschaften Carl Erembert von Moll (1760–1838) nachdrücklich den Hauptgrund dargelegt: »Die Liebe zum Studium der Naturgeschichte, welche von der Wiege der Kindheit mit mir ins Jünglingsalter übertrat und unter der Leitung meines mir ewig teuren Lehrers – Döllinger – mit mir zum Manne heranreifte, diese Vorliebe war es, die mich zu einem so weiten Schritt in andere Weltteile bestimmte, und sie wird es auch sein, die die Möglichkeit tüchtiger Resultate meiner Reisen begründet«.

Molls Fürsprache war es zu danken, daß schließlich der »Landesvater«, König Max I. Joseph von Bayern, dem Wechsel seines »Untertanen« in niederländische Dienste die Zustimmung gab.

Vor Antritt der Reise hatte sich Siebold – ein weiterer Beleg für seine wissenschaftlichen Ambitionen – um Aufnahme in die Academia Caesarea Leopoldino-Carolina Naturae Curiosorum, die Kaiserlich Leopoldisch-Carolinische Akademie der Naturforscher, bemüht. Sein Antrag wurde von dem Würzburger Bota-

*Christian Gottfried Nees von Esenbeck*

niker Ambrosius Rau (1784–1830) wärmstens unterstützt: »Als Mitglied der Akademie wird er sich bei seinen Reisen es vorzüglich angelegen sein lassen, für das Interesse derselben zu sorgen. Viele Gewandtheit hat er sich in vergleichend-anatomischen Untersuchungen durch die vielen, unter der Leitung des H. Hofrathes Döllinger unternommenen Arbeiten erworben und wird, in dieser Beziehung namentlich, mit der Zeit etwas Tüchtiges leisten. In der Botanik und Zoologie besitzt er hinreichende

Kenntnisse, um seinen Aufenthalt in Ostindien und seine Reisen für diese Wissenschaften nützlich zu machen.«

Der 1818 zum XI. Präsidenten der Leopoldina gewählte Naturwissenschaftlicher Christian Gottfried Nees von Esenbeck (1776–1858) überreichte dem Bewerber, dessen weiteren Werdegang er mit großem Wohlwollen verfolgte, noch vor Antritt der Reise die Berufungsurkunde der Akademie. Siebold erbat sich noch von weiteren Wissenschaftlern unterschiedlicher Fachbereiche Rat und Unterstützung. So sagte ihm der Anatom Johann Samuel d'Alton (1802–1854) ebenso seine Hilfe zu wie der Sprachwissenschaftler August Wilhelm von Schlegel (1767–1845), der seit 1818 in Bonn die indische Philologie vertrat. Mit einem festen wissenschaftlichen Fundament, einer gehörigen Portion Mut und der beruhigenden Gewißheit ausgerüstet, eine Anzahl Förderer und Gönner zu haben, konnte Philipp Franz von Siebold die Reise antreten.

## Lockender Profit

Mitte Juli 1822 traf Siebold, inzwischen zum Stabsarzt ernannt, in Den Haag ein, wo er zur 1. Division nach Harderwyk bei Utrecht kommandiert wurde. Alles verlief, wie ein Brief an den Onkel Elias von Siebold zeigt, zu seiner Zufriedenheit: »In meinen in Holland gefundenen Verhältnissen fühle ich mich unendlich glücklich, indem sie allem, was nur ein junger Mann fordern kann, entsprechen. Ich kann mich nun einmal unbeschränkt und selbständig der Praxis zukehren, das anderemal bei leicht zu verschaffender Muße auf die von mir vorzugsweise geliebten Fächer der Naturwissenschaften hinblicken und mich so nach Willkür teilend, glaube ich, manches Gute im menschlichen Wissen und Forschen zu stiften; und dies um so eher, in dem ich mit innerer Ruhe und hohem, sich immer gleichbleibenden Mute dies Werk begonnen habe und ebenso bis zu seinem noch unbestimmten Ziele fortführen werde. – Wissenschaft, Ehre, Vermögen gelegt in die Waagschale des menschlichen Lebens überwiegen bei weitem Gefahr, Entsagen und Entbehren.«

Am 23. September 1822 verließ die Fregatte »Jonge Adriana«

den Hafen von Rotterdam. An Bord befand sich neben der 33köpfigen Besatzung ein Kontingent von hundert, für Indonesien bestimmte Soldaten und einige Frauen und Kinder. Obwohl Schiffsarzt Siebold wegen unerwartet häufiger Erkrankungen der Mannschaft eine Menge Arbeit hatte, fand er während der fünfmonatigen Seereise genügend Zeit, seine holländischen Sprachkenntnisse zu vervollkommnen und Malayisch zu lernen, aber auch, um den Grundstock zu einer Sammlung von Seetieren zu legen.

Langeweile, die viele bei der schier endlosen Fahrt entlang der Westküste Afrikas und durch den Indischen Ozean plagte, war ihm bei ständiger Beschäftigung unbekannt.

Am 13. Februar 1823 ging das Schiff vor Batavia (heute Jakarta), in einem Gebiet vor Anker, das als altes glanzvolles Kulturland seit Anfang des 16. Jahrhunderts Ziel- und Streitpunkt der rivalisierenden Kolonialmächte war.

Die Entdeckung des langersehnten Seeweges nach Indien durch Vasco da Gama (1469–1534) ermöglichte es, die begehrten reichen Warenschätze, die im Mittelalter über den aufwendigen arabischen Zwischenhandel ihren Weg via Venedig nach Europa genommen hatten, weitaus schneller und billiger über Lissabon zu lenken. Der florierende Handel machte die an der Tejobucht gelegene Stadt zu einer der reichsten und schönsten auf dem europäischen Kontinent.

Nachdem sich die iberischen Staaten als führende Seemächte bereits in Mittel- und Südamerika Länder der »Ungläubigen« als Kolonialreiche unterworfen hatten, richtete sich ihre Expansionspolitik auch auf die süd- und südostasiatischen Regionen. Der Zugang zu den verheißungsvollen Quellen orientalischen Reichtums wurde von ihnen auf unterschiedlichen Wegen gesucht. Während sich die Portugiesen von Westen her näherten, gelangten die Spanier über den Pazifik, von ihrem amerikanischen Machtbereich aus, nach Indonesien. Gestützt auf ihre waffentechnische und militärische Überlegenheit, konnten sie den Handelsweg schützen und Stützpunkte als Voraussetzung des kommerziellen Profits errichten.

Territoriale Eroberungen waren zunächst weniger das Ziel als vielmehr der Reichtum der legendären Gewürzinseln. Nach »bewährtem« Rezept gelang es, die Rivalität der einheimischen Sultanate sowie die inneren sozialen Widersprüche beim Eindringen in die südostasiatischen Regionen zu nutzen.

Fernhandel und Kolonialraub, deren Beute zum erheblichen Teil zur Finanzierung dynastischer Kriege und zur Aufrechterhalten einer aufwendigen bürokratischen Staatsmaschinerie diente, erschienen dem feudalabsolutistischen Kolonialsystem Portugals und Spaniens einträglicher als die vergleichsweise spärlichen Erlöse der heimischen Manufakturen.

Das führte zu einer Konservierung der verfallenden Feudalordnung und zum Stagnieren der bürgerlich-kapitalistischen Entwicklung.

## Aufstieg und Verfall der »Kompanie«

Seit Mitte des 16. Jahrhunderts mehrten sich die Symptome einer folgenschweren Auswirkung dieser Fehlorientierung. Die iberischen Feudalstaaten wurden von der kapitalistischen europäischen Konkurrenz ökonomisch, politisch und militärisch überholt. Die niederländischen Kaufleute, die nach Lissabon segelten, um die begehrten Waren zu holen, die sie in Drittländern verkauften, zogen zwar aus dem Vermittlungshandel erheblichen Gewinn, doch um wie viel größer wäre der Profit, wenn sie selbst auf große Fahrt gehen könnten! Der Weg nach Ost- und Westindien aber stand nur den Schiffen Portugals und Spaniens offen. Den Traum vom ganz großen Geschäft zu verwirklichen, war noch nicht möglich. Mit ihren für europäische Gewässer gebauten Schiffen konnten die Niederländer den Weg in die Ferne nicht wagen, vor allem aber fehlte es noch an kapitalkräftigen Unternehmern, die zur Finanzierung eines solch kostspieligen risikoreichen Unternehmens bereit und in der Lage gewesen wären.

Die Zeit arbeitete für die aufstrebende niederländische Bourgeoisie, die sich nicht nur auf den Handel konzentrierte, sondern auch das Manufakturwesen förderte. Besonders große Fortschritte erzielte die kapitalistische Entwicklung in den zentralen (Brabant und Flandern) und nördlichen Provinzen (Seeland und Holland).

Als Philipp II. von Spanien Mitte des 16. Jahrhunderts den Versuch unternahm, aus den 17 niederländischen Provinzen, die er zu den Kernlanden der habsburgischen Weltherrschaft zählte, höhere Abgaben zu pressen, mit denen er seine zunehmenden wirtschaftlichen Schwierigkeiten zu beheben hoffte, brach der Konflikt aus.

Die von der niederländischen Handels- und Manufakturbourgeoisie geleitete Unabhängigkeitsbewegung vermochte auch das unter Befehl von Herzog Alba stehende spanische Interventionsheer nicht mehr zu ersticken. In der heroischen Phase der Revolution kämpfte seit April 1572 nahezu die gesamte Bevölkerung der Nordprovinzen gegen die Fremdherrschaft.

Die auf Initiative Wilhelm von Oraniens (1533–1584) Anfang 1579 gebildete »Utrechter Union« ist praktisch die Geburtsurkunde der Republik der Vereinigten Provinzen der Niederlande (Holland, Seeland, Utrecht, Geldern, Groningen, Overijssel und Friesland). Viele Angehörige der Bourgeoisie aus den von Spanien beherrschten zentralen Provinzen Brabant und Flandern ließen sich unter Mitnahme ihres Kapitals in den Nordprovinzen nieder und stärkten deren Wirtschaftskraft. Damit war der Weg beschritten, der die Niederlande zu dem »kapitalistischen Musterstaat des 17. Jahrhunderts« (Marx) führte.

Bereits sieben Jahre nach dem Abfall der Niederlande erlitt Spanien eine weitere schwere Niederlage: Im Kampf um die maritime Hegemonie wurde die »unbesiegbare« Armada von der englischen Flotte vernichtet. Doch nicht nur die modernere Kriegstechnik und überlegene Kampfweise hatten über den Sieg entschieden. In der Seeschlacht waren Staaten unterschiedlicher gesellschaftlicher und wirtschaftlicher Strukturen aufeinandergestoßen. Die verfallende, von der Krise des Feudalismus gezeichnete spanische Weltmacht war von dem durch ein Bündnis zwischen Krone und Bourgeoisie getragenen aufstrebenden britischen Staatswesen in die Schranken gewiesen worden.

Das ohnehin stark beeinträchtigte politisch-moralische Ansehen Spaniens wurde angesichts der offenkundigen verminderten militärischen Schlagkraft weiter geschwächt. Nun war die Zeit gekommen, daß sich die Niederländer nicht länger mit dem Zwischenhandel begnügen mußten. Neben den wirtschaftlich-politischen Voraussetzungen förderten zwei weitere Faktoren ihre unternehmerische Initiative: Am 17. April 1592 erteilte die Versammlung der Generalstaaten dem Amsterdamer Buchdrucker und Verleger Cornelis Claesz das Privileg zum Druck der 25 Seekarten des Kosmographen und Seefahrtmeisters des spanischen Königs, Bartholomeo de Lasso, die durch Vermittlung des um die Karthographie verdienten Predigers Peter Pancius in seine Hände gelangt waren. Eine den Niederländern bisher unbekannte Welt tat sich auf. Zunächst freilich nur auf dem Kartenblatt, wenige Monate später aber kehrte Jan Huygen Linschoten, der auf portugiesischen Schiffen Dienst getan hatte, in die Heimat zurück. Seine 1595 in Amsterdam erschienenen Schilderungen erweiterten das Weltbild, das durch die persönlichen Erlebnisse weiterer heimkehrender ehemaliger, von portugiesischen Schiffen angeheuerter Seeleute ergänzt wurde. Der seit langem gehegte Wunsch konnte verwirklicht werden. Die notwendigen technischen und geographischen Voraussetzungen waren gegeben, und die geschäftstüchtigen reichen Bürger zögerten nicht länger, den Handel mit den Erzeugnissen des Orients bereits an den Quellen anzubahnen.

Das aufkommende kapitalistische Unternehmertum benötigte zur Durchsetzung seiner Interessen im Gegensatz zu den veralteten, uneffektiven Formen der Kolonialpolitik neue Methoden, die der privaten Initiative vollen Spielraum boten. Als erster hatte der Großreeder Balthasar de Moucheron 1594 versucht, eigene Wege zu gehen. Doch seine Versuche, über den nördlichen Seeweg zum Stillen Ozean zu gelangen, scheiterten. Offensichtlich überstiegen die finanziellen Anforderungen das Leistungsvermögen eines einzelnen. Eine Aktiengemeinschaft, besser noch eine Kompanie, die vom Staat unabhängig, aber mit dessen Unterstützung die koloniale Ausbeutung im Interesse der persönlichen Bereicherung und der weiteren Entfaltung der kapitalistischen Entwicklung organisierte, finanzierte und vorantrieb, erschien als rechte Lösung. So entstanden im Verlaufe des 17. Jahrhunderts eine Reihe Handelskompanien als Hauptinstrumente der frühkapitalistischen Kolonialpolitik.

Bald nach der Rückkehr von Balthasar de Moucheron hatten sich neun Amsterdamer Kaufleute und Reeder in der Kompanie »Van Verre« (Von der Ferne) zu einer Fahrt um das Kap der guten Hoffnung vereinigt. Nach zweieinhalb Jahren aus Ostindien zurückgekehrt, lag der Erfolg des aus vier Schiffen bestehenden Unternehmens weniger in reichlich klingender Münze als vielmehr in dem Nachweis der Möglichkeit des direkten Handels. So entstand im Jahre 1597 ein erweitertes Unternehmen, die sogenannte »Neue Kompanie«, die sich 1598 mit der alten Kompanie »Van Verre« vereinte und über das ansehnliche Kapital von annähernd 770 tausend Gulden verfügte, eine Summe, die sich nach Anschluß weiterer Gruppen wie der »Brabandschen Kompanie« und einer Vereinigung reicher Kaufleute der Städte Alkmaar, Hoorn und Enkhuizen noch erhöhte. Unter Führung des berühmten Admirals Heemskerk fand 1601 die erste gemeinsame Expedition statt. Die Tatsache, daß jede dieser Gesellschaften letztlich noch immer ihren eigenen Vorteil im Auge hatte, minderte die Wirksamkeit, die erst voll zur Geltung kam, als man sich am 20. März 1602 zur Gründung der »Generals Nederlandsche Geoctroyeerd Oost-Indische Compagnie« (Allgemeine Niederländische Privilegierte Ostindische Kompanie) entschloß, die zum Vorbild für weitere Kompanien auch in anderen Staaten wurde, die ihrerseits jedoch bei weitem nicht die Bedeutung der niederländischen Ostindienkompanie erreichen konnten.

Ihre Vorteile bestanden im Vergleich zu ihren Vorläufern in den von den Generalstaaten erteilten Privilegien, die nicht nur im ökonomischen Bereich lagen, sondern auch souveräne Hoheitsrechte umfaßten. Die Kompanie war von Anfang an gleichermaßen Handelsgesellschaft sowie gegen die alten feudalen Kolonialmächte und die unterdrückten Völker gerichtetes politisch-militärisches Machtinstrument. Die der Kompanie eingeräumten Vorrechte wurden nicht allein aus »patriotischen Erwägungen« erteilt, denn die Regierung war nicht unwesentlich an dem Gewinn des Unternehmens beteiligt. Die Leitung der Vereinigung lag in den Händen eines siebzehnköpfigen Kollegiums von Vertretern der ursprünglichen Gesellschaften, das mit Stimmenmehrheit über alle Belange entschied. In den Kolonien übte als Beauftragter der Kompanie zunächst ein Admiral (Flottenvogt), der bei wichtigen Fragen den Großen Schiffsrat versammelte, die oberste Gewalt aus. Angesichts der häufig wechselnden Befehlshaber war es notwendig, eine feste Zentralgewalt mit funktionsfähiger Verwaltung zu etablieren. So errichtete der Siebzehnerrat mit Genehmigung der Generalstaaten im Jahre 1609 den Rat von Indien (in der Literatur auch »Hohe Regierung« oder gar Indische Regierung genannt), dem der Generalgouverneur und zunächst vier, später auch mehr Räte mit Einzelressorts angehörten. Die Generalgouverneure entfalteten, von ihrem Mutterland weit entfernt, große Machtfülle und betrieben eine aufwendige, geradezu orientalisch-fürstliche Hofhaltung. Sitz der »Hohen Regierung« auf Java war in den ersten Jahren Bantam, später, 1619, Jakarta, von den Holländern Batavia genannt.

In ihrem Kampf gegen die feudalen Kolonialmächte Spanien und Portugal gab sich die Kompanie als »Verbündeter« der indonesischen Herrscher aus und nutzte damit die Feindschaft gegen die verhaßten Eroberer für ihre Interessen. Während sie in Ternate, auf Amboina und den Bandainseln relativ leicht eindringen und die Portugiesen verdrängen konnte, vermochte die Kompanie auf Java nur unter großen Schwierigkeiten Fuß zu fassen. Dem sonst erfolgreich praktizierten Verfahren, Befestigungen zum »Schutz« ihrer einheimischen »Bundesgenossen« anzulegen, widersetzten sich die Herrscher von Mataram und Bantam aufs entschiedenste. Unter dem betrügerischen Versprechen, die gesamte Handelstätigkeit in malaischen Raum nach Jakarta zu verlegen, gab dessen Herrscher, ein Vasall Bantams, schließlich die Genehmigung zur Anlage einer befestigten Faktorei.

Die Versuche des von England unterstützten Bantam, die Niederländer zu vertreiben (die Schwächung Portugals führte zur Verschärfung der Konkurrenz beider kapitalistischer Mächte), scheiterten, da mit Hilfe der von den Molukken herbeigerufenen Flotte 1619 der Sieg der Kompanie und damit ihre Niederlassung auf Java als Ausgangspunkt weiterer Eroberungen gesichert wurde.

Am 12. Mai 1605 war die erste große Flotte der Kompanie, bestehend aus elf Schiffen mit 1357 Mann, auf große Fahrt gegangen. Nahezu 2 Millionen Gulden waren in das Unternehmen investiert worden. Bildeten auch die erfolgverheißenden Gewürzinseln das Hauptziel, so war man nicht abgeneigt, auch bis nach China und Japan vorzudringen. Vier Schiffe wurden speziell für den Chinahandel ausgestattet und falls dieser gelänge, sollte eines von ihnen mit Seide und Seidenwaren den Weg nach Japan nehmen.

Den Beginn des Japanhandels leiteten zwei Schiffe der unter Befehl von Pieter Willem Verhoefen am 21. Dezember 1607 nach Indien gesegelten Flotte ein, deren Ausrüstung 2,8 Millionen Gulden gekostet hatte.

Shōgun Tokugawa Ieyasu (1542–1616) gewährte den Holländern freie Zufahrt und gestattete den ungehinderten Handel in allen Reichsteilen. Der Daymio von Hirado ließ nichts unversucht, um die auch für ihn vorteilhaften Geschäfte mit den

Fremden vor allem an seinen Hafen zu binden. So wurde 1609 in Hirado die erste holländische Faktorei gegründet, zu deren Oberhaupt Jacques Specx bestimmt wurde. Als tüchtiger Kaufmann informierte er am 3. November 1617 die Siebzehner über den erfolgversprechendsten Handel: »Was von holländischen Waren hier dienlich ist, können Euer Edelen ersehen aus dem mitgehenden Preiskurant (Preisliste. W. G.). Wollen Euer Edlen den Handel hier fortsetzen, so erachte ich es für notwendig, jährlich express ein Schiff im Vaterland zurecht zu machen. Geladen mit all solchen Waren, als E. Ed. sehen werden, hier dienlich zu sein, nämlich vor allem eine gute Partie Tuche in allerhand Farben, jedoch zumeist schwarze, dann rote, gelbe, weiße, violette, veilchenblaue, graue und einige gemischte Farben ... alle zusammen gut apperetiert und geschoren; desto dünner und leichter, desto mehr begehrt sind sie ...«

Auch von Glas sollte »von allerhand Sorten wohl eine gute Partie gesandt werden«, ferner Rahmen aus gemustertem Glas, von denen er in kurzer Zeit 40 Tausend abzusetzen glaubte. Auch Spiegel waren gefragt, verschiedene Sorten Leder, »desgleichen Muster von Tapeten, Teppichen und andern Decken.«

*Erste holländische Faktorei in Hirado*

Schließlich noch »ein bis zweihundert Stück lange, leichte Flinten, sowohl mit Feuer als mit Luntenschlössern.«

Oberkaufmann Hendrik Brouwer ließ am 13. Februar 1613 den Generalgouverneur Pieter Both in Batavia wissen: »Wir genießen allhier in Japan sehr große Freiheit, indem wir unsere Schiffe löschen und laden dürfen, ohne uns nach jemand zu richten.« Auch die am 27. Januar 1614 vom Shōgun erlassene Verordnung gegen die »Christenbande« hatte zunächst keine negative Auswirkung auf die Handelsbeziehungen mit der Kompanie. Denn in ihrem Gefolge befanden sich nicht wie bei den Spaniern und Portugiesen bekehrungswütige Frömmler, von denen die Verordnung feststellte, daß sie »eine Veränderung in der Regierung des Landes bewirken und von ihm Besitz ergreifen« wollten, und damit der »Keim zu viel Unglück« für das japanische Volk sind.

Im Jahre 1616 wurde aber der bisher im ganzen Lande erlaubte Handel auf Nagasaki und Hirado begrenzt. Weitere Beschränkungen folgten. Ein Geschäftsbericht der Kompanie von 1624 spricht dessen ungeachtet noch von einem »unglaublichen Gewinn«, der mit den holländischen Warensendungen zu erzielen war. Das Stammkapital der Kompanie, die ein riesiges Handelsimperium umspannte, über die größte Flotte der Welt und eine schlagkräftige Streitmacht verfügte, war auf nahezu sechseinhalb Millionen Gulden angewachsen.

Als sich die Holländer in Japan niederließen, entwickelte sich das im 16. Jahrhundert durch feudale Kriege der Landesfürsten erschütterte Land dank der seit der Jahrhundertwende wirksamen Befriedung zu einem aufblühenden, funktionsfähigen Staatswesen, das für seine souveräne Weiterentwicklung keiner äußeren Einwirkung bedurfte. Das schloß nicht aus, daß man sich für ausländische Waren, vor allem für Tuche und Luxusartikel, interessierte.

Der niederländische Japanhandel durchlief verschiedene Phasen: Bis zum Jahre 1628 besaß die Kompanie in der 1609 errichteten Faktorei von Hirado große Handelsfreiheit, wenn auch Umsatz und Gewinn hinter den allzu hoch angesetzten Erwartungen zurückblieben. Als die Kompanie im Jahre 1628 nach zusätzlichen Einnahmequellen suchend, den gut florierenden japanisch-chinesischen Handel störte und damit als Konkurrent des Gastgeberlandes in Erscheinung trat, ließen die Auswirkungen nicht auf sich warten. Das Shōgunat verhängte über die

Faktorei eine Handelssperre und drohte mit ihrer Schließung. Zwei Jahre später erhielten die Niederländer die Genehmigung, die noch in Hirado lagernde Ware zu verkaufen; die Aufhebung des Verbots erfolgte erst 1632.

Die folgende Endphase der Faktorei, in der Literatur häufig übertrieben als das »goldene Zeitalter« des Japanhandels bezeichnet, brachte von 1637 bis 1640 die bisher höchsten Umsätze, obwohl erneut Beschränkungen im Verkehr und Handel wirksam wurden. Vor allem aber war das moralische Ansehen der Niederländer durch ihr rücksichtsloses Gewinnstreben beträchtlich gesunken.

Die Kompanie hatte das im Zusammenhang mit der Christenverfolgung gegen die Portugiesen erlassene Handelsverbot für ihre Zwecke auszunutzen versucht. Nach der These, »wir sind keine Christen, sondern Protestanten«, hoffte sie, das Erbe der verdrängten Konkurrenz anzutreten. Die Japaner aber hatten, wie ein Regierungserlaß von 1640 zeigt, das betrügerische Verwirrspiel durchschaut: »Die Kaiserliche Majestät ist in sicherer Weise davon unterrichtet, daß Ihr alle gerade so gut wie die Portugiesen Christen seid!« Mit der Aufforderung, in kürzester Frist die Faktorei abzubrechen, geriet die Kompanie in eine schwierige Lage. Ursache für das Verbot waren jedoch nicht vorrangig religiöse Motive als vielmehr die Furcht vor der drohenden Kolonialisierung sowie innenpolitische Probleme. Der als christliche Religion entlarvte Protestantismus war nur der äußere Anlaß zum Vollzug der als notwendig erscheinenden Saktionen. (Zur Geschichte der Innen- und Außenpolitik des Tokugawa-Bakufu siehe S. 48ff.)

Während seiner Hofreise wurde der Faktoreivorsteher im Mai 1641 über das weitere Schicksal seines Unternehmens aufgeklärt. Die Kompanie erhielt die leichter zu kontrollierende, nach Ausweisung der Portugiesen freigewordene Faktorei von Dejima als neue Niederlassung zugewiesen. Etwa zehn Jahre, bis 1651 benötigten die Niederländer, um sich hier zu etablieren, dann erreichten sie bis 1671 eine neue, allerdings letzte Blütezeit ihres Japanhandels. Seit 1672 zeigten die Handelsumsätze deutlich rückläufige Tendenz, die nicht mehr wie bisher durch zeitweilige Belebungen unterbrochen wurde.

Im Interesse der nationalen Wirtschaft legte schließlich das Shōgunat eine Maximalumsatzgrenze fest, die keinen prosperierenden Aufschwung ermöglichte. Waren damit die Gewinne der Unternehmer auch beträchtlich gesunken und die Kompanie in die roten Zahlen geraten, so versuchten sich ihre Beamten mit japanischen Geschäftspartnern schadlos zu halten. Die von den »Siebzehnern« erlassenen Instruktionen und die daraus abgeleitete Arbeitsordnung des Faktoreivorstehers untersagten zwar kategorisch jeglichen Privathandel, er wurde jedoch während der ganzen Zeit des Bestehens der Kompanie üppig betrieben.

Es wäre falsch, alle Angestellten der Kompanie als korrupt und gewinnsüchtig zu charakterisieren, obwohl diese Eigenschaften zweifellos vorherrschten. Unter ihnen waren ausgezeichnete Gelehrte, die ihre Amtsgeschäfte mit zielstrebigem Forschergeist verbanden. Daß sie dabei möglichst praxisverbundene Anliegen verfolgten und sich damit für die Kompanie als nützlich erwiesen, war auch für ihre wissenschaftlichen Ziele sehr förderlich. Zu ihnen gehörte der zum Rat von Batavia zählende Arzt und Botaniker Herbert de Jager, dessen Abhandlungen über Indigo und Katechu wegweisend waren.

Naturforscher und Verwaltungsbeamter war auch Adriaen van Reede (1635–1691), dessen umfangreiches botanisches Foliantenwerk »Hortus Malabaricus« dem größten Japanforscher vor Siebold, Engelbert Kaempfer (1651–1716), Vorbild war. Überhaupt waren die Botaniker tonangebend. Als Faktoreivorsteher hatte Andreas Cleyer (1634–1698) gleichermaßen wissenschaftliche wie wirtschaftliche Erfolge zu verzeichnen. Nicht zu Unrecht erhielt der ebenfalls als Kaufmann im Dienst der Kompanie stehende emsige Pflanzensammler Georg Eberhard Rumpf (1627–1702) den Ehrennamen »indischer Plinius«.

Der bedeutendste unter ihnen aber war der Wegbereiter Siebolds, der Arzt und Forschungsreisende Engelbert Kaempfer, der 1690 nach Dejima gekommen war (siehe S. 52).

Siebold war bald nach seiner Ankunft zu dem 5. Artillerie-Regiment nach Weltevreden bei Batavia abkommandiert worden. Ehe er jedoch sein Amt als Truppenarzt antreten konnte, warf ihn ein schweres rheumatisches Fieber wochenlang nieder. Mit umso größerer Energie nahm er Ende April 1823 seinen Dienst auf. Die Vorgesetzten, bis hin zu dem einflußreichen Generalgouverneur Goderd Alexander Gerard Philip van der Capellen, erkannten bald, daß hier nicht ein nur mit vielen Vorschußlorbeeren bedachter Protegé eine für seine vorprogrammierte Karriere eingeplante Zeit absitzen wollte. Philipp Franz von Siebold war ein ebenso befähigter Arzt und Wissenschaftler wie ein bescheidener, insbesondere für die Probleme des Landes aufgeschlossener, interessierter Mensch. Daß er dabei allzu philanthropische Tendenzen zeigte, die wenig mit den kolonialen Ambitionen in Übereinstimmung zu bringen waren, mochte seiner Jugend zuzuschreiben sein. Van der Capellen, der Siebold zur endgültigen Wiederherstellung der Gesundheit für drei Wochen in seinen Landsitz geholt hatte, war überzeugt, hier entwickelte sich ein nützlicher Mann, der für wichtigere Aufgaben geeignet war.

Auch die Regierungsbehörde, das Indische Hohe Amt, schloß sich der hohen Wertschätzung an. So kam es, daß Siebold, noch bevor er in Batavia Fuß fassen konnte, bereits einen neuen verantwortungsvollen Auftrag erhielt. Am 15. April 1823 schrieb er in die Heimat: »Ich gehe im Monat Juni als Leibarzt des neu erwählten Residenten und als Naturforscher nach – Japan.« Zu der Zielstellung seiner Abordnung führte er in seinem Tagebuch »Reise von Batavia nach Japan im Jahre 1823« aus: »Bei der Faktorei auf Dejima waren Verbesserungen des Handels und zweckmäßigere Einrichtungen nötig geworden. Man konnte jedoch nicht unmittelbar an Erweiterung der Handelsvorrechte und an Erlangung größerer Privilegien für die Kaufleute denken, und das Augenmerk der Niederländisch-Indischen Regierung ging vorerst dahin, den Zustand des Handels mit Japan, die Nation selbst, ihre Staatsverfassung und die Maxime ihrer Politik, das Land und dessen Erzeugnisse näher kennenzulernen.

Auch bezweckte man, bei Volk und Regierung die gute Meinung von den erprobten niederländischen Freunden aufs neue zu bestärken und sich durch gute Auswahl der Handelsartikel und pünktliche Führung der Handelsgeschäfte zu empfehlen. Durch freundliches Einverständnis der Beamten der Faktorei mit den zunächststehenden Japanern sollten auch deutlichere Begriffe von europäischer Kultur, von Kunst und Wissenschaft verbreitet werden. Bei einem solchen Verfahren ließ sich der Beseitigung mancher Hindernisse im Handel entgegensehen, und man konnte hoffen, die japanische Regierung für etwaige Aufträge geneigt zu machen, und die Härte des Gesetzes über den auswärtigen Verkehr zu erweichen.« Zu seinem persönlichen Anteil an dem Vorhaben vertrat er die Auffassung: »Da die medizinischen und naturhistorischen Wissenschaften, so weit sie auch da noch zurück sind, äußert gut aufgenommen werden und man dann dadurch dem Arzte der niederländischen Faktorei mehr Freiheit vergönnt und Gelegenheit gegeben sah, zur Ausführung obigen Plans mitzuwirken, so glaubte man, durch die Absendung eines Arztes als Naturforscher die politischen Absichten zu unterstützen und zugleich nützliche Ergebnisse für die naturhistorischen und ethnographischen Wissenschaften zu erwecken.«

Zum Verständnis der Situation und der weiteren Entwicklung ist es wichtig zu wissen, daß, als Siebold in niederländische Dienste trat, die »mächtige Kompanie« nicht mehr existierte. Der Staat hatte längst ihre Konkursmasse übernommen.

Der bereits in den 70er Jahren des 17. Jahrhunderts einsetzende Rückgang des Japanhandels war nur ein Faktor des allgemeinen Niedergangs, der seine Ursache in der Tatsache hatte, daß das Handelskapital der Niederlande wirtschaftlich, politisch und militärisch von den Industriemächten England und Frankreich überholt wurde.

Anhaltend politisch-militärische Auseinandersetzungen mit beiden Konkurrenzmächten hatten die Krise vertieft und waren nicht ohne Auswirkungen auf die niederländischen Kolonien geblieben, nach denen die Briten ihre Hand ausstreckten. Die Kompanie, deren Zahlungsbilanz sich ständig verschlechterte, hatte ihre Vormachtstellung eingebüßt. Nachdem die Leitung bereits 1796 einem Regierungskomitee übertragen werden mußte, wurde die Kompanie am Jahresende 1799 mit einer erdrückenden Schuldenlast aufgelöst und ging in staatlichen Besitz über.

Trotz der in Eile unternommenen Versuche, die Kolonialarmee zu verstärken, wurde, nachdem in wenigen Jahren nahezu alle außerhalb Javas gelegenen Kolonialgebiete in britischen »Besitz« gewechselt waren, 1811 auch die zentrale Kolonialbastion der Niederländer erobert.

Das britische Zwischenspiel war nur kurz, da nach der Niederlage Napoleons die Niederlande ihre indonesischen Kolonialgebiete wieder besetzen konnten. Bei den Übergabeverhandlungen hatte der spätere Förderer Siebolds, Baron van der Capellen, maßgeblichen Einfluß. Unter seiner Amtszeit als Generalgouverneur vertieften sich Not und Unzufriedenheit des indonesischen Volk. An die alten Ausbeutungspraktiken der Kompanie anknüpfend, war er bestrebt, auch die »Neuerun-

*Eduard Douwes Dekker, genannt Multatuli*

gen« der britischen Steuerpressung als zusätzliche Einnahmequelle zu nutzen.

Die unerträgliche Belastung führte 1825–1830 zum Aufstand der von der javanischen Aristokratie geführten Volksschichten. Nach der Niederschlagung der Erhebung konzentrierten die Niederländer ihre Ausbeutung auf bestimmte, für sie ökonomisch attraktive Gebiete, besonders auf Java. Unter der Diktatur des Generalkommissars Jan van den Bosch (1780–1844), der 1830 van der Capellen abgelöst hatte, wurde das System der exportintensiven Zwangskulturen Kaffee, Gewürze, Tabak und Zuckerrohr auf Kosten des Hauptnahrungsmittels Reis eingeführt. Die Not des Volkes hat der als Schreiber am niederländischen Rechnungshof tätige junge Holländer Eduard Douwes Dekker (1820–1887) unter dem Pseudonym Multatuli in seinem weltbekannten Werk »Max Havelaar« geschildert: »Der Javaner ist von Natur Ackerbauer. Der Boden, auf dem er geboren wurde und der bei wenig Arbeit gute Erträge verspricht, verlockt ihn dazu und er gibt sich vor allem mit Leib und Seele der Bestellung seiner Reisfelder hin, wobei er dann auch großes Geschick entwickelt ... Aber dann kamen Fremde aus dem Westen, die sich zu Herren des Landes machten. Sie wollten aus der Fruchtbarkeit des Bodens Nutzen ziehen und ordneten an, daß die Bewohner einen Teil ihrer Arbeit und Zeit Dingen widmeten, die auf den europäischen Märkten höhere Gewinne einbrachten ...

Würde nämlich jemand fragen, ob auch der javanische Bauer einen dem Ertrag entsprechenden Lohn erhält, dann muß ich hierauf mit Nein antworten. Die Regierung verpflichtet ihn, auf seinem Boden anzubauen, was sie für gut findet; sie bestraft ihn, wenn er seine Früchte jemand anders verkauft als ihr, und sie bestimmt den Preis, den sie ihm dafür bezahlt. Die Kosten für den Transport nach Europa, den eine privilegierte Handelsgesellschaft übernimmt, sind hoch; die Zuwendungen für die Fürsten belasten dazu den Einkaufspreis ..., weil aber schließlich die ganze Sache einen Gewinn abwerfen muß, ist dieser Gewinn nur dadurch zu erzielen, daß man dem Javaner nur so viel bezahlt, daß er nicht gerade verhungert, denn das würde die Produktionskraft der Nation vermindern ...

So wird also der arme Javaner von einer doppelten Gewalt angetrieben, so wird er oft von der Arbeit auf seinen Reisfeldern ferngehalten, und Hungersnöte sind vielfach die Folgen dieser Maßnahmen, aber in Batavia ... wehen lustig die Flaggen an Bord der Schiffe, die beladen werden mit dem Ertrag der Ernten, die die Niederlande reich machen.«

Dekker verstand sein Buch, mit dem er Lüge, Amtsmißbrauch, Mißstände und Unfähigkeit der Beamten entlarvte, nicht nur als Anklage, es sollte vor allem eine Kampfschrift sein: »Dieses Buch ist ein Anfang ... Meine Kraft wird größer, und die Waffen werden schärfer sein, je nachdem, wie es erforderlich ist ...« Von der Feindschaft der Entlarvten verfolgt, mußte er den Abschied aus dem Staatsdienst nehmen. Er starb, nach Deutschland vertrieben, 1866 in Armut. Unmittelbar vor Ausbruch des Volksaufstandes war Siebold in Batavia eingetroffen. War ihm die Not des Volkes verborgen geblieben? Die langwierige Krankheit und der nahezu auf den Gouverneurspalast und dessen Umgebung beschränkte Aufenthalt lassen das vermuten. Seine Äußerungen enthalten, abgesehen von einer sehr allgemeinen philanthropischen Tendenz, keine konkreten kritischen Akzente, oder gar Anklagen, wie sie wenig später Multatuli erhob.

## Im Reich der aufgehenden Sonne

Am 20. Mai 1823 war Siebold von dem Landsitz des Generalgouverneurs nach Batavia zurückgekehrt, um die notwendigen Reisevorbereitungen zu treffen. Mit nahezu zweitausend Gulden ausgestattet, konnte er die für seine Untersuchungen und Beobachtungen erforderlichen physikalischen und geometrischen Instrumente erwerben. Dazu zählten eine größere Elektrisiermaschine und ein galvanischer Apparat, »um die Aufmerksamkeit der wißbegierigen Japaner zu wecken«.

Um sich über Land und Leute des ihm unbekannten Inselreiches zu informieren, beschaffte sich Siebold alle verfügbare Literatur, angefangen von älteren Schriften wie der bereits 1669 erschienenen Reisebeschreibung von Arnold Montanus bis zu den zeitgenösischen Aufzeichnungen der Seefahrer Iwan Fjodorowitsch Krusenstern (1770–1846), Georg Heinrich von Langsdorff (1774–1852) und Wassili Michailowitsch Golownin (1776–1831).

Da sein Bemühen, neuere Werke über Flora und Fauna Japans zu erhalten, ergebnislos blieb, konzentrierte er sich auf die einige Jahrzehnte zurückliegenden Werke von Engelbert Kaempfer, Carl Peter Thunberg (1743–1828) und Christian Hendrik Persoon (1761–1836), die sich noch immer als wahre Fundgrube erwiesen.

Siebold war überrascht über das große Interesse an seinem Vorhaben, was in vielfältiger Hilfe und Unterstützung zum Ausdruck kam. Die beträchtliche Erhöhung seines Einkommens von

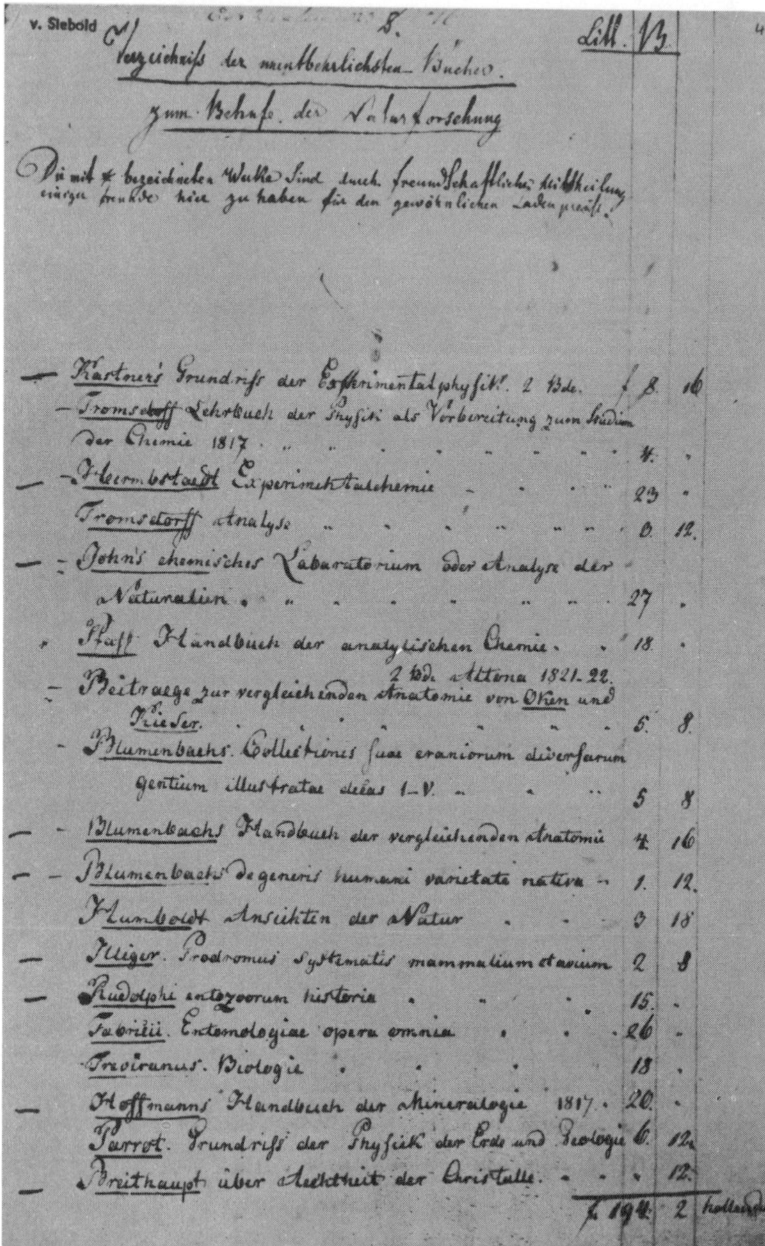

v. Siebold

Verzeichniß der unentbehrlichsten Bücher zum Behufe der Naturforschung

Lill. B.

4

Die mit * bezeichneten Werke sind durch freundschaftliche Mittheilung einiger Freunde hier zu haben für den gewöhnlichen Ladenpreiß.

| | | |
|---|---|---|
| Kastner's Grundriß der Experimentalphysik. 2 Bde. | f 8 | 16 |
| Tromsdorff Lehrbuch der Physik als Vorbereitung zum Studium der Chemie 1817 | 4 | - |
| Hermbstaedt Experimentalchemie | 23 | - |
| Tromsdorff Analyse | 8 | 12 |
| John's chemisches Laboratorium oder Analyse der Naturalien | 27 | - |
| Pfaff Handbuch der analytischen Chemie. 2 Bde. Altona 1821-22. | 18 | - |
| Beitraege zur vergleichenden Anatomie von Oken und Kieser | 5 | 8 |
| Blumenbachs Collectiones suae craniorum diversarum gentium illustratae decas I–V | 5 | 8 |
| Blumenbachs Handbuch der vergleichenden Anatomie | 4 | 16 |
| Blumenbachs de generis humani varietate nativa | 1 | 12 |
| Humboldt Ansichten der Natur | 3 | 18 |
| Illiger. Prodromus systematis mammalium et avium | 2 | 8 |
| Rudolphi entozoorum historia | 15 | - |
| Fabricii Entomologiae opera omnia | 26 | - |
| Treviranus. Biologie | 18 | - |
| Hoffmanns Handbuch der Mineralogie 1817 | 20 | - |
| Parrot. Grundriß der Physik der Erde und Geologie | 6 | 12 |
| Breithaupt über Aechtheit der Cristalle | - | 12 |
| | f 194 | 2 holländisch |

bisher 3600 auf 5320 Gulden tat ein übriges, um Gemütsverfassung und Betätigungsdrang des jungen Arztes weiter zu verbessern. Noch vor der Abreise entwickelte er seinem Förderer Nees von Esenbeck eine Konzeption, die bereits eine intensive Beschäftigung mit seinem Forschungsgegenstand erkennen ließ: »Mich in Ostindien glaubend, werden Sie sich wundern, mich auf einmal als Naturforscher in Japan zu sehen. Sie werden mir Glück wünschen, mich in einer so gemäßigten Zone unter so vorteilhaften Verhältnissen, in einem so interessanten und so wenig bekannten Lande als Arbeiter im Felde der Heil- und Naturkunde auftreten zu sehen, und dies um so mehr, wenn ich Sie versichere, daß ich aufs beste ausgerüstet, vom Gouvernement unterstützt und angefeuert von einer enthusiastischen Liebe und Lust, unter den Auspicien eines wissenschaftlichen Oberhauptes, Colonel Stürler (Johann Wilhelm von Stürler (1777–1855) war zum Direktor der Faktorei Dejima ernannt worden), diesem Wunderlande entgegen segele! ... Ich habe es gewagt, als Naturforscher ein Land allein zu betreten, dessen seitherige Zurückhaltung und deswegen spärlichen Untersuchungen es wenig bekannt gemacht haben und welches gewiß dem jungen Naturforscher eine schwer zu lösende Aufgabe vorlegen wird, wo nicht vorhandene neuere Literatur sein Wissen unterstützen und nach festen Prinzipien des naturhistorischen Wissens leiten und seine Arbeiten bestimmen kann.

Zoologie, Mineralogie und namentlich Botanik haben seit Thunbergs Zeiten dort wenige Fortschritte gemacht. Krieg, Mißverständnisse, wissenschaftliche und bloß geldhungrige Sendlinge der holländischen, als der dort einzig zugelassenen Nation, waren wohl die Ursache des seitherigen Stockens und Zurückbleibens der Naturforschung. Die naturhistorischen Nachrichten aus dem Wunderlande haben daher zeither immer etwas Unzuverlässiges und Fabelhaftes an sich getragen. Von desto größerem Interesse werden mit autoptischer Wahrheit und wissenschaftlichem Gehalte erteilte Notizen sein ...«

Die niederländischen Kauffahrteischiffe »Drie Gezusters« unter Kapitän A. Jacometti und die »de Onderneeming« unter Kapitän H. M. Lelfs lagen an dem für die Fahrt günstigsten Zeitpunkt

*Von Siebold zusammengestellte Bücherliste*

rechtzeitig auf der Reede, die Abreise aber wurde immer wieder verzögert.

Siebold reiste in Begleitung von Stürler mit der »Drie Gezusters«, dem größeren der beiden Schiffe. Neun Monate waren vergangen, seit er die Heimat verlassen hatte. Die meiste Zeit verbrachte er auf See, doch »gerade dieser erzwungene Müßiggang«, so vertraute er seinem Tagebuch an, »führt unwillkürlich zu tieferem Nachdenken, und die Seele, schwankend zwischen Hoffnung und Furcht, beschäftigt sich mit den mannigfaltigsten Bildern der Zunkunft.«

Als im Morgengrauen des 28. Juni die Schiffe endlich vor Segel gingen, stand wiederum eine mehrwöchige Seereise bevor. Die Südostküste von Sumatra, an der die Schiffe in den ersten Tagen in geringer Entfernung gemächlich entlang zogen, bot ein bezauberndes Bild. Der üppig von Bäumen und Sträuchern umsäumte Strand wirkte gradlinig wie eine beschnittene Hecke, hinter der sich ein unendlich großer Garten verbarg.

Am 4. Juli wurde die Mündung des Mesuji erreicht und die Meerenge von Bangka passiert: »Bis hierher«, informiert Siebold seinen Onkel, »war die Reise sehr unterhaltend. Das tägliche Erscheinen der Eilande, die ununterbrochene Ansicht des uns begleitenden Fregattschiffs d'Onderneeming, die wechselseitige Zusprache durch Sprachrohre und Flaggensignale, die concilia nautica, welche abends vor Anker bei wechselseitigem Besuch die Capitäns zu halten pflegten und an welchen ich stets tätigen Anteil nehme, sind wahre Seelenerheiterungen für mich.« Am folgenden Tage ging Siebold in Mentok an Land, richtiger: ließ er sich an das Ufer tragen. Etwa 80 Meter vom Strand entfernt, blieben die Boote in Untiefen stecken, so daß man auf die kräftigen Schultern eines Matrosen »umsteigen« mußte, um das morastige Uferterrain zu überwinden.

Das anmutig freundliche Städtchen war stufenförmig an einem Berghang gelegen. Siebold bedauerte, daß es ihm durch den kurzen Aufenthalt nicht möglich war, die bekannten Zinninseln zu besuchen. Nach Angaben von Colonel de la Fontaine, dem Residenten der Insel, war man im Jahre 1710 durch Zufall – bei einem ausgedehnten Brand entdeckte man geschmolzenes Zinn – auf die reichen Vorkommen gestoßen. Der unermeßliche Raubbau setzte die Minen dem Verfall aus.

In Mentok, Sitz des niederländischen Residenten und Hauptquartier der Besatzung, lernte Siebold Stabsarzt Fritze kennen, mit dem ihn fortan langjährige Freundschaft verband. Von ihm erhielt er viele, für seine Arbeit wichtige Informationen.

Fritze arbeitete in einem kleinen Spital, das sich durch besondere Ordnung und Sauberkeit auszeichnete. Häufigste Krankheiten der etwa 20000 Bewohner (zu Zeiten des Raubbaus waren hier bis zu 60000 Arbeiter ansässig) waren Darmerkrankungen, Leberaffektionen und Geschwüre.

Die Zahl der Europäer beschränkte sich auf die Besatzung der Garnison und die niederländischen Beamten und betrug etwa sechshundert Personen. Angesichts der im Widerspruch zu den unermeßlichen Reichtümern des Landes stehenden Armut des Volkes stellte Siebold die Frage »nach der Ursache einer so allgemeinen Dürftigkeit« und kam bei seinen Überlegungen zu dem Ergebnis, daß man »diese wohl dem System des Monopols zuschreiben« müsse.

Bei Anbruch des 7. Juli wurde der Ankerplatz wieder verlassen und zwei Tage später die Insel Lingga passiert. Die Vielzahl kleiner und kleinster, Singapur vorgelagerter Inseln, diente noch immer Seeräubern als Hinterhalt. Kleine Schiffe mußten auf der Hut sein oder möglichst das unsichere Gebiet meiden. Windstille hinderte die Weiterfahrt. Im Gegensatz zu den Seeleuten, die eine starke Brise herbeisehnten, kam dem Naturbeobachter Siebold die Flaute sehr gelegen: »Mannigfaltige Gegenstände, die früher der Lauf der Wellen verschlang, erscheinen nun auf der Fläche der See« und beschäftigten seine Aufmerksamkeit. So sah er »mächtige Fischzüge die See durchziehen, verfolgt von Scharen gefräßiger Möven, Seeschwalben, Sturmvögel und Alcatres ... Diese Naturszenen wechseln mit jedem Tage, verschieden nach Jahreszeit und Himmelsstrich. In majestätischer Stille geht am scharfbegrenzten Gesichtskreise die Sonne auf und nieder und rötet das Gewölke, welches, oft die einzige Erscheinung zwischen Himmel und Wasser, stundenlang das Auge beschäftigt und mit alpenartigen Gebilden die Einbildung täuscht.«

Die frischen Morgen und kühlen Abende waren bei der tagsüber herrschenden Hitze willkommen. Am 14. Juli kamen die Insel Tioman und die nördliche Anambasgruppe in Sicht. Der flaue Wind hatte inzwischen mit leichten Brisen und zeitweiligen Gewitterschauern gewechselt.

Ein bisher unbekanntes Erlebnis war die Begegnung mit chinesischen Dschunken, auf denen nicht selten bis zu achthundert Reisende zusammengepfercht wurden, die in Java das Glück zu finden hofften.

Aufkommender dichter Nebel verstärkte die Gefahr des Auflaufens auf die im Südchinesischen Meer zahlreich versteckten Korallenriffe und Klippen.

Am 28. Juli näherten sie sich Taiwan (von den 1590 gelandeten Portugiesen Formosa genannt). Im Jahre 1624 waren große Teile der Insel von der Kompanie okkupiert, aber in den von dem chinesischen Volkshelden Dscheng Tscheng-gung (Siebold nannte ihn Koksenia) geführten Aufständen vier Jahrzehnte später wieder befreit worden. Der Verlust Formosas war für die Kompanie weitaus mehr als nur eine geschäftliche Einbuße, so mißlich allein auch diese gewesen wäre. Begünstigt durch die geographische Lage galt Formosa gleichzeitig als Vereinigungspunkt der niederländischen Seemacht und als Bollwerk gegen die spanische und portugiesische Konkurrenz.

Der Traum, von hier aus den Handel mit China und Japan zu erschließen und weiter nach Nordosten bis an die Küsten Amerikas vorzudringen, hatte ein jähes Ende gefunden. Nun konnten die Niederländer im Vorbeifahren nur noch wehmütig verlorener Hoffnungen gedenken.

Zu Siebolds Bedauern »verschwanden die hohen Gestade dieser Insel bald wieder hinter dem umwölkten Gesichtskreis.« Ein Landgang war ausgeschlossen. Er mußte sich mit der Fauna, die auf dem Schiff Unterschlupf suchte, begnügen. Skorpione, Tausendfüßer und ähnliches Ungeziefer, unter dem sich die Schaben besonders hervortaten, bevölkerten die Eß- und Schlafstätten: »Ihr ekelhafter Geruch, der sich allen von ihnen berührten Gegenständen mitteilt, macht diese Gäste ganz unerträglich. Durch nichts ließen sie sich vertreiben, und selbst das stärkste Cajeputöl (farbloses, nach Eukalyptus und Kampfer riechendes ätherisches Öl aus einer in China und Indonesien vorkommenden Myrtenart gewonnen. W. G.) blieb wirkungslos. Das einzige Mittel zu ihrer Verminderung fand man noch darin, sie in Porzellangefäßen zu fangen, die man zur Hälfte mit Wasser gefüllt und am Rande mit in Rotwein aufgelöstem Zucker bestrichen hatte. Überall waren dergleichen Fallen aufgestellt.«

Hinsichtlich der süd- und südwestlich von Japan gelegenen Vielzahl von Inseln herrschte auf den Seekarten noch großes Durcheinander. Viele von ihnen tauchten unter verschiedenen Bezeichnungen auf und waren allenfalls durch Vergleiche zu identifizieren. Siebold machte aus der Not eine Tugend und verwandte für sie alle nach ihrem niederländischen Erstbeschreiber Jan Huygen Linschoten den Sammelbegriff Linschoten-Archipel.

In den Weiten des ostchinesischen Meeres trieb ein in höchster Seenot befindliches abgetriebenes japanisches Schiff. Trotz der verzweifelten Lage, in der sich die Unglücklichen be-

*»Drie Gezusters«, das Schiff, mit dem Siebold 1823 nach Japan reiste*

*Japanische Dschunke*

fanden, mußten sie sich offensichtlich erst überwinden, um auf die Fahrzeuge ihrer Retter zu wechseln. Doch die vierundzwanzig Schiffbrüchigen hatten angesichts des sicheren Untergangs keine andere Wahl. Erst als ein klaffendes Loch im Boden des Wracks das Sinken unvermeidlich machte, schien das Gewissen der Mannschaft beruhigt zu sein.

Für Siebold und seine Begleiter war die Aufnahme der Japaner eine willkommene Abwechslung in dem täglichen Einerlei: »Neugierig sahen wir auf die fremden Gäste, die nun der Reihe nach auf dem Verdeck erschienen. Sie grüßten sehr höflich, standen erstaunt und bewunderten als Seeleute zuerst das Fahrzeug, welches dem Sturme, dem sie erlagen, getrotzt. Es waren die ersten Japaner, die wir sahen, und ihr gewandtes Auftreten und gebildetes Benehmen erregte unser Erstaunen. Ihr Anzug, ihre Waffen und anderen Geräte, kurz alles, was von ihnen an Bord kam, beschäftigte unsere Aufmerksamkeit, und bald waren wir mit ihnen in Gebärdesprache verwickelt. Sie waren zwar beruhigt, und der unerwartete Wechsel ihres Zustandes schien ihnen zu behagen; doch die Schreckensbilder überstandener Gefahr und die Spuren tagelanger Anstrengung sprachen noch deutlich aus ihren Gesichtszügen. Ihre ganze Haltung, der vernachlässigte Anzug, alles trug das Gepräge der verzweiflungsvollen Lage, worin diese Seeleute gewesen. Sie wußten sich jedoch bald in ihr Los zu finden, ließen sich ihren Saketrunk und Tabak vortrefflich schmecken und plauderten mit lebhafter Bewegung.«

So verlief Siebolds erste Bekanntschaft mit Japanern. Man hoffte sehr, daß die Rettung ihrer Landsleute die japanische Regierung beim Empfang der Fremden freundlich stimmen würde.

Zunächst aber galt es, den Tücken der Natur zu trotzen. Das plötzliche Fallen des Barometers hatte bereits wenig Gutes angezeigt. Der Himmel überzog sich mit dichten Wolken und ein frischer, immer stärker werdender Wind verhieß Schlimmes. Die Seeleute bargen die Segel, gerade noch rechtzeitig, um sie nicht dem aufkommenden heftigen Sturm, der sich bis zum Orkan steigerte, auszuliefern. Platzregen prasselte wie Hagel auf die Mannschaft hernieder, unaufhörlich schlug die See über das Deck. Die Masten krächzten fürchterlich, der Schiffsrumpf bebte in allen Fugen.

So hart wie die Seeleute auf Deck gegen die Naturgewalten ankämpften, war auch das Leben im Schiffsinneren, zumindest für die »Greenhorns«, alles andere als angenehm. Bei dem schrecklichen Schwanken riß sich alles, was nicht stark befestigt war, los. Stühle, Tische und Bänke rollten durch die Kajüten, vergebens suchte man nach einem festen Halt und Schutz vor den niederfallenden Gegenständen. Die Resignation des Kapitäns tat ein übriges, um die Reisenden in Schrecken zu versetzen. Man war auf ein Unheil gefaßt.

Endlich, im Morgengrauen, begann sich der Sturm zu legen. Der erste Blick galt dem Schicksal des Schwesterschiffes, das glücklicherweise ebenfalls das Unwetter überstanden hatte. Am 8. August kam Land in Sicht, Kap Nomo, der Orientierungspunkt für die Bucht von Nagasaki. Das Ziel war greifbar nahe. Dem Betrachter bot sich ein prächtiges Panorama. Grüne Hügel und bebaute Bergrücken schmückten den Vordergrund, hinter dem sich bläuliche Gebirgsgipfel erhoben. Von der nahen Küste blinkten weiße Häuser und einzelne Tempeldächer herüber. Unzählige Fischerkähne und Segelfahrzeuge, deren Besatzungen freigiebig ihre Beute anboten, belebten den Zugang in die

Bai. Größte Verwunderung löste der Umstand aus, daß sich an Bord der Fremden Landsleute befanden.

Lange vor dem Eintreffen der gemeldeten niederländischen Schiffe waren auf Kap Nomo und anderen Anhöhen Wachen aufgestellt worden, die nach fremden Segeln Ausschau hielten. Mit Flaggen und Kanonenschüssen gaben sie sich gegenseitig Signale, so daß jede Neuigkeit unverzüglich weitervermittelt wurde. So waren die beiden sich nähernden Schiffe längst angekündigt und die diensthabenden japanischen Offiziere kamen mit ihren Dolmetschern an Bord, um Schiff und Mannschaft zu inspizieren. Nach eingehender Kontrolle kündigten sie für den nächsten Tag den Kommissar der Hafenwache sowie Vertreter der niederländischen Faktorei an. Bei der ersten Überprüfung entging Siebold um Haaresbreite einem Mißgeschick, das seinen weiteren Japanaufenthalt in Frage gestellt hätte: »Gegen Mittag kam der erwartete Graban Josi, d. h. Gesandte der Kaiserlichen Wache, den wir mit vieler Höflichkeit empfingen und in der Kajüte bewirteten. Ihn begleiteten einige Dolmetscher, die mich nicht wenig in Verlegenheit versetzten, da sie die holländische Sprache geläufiger als ich sprachen und einige be-

*Hafen von Nagasaki*

*Ansicht von Nagasaki*

denkliche Fragen betreffend mein Vaterland an mich richteten. Unglücklicherweise war einige Jahre zuvor ein belgischer Arzt, weil man ihn auf Japan nicht verstehen konnte, auf Befehl der japanischen Regierung von der niederländischen Faktorei abgewiesen worden. Auch dem schwedischen Naturforscher Thunberg hatte man, wie bekannt, anfänglich große Schwierigkeiten gemacht. Indes eine glückliche Übersetzung des Wortes Hochdeutscher mit Jamahollanda, Bergholländer, hatte mich für die Japaner nationalisiert.«

Nach Erledigung der bei Ankunft fremder Schiffe vorgeschriebenen Formalitäten konnten die Niederländer passieren, und geleitet von einer Vielzahl Begleitfahrzeugen, am 11. August 1823 den Hafen von Nagasaki anlaufen. Siebold beschreibt die Ankunft: »… Wir begrüßen nun nach vorgeschriebenem Gebrauche die Wachen, welche, mit wappenreichen Schanzkleidern, Fahnen und Waffen prangend, schweigen. Die Bai wird immer lebhafter, je näher wir der Stadt kommen und bietet dem Auge auf beiden Seiten die mannigfaltigsten Gegen-

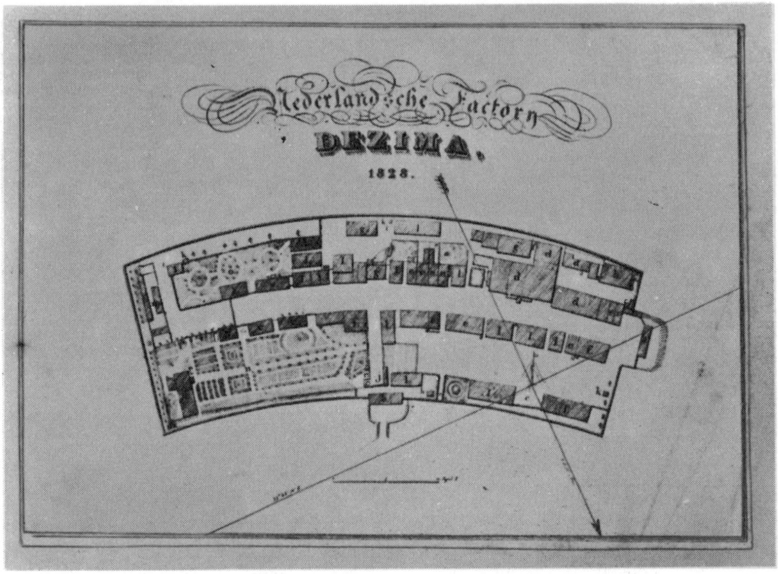


*Lageskizze von Dejima*

stände dar. Die Windstille und ein heiterer Himmel vereinigten sich, die Landschaft im schönsten Glanze zu zeigen. Welche einladende Ufer mit ihren freundlichen Wohnungen! Welche fruchtbare Hügel, welche hehre Tempelhaine! Diese lebhaft grünen Bergipfel, wie malerisch schön erscheinen sie in ihrer vulkanischen Gestaltung! Mit welcher Üppigkeit ragen an den Abhängen immergrüne Eichen, Zedern und Lorbeerbäume empor! Welche Tätigkeit, welchen Fleiß verkündet hier die durch Menschenhand gleichsam gezähmte Natur! Es zeugen dafür jene schroffen Felswände, an deren Fuß, stufenweise den jähen Anbergen abgewonnen, Getreidefelder und Gemüsegärten hinziehen; es zeugen dafür die Gestade, deren cyklopische Mauern der Willkür eines feindlichen Elements feste Grenzen setzen. Schon sehen wir die Mauern von Deshima und unterscheiden die Glasfenster und grünen Rahmen. Wir sind am Ziele – der Anker fällt. Kanonenschüsse verkünden der Stadt die Ankunft der niederländischen Schiffe vor Nagasaki.«

Dejima, die in der Form eines Fächers in der Bucht von Nagasaki gelegene Insel (sie verlor 1904 bei Hafenarbeiten den Inselcharakter), war 1634 als »künstliches Land« geschaffen worden. Da die Gesetze Ausländern das Betreten japanischen Bodens verboten, hatte der Shōgun in der Nähe des Hafens einen Berg abtragen und bei Ebbe, durch Aufschütten den steinernen Untergrund der künstlichen Insel legen lassen. Nach Ausweisung der Portugiesen, die hier die erste ausländische Faktorei errichtet hatten, bezogen die Niederländer 1641 deren Domizil. Große Bewegungsfreiheit bot Dejima mit einer Länge von 200 und einer mittleren Breite von 80 m freilich nicht. Von Palisaden und Wachhäusern umgeben und nur mit einer kleinen Brücke zum Festland verbunden, ließ sich die Niederlassung gut über-

*Brücke von Dejima-Nagasaki*

wachen. An der Brücke gebot eine Tafel Fremden und Japanern die strengen Vorschriften:

»1. Frauen ist der Zutritt verboten, ausgenommen Kurtisanen.
2. Priestern aller Art (mit Ausnahme der Koya-Priester) ist das Passieren des Tores verboten.
3. Über die Verbotsstange hinaus oder unter der Brücke durchzufahren ist verboten.
4. Ohne Anmeldung ist das Verlassen der Insel den Holländern verboten.«

Auf Dejima waren Vorbereitungen zu einem festlichen Empfang getroffen worden. Die niederländischen Beamten gaben den Eintreffenden, die vom Direktor der Faktorei Jan Cock Blomhoff (1779–1843) begrüßt wurden, feierliches Geleit. Das steife, dem 17. Jahrhundert entlehnte Zeremoniell machte auf Siebold einen eher anachronistischen Eindruck. Konform zu dem seltsamen Gebaren war die Ausstattung der Akteure mit ihrer altmodischen Tracht in gestickten Samtröcken und schwarzen Mänteln. Federhüte, Stahldegen und ein spanisches Rohr mit großem goldenem Knopf zählten zu den Requisiten der antiquierten Höflichkeitsbezeugungen. Die meist nur hölzernen Wohn- und Lagerhäuser standen dicht aneinandergedrängt. Auch der Wohnkomfort ließ unter diesen Bedingungen zu wünschen übrig. Als Faktoreiarzt genoß Siebold gewisse Privilegien. Er erhielt jedenfalls ein »mit allen europäischen Bequemlichkeiten eingerichtetes Haus« zugewiesen. Sogar ein »Londoner Fortepiano« hatte er mitgebracht, das ihm als begeistertem Musikfreund in der Freizeit Entspannung bot.

## Entschleierte »terra incognita«

In seinem Amt als Faktoreiarzt hatte Siebold berühmte Vorgänger. Die ersten Deutschen, die in das ferne Inselreich gelangten, standen im Dienst der Niederländisch-Ostindischen Kompanie. Sie mußten sich, um nicht den Verdacht oder den Unwillen des Gastgeberlandes zu erregen, als Holländer ausgeben. Lange vor Siebolds ersten Landsleuten hatten Angehörige anderer, in ihrer ökonomischen und politischen Entwicklung fortgeschrittenerer Völker in Europa Kunde über das ferne »Zipangu« verbreitet.

Erste Informationen übermittelte der venezianische Kaufmann Marco Polo (1254–1324). Er war auf seiner mehrjährigen Asienreise zwar nicht bis in das Inselreich gekommen, und seine aus Berichten entnommenen Mitteilungen sind mit größter Vorsicht zu genießen, doch hatte er mit seinen Schilderungen von märchenhaften Reichtümern des fernöstlichen Landes Interesse aber auch Habgier geweckt.

Wohl als erster Europäer gelangte der Portugiese Fernão Mendez Pinto 1543 nach Japan. Nicht ohne Grund nannte ihn der spanische Nationaldichter Miguel de Cervantes Saavedra (1547–1616) den »Fürst aller Lügner«. Die dreißig Jahre nach Pintos Tode 1614 veröffentlichte Autobiographie hätte Münchhausen alle Ehre gemacht. Allzu stark werden Abenteuer und Großtaten des Helden aufgetragen. Doch es sind im Detail auch richtige Angaben zu finden. Zweifel, ob Pinto überhaupt in Japan weilte, werden durch japanische Annalen behoben, in denen im Oktober 1543 die Anwesenheit von »Barbaren des Südens« bestätigt wird. Sie hatten, wie es heißt, »ein sonderbares Aussehen, ihre Sprache war unverständlich, ihr Geburtsland unbekannt.«

Der Jesuit Franz Xaver (1506–1552), der als »Spätberufener«, mit missionarischen Aufgaben betraut, in Japan wirkte, konnte 1551 als Ernte zweijähriger Agitation sechshundert bekehrte Seelen verbuchen. In Xavers Briefen sind neben religiösen Betrachtungen auch erste ausführliche Nachrichten zu finden. Über die Japaner äußerte er sich sehr wohlwollend: »Die Menschen, die wir bisher getroffen haben, sind die besten, die je entdeckt wurden ... Es sind Menschen mit sehr guten Sitten, im allgemeinen gut und nicht bösartig. Es sind Menschen, deren Ehrenhaftigkeit wunderbar ist und die vor allen Dingen in der Welt die Ehrenhaftigkeit hochachten.«

Xaver war Lehr- und Religionsfreiheit gewährt worden, weniger aus Bedürfnis nach der neuen großen Erleuchtung als in Hoffnung auf ein gutes Geschäft mit den gleichzeitig anwesenden portugiesischen Kaufleuten. Wenn schon nicht die von Pinto gepriesenen Schätze zu erobern waren, so wollten diese sich wenigstens im Handel kommerzielle Vorteile verschaffen, ein Interesse, das auch die seit 1584 nach Japan vordringenden spanischen Händler teilten.

*Shinto-Schrein*

Mit dem Eindringen der europäischen Mächte wurden die Krisenerscheinungen der Feudalgesellschaft verschärft, die sich seit Mitte des 16. Jahrhunderts infolge der raschen Entwicklung der Produktivkräfte in einem umfassenden gesellschaftlichen Umwälzungsprozeß befand. Seit dem ausgehenden 12. Jahrhundert gab es in Japan eine Art »Doppelherrschaft«. Tatsächliche politische und militärische Machthaber waren die sich ökonomisch auf ihre Feudalgüter und militärisch auf ihre Samurai-Gefolgschaft stützenden Shōgune (Oberbefehlshaber), während die Kaiser nur noch als Schattenregenten amtierten. Vom 14. bis 16. Jahrhundert führten die großen Feudalgeschlechter in einer Periode der feudalen Zersplitterung erbitterte Kämpfe um die Macht. Nachdem bereits der Daimyō (Territorialfürst) Oda Nobunaga (1534–1582) der Dezentralisation in weitgehend selbständige Fürstentümer entgegengewirkt hatte, setzte sein Feldherr Toyotomi Hideyoshi (1536–1598) das Einigungswerk erfolgreich fort. Nach seinem Tode ergriff der Daimyō von Edo (heute Tōkyō) Tokugawa Ieyasu (1542–1616) die Macht. Das von ihm errichtete Tokugawa-Bakufu (1603–1867), die letzte Shōgun-Dynastie, vermochte die Feudalordnung noch einmal zu stabilisieren. Die feudalabsolutistische Macht war nach innen um die Festigung und Erhaltung der Zentralgewalt bemüht. Außenpolitisch dominierte die Politik der Landesabschließung, wobei die nicht unberechtigten Befürchtungen, in koloniale Abhängigkeit zu geraten, eine wesentliche Triebkraft waren.

Argwöhnisch wachten die Shōgune darüber, daß die Daimyō keine unmittelbaren Kontakte mit dem in Kyōto residierenden Kaiser unterhielten. Jeder von ihnen mußte sich alljährlich zum Zeichen der Unterordnung mehrere Monate in Edo, dem Regierungssitz des Shōgun, aufhalten und bei der Rückkehr die Familie als Geiseln zurücklassen.

Weitere Präventivmaßnahme zur Beschränkung der Macht der Daimyō war das Verbot, ihre Ländereien ohne Erlaubnis zu verlassen, Münzen zu prägen oder Kriegsschiffe zu bauen. Obwohl offiziell von Steuern befreit, wußte der Shōgun sie mit einer Reihe von Sonderabgaben finanziell zu belasten.

Auch die Klassenstruktur des japanischen Reiches trug zur Sicherung der Tokugawa-Herrschaft bei. Die Spitze der sozialen Pyramide nahmen mit etwa 6 % der Bevölkerung die Samurai ein, eine in sich höchst heterogene Kaste, der vom Shōgun bis zum letzten Fußsoldaten alle Krieger angehörten. Die Masse der Samurai bestritt ihren Lebensunterhalt durch das ihnen als Vasallen von den Daimyōs zugebilligte Reisdeputat. Ackerbau oder gar Handel und Gewerbe zu betreiben, war ihnen untersagt, und es hätte auch schwerlich ein Angehöriger der Kriegerkaste eine solche »ehrenrührige« Tätigkeit ausgeführt.

Unbeschäftigte Krieger sind angesichts der Interessengegensätze der Herrschenden eine latente Gefahr für den Potentaten. Nachdem die abenteuerlichen Unternehmen des Feldherrn Toyotomi Hideyoshi, der Korea und China unterwerfen wollte, fehlgeschlagen waren, fanden die Tokugawa-Shōgune während der von ihnen begründeten, etwa 250jährigen Friedensperiode, in der sich Wirtschaft, Wissenschaft und Kultur entwickeln konnten, einen weitaus besseren »Zeitvertreib« für die Krieger. Ein Teil der Samurai wurde veranlaßt, sich wissenschaftlich zu betätigen. So entwickelte sich aus Teilen der Kriegerkaste die Kaste der Gelehrten.

*Holländische Gesandtschaft auf der Hofreise*

Die Masse des japanischen Volkes bildete die Klasse der Bauern. Am Ende der Sozialstruktur standen die städtischen Schichten der Handwerker und Händler, die während des Tokugawa-Regimes mit der zunehmenden kapitalistischen Entwicklung, besonders der Geldzirkulation, einen grundlegenden sozialen Bedeutungswandel erfuhren und zum Totengräber des japanischen Feudalabsolutismus wurden.

Eine wichtige Funktion übte bei der Erhaltung des Tokugawa-Bakufu die aus China übernommene Ideologie des Konfuzius (551–479 v. u. Z.) aus. Die mit spezifisch japanischen Elementen durchsetzte Sittenlehre propagierte als oberstes Gebot die Ein- und Unterordnung des Menschen in die bestehende Sozialhierarchie und erwies sich damit als wirksames Instrument zur Kontrolle und Unterdrückung der Volksmassen.

Die Befürchtung, in koloniale Abhängigkeit zu geraten, sowie nach innen gerichtete machtpolitische Interessen veranlaßten die Tokugawa-Herrscher, Japan gegen das Ausland abzuschließen. Die bereits ins Land gekommenen Europäer wurden zu einer Gefahr: Sie unterstützten einzelne Daimyō (besonders auf Kyūshū) in ihrer Opposition gegen die Zentralgewalt, weltanschaulich beeinträchtigten die von ihnen propagierten christlichen Ideen das ideologische Staatsgefüge.

Mit immer strengeren Maßnahmen wurde deshalb ihre Zurückdrängung und schließlich Ausweisung betrieben. Nach dem großen Shimabara-Volksaufstand auf Kyūshū (1637/38), den man unter anderem auch dem Einfluß der christlichen Soziallehre zuschrieb, wurde das Christentum streng verboten und 1639 die strikte Isolierung Japans von der Außenwelt proklamiert. Nur den Niederländern wurde ein beschränkter Handel von ein bis zwei Schiffen im Jahr zugestanden. Diese Gunst hatten sie sich mit dem traurigen »Ruhm« erkauft, mit ihren Schiffen bei der blutigen Niederschlagung des Volksaufstandes, in dem 20000 Rebellen, unterstützt von Tausenden Frauen und Kindern mehrere Monate einem Heer von fünffacher Stärke widerstanden, mitgewirkt zu haben.

Bevor wir uns dem Geschehen während der Landesisolierung

*Japanisches Theater*

und ihren Folgen zuwenden, ein kurzer Blick auf die Anfänge der deutsch-japanischen Beziehungen. Nach unseren bisherigen Kenntnissen war der aus Ulm stammende Kanonier und Stückgießer Hans Wolfgang Braun der erste Deutsche, der japanischen Boden betrat. Die von ihm im Auftrag der Kompanie 1639 in Hirado gefertigten Mörser wurden dem Shōgunat in der wohl nicht unbegründeten Hoffnung zum Geschenk gemacht, daß dieses gegenüber den Handelsbestrebungen wohlwollende Haltung bewahre.

Wenig später weilten ebenfalls als Angestellte der Kompanie der Wundarzt und Gründer einer Chirurgenschule Caspar Schambergen (1641), der Reisende Jürgen Andersen (1646), der Barbierchirurg Johann Jakob Mercklein (1651) und der Chirurg Christoph Frick in Japan. Aus Schlesien war Christoph Langhanß, aus Halle Christian Burckhardt und aus Altenburg Johann Wilhelm Vogel in das ferne Reich gekommen. Von ihnen allen wissen wir bisher nur wenig mehr als ihre Namen. Umso wertvoller ist deshalb die 1983 erfolgte Erstveröffentlichung der »Wundersamen Reisen nach West- und Ostindien 1642–1652« des Landmessers Caspar Schmalkalden, der 1650 in Japan weilte.

Waren die bisherigen Japanbesuche nur von kurzer Dauer, so konnte der Botaniker Andreas Cleyer während eines vierjährigen Aufenthalts (um 1765) intensive Studien treiben, die von Siebold gründlich ausgewertet wurden.

Der später in sächsisch-kurfürstlichen Diensten als »orientalischer Lustgärtner« des Dresdner Großen Gartens tätige Georg Meister (1653–1713) hatte in den 80er Jahren als Angestellter der Kompanie zweimal Gelegenheit, nach Japan zu kommen. Er verstand es, gleichermaßen wertvolle Informationen über die Pflanzenwelt und einfühlsame Schilderungen des japanischen Volkslebens zu geben. Im Gegensatz zu den Berichten mancher seiner Vorgänger konnten die Leser gewiß sein, in seinem Buch »Der Orientalische-Indianische Kunst- und Lustgärtner« (1692) keine Phantastereien und Abenteuergeschichten, sondern authentische Informationen zu erhalten.

Der eigentliche wissenschaftliche Entdecker des Inselreichs, der das Japanbild des aufklärerischen Bürgertums prägte, war Engelbert Kaempfer, der als Oberchirurgus der Kompanie 1690 von Batavia nach Dejima kam. Sein Werk war die wissenschaftliche Hauptquelle für Siebolds intensive Vorbereitungen.

Kaempfer hatte bereits in Batavia die Gelegenheit genutzt, im Garten des Generalgouverneurs Willem van Outhoorn tropische Pflanzen zu studieren. Wie später Siebold, ließ er den wissenschaftlichen Kontakt mit den Gelehrten der Heimat nicht abreißen. Dem Gießener Professor für Naturlehre, Michael Bernhard Valentini, konnte er nicht genug Neuigkeiten übermitteln, während ihn der Nürnberger Arzt und Naturforscher Johann Georg Volckamer, von 1675–1690 Präsident der Leopoldina, mit neuer Literatur versorgte.

Um die Beschaffung von Forschungsberichten aus Ostindien hat sich der Berliner Leibarzt des Großen Kurfürsten, Christian Mentzel, besonders verdient gemacht. Allerdings hat das bereitwillige Überlassen von Forschungs- und Sammelergebnissen ihrer Beamten den Unwillen der Kompanie erregt, denn Mentzel beklagt sich bei dem Präsidenten der Leopoldina über die zunehmenden Schwierigkeiten, die seinen Gewährsleuten Cleyer und Rumpf offensichtlich aus Monopolgründen bereitet würden: »Ich fürchte aber, daß wir mit unserm guten Vorsatz mit dieser sehr curiosen sachen correspondenz sehr möchten gehemmt werden, weil die Praesides der Oostindianischen Compagni keine correspondenz mehr gestatten wollen, sie sey auch von was vor großen Potentaten oder geringen Leuthen kommen ...«.

Auch unter den leitenden Beamten der Kompanie mehrten sich unliebsame Gestalten, die in ihrem sterilen Unvermögen den kreativen Persönlichkeiten ihre Erfolge neideten und ihnen Schwierigkeiten bereiteten. Kaempfer, der auf eine Anstellung in Batavia gehofft hatte, konnte davon ein Lied singen: »Dem Generalarzt war es ein leichtes, mit dem Lichte seiner Autorität die fremden Fünklein zu verdunkeln, und er lenkte es so, daß ich von beiden am Hospital offenen Stellen, des ersten Arztes und des Apothekers, keine bekam. Und ohne Anwalt meiner Sache, ein Fremdling mit unbewehrter Stirne, mußte ich die Erfahrung machen, daß doch recht viel darauf ankommt, in welche Zeit und unter welche Menschen ein tüchtiger Mensch gerät. Der Mann ist sonst nicht übel, gehört aber zu denen, die über wissenschaftliche Arbeit ebenso denken wie der Fuchs, der nach Verlust seines Schwanzes seine Genossen davon überzeugen wollte, dies sei ein Vorteil. So ist es für Menschen mit höherer Geistesbildung unmöglich, unter diesem Schutzgott weiterzukommen.«

Während der sieben Monate seines Java-Aufenthalts hatte Kaempfer vor allem, aber nicht nur, fleißig botanisiert. Wie seine »Amoenitales Exoticae« (Schönheiten des Auslandes 1712) zeigen, widmete er sich eingehend auch mathematischen und technischen Fragen sowie dem Studium des Volkslebens. Er schrieb in seinem Vorwort: »Ich habe nichts aus meiner Phantasie Geschöpftes hineingebracht, nichts, was nach Schreibstube schmeckt und nach der Studierlampe riecht, auch koche ich keinen von andern gekochten Kohl wieder auf ... sondern ich beschränke mich darauf, allein das zu beschreiben, was entweder neu oder von anderen nicht gründlich oder vollständig überliefert ist. Als Forschungsreisender hatte ich kein anderes Ziel, als Beobachtungen von Dingen zu sammeln, die uns nirgends oder nicht genug bekanntgeworden sind.« Als schlecht bezahlter kleiner Angestellter ohne Perspektive griff er sofort die sich bietende Möglichkeit auf, als Faktoreiarzt nach Dejima zu gehen, wo er nicht nur mit einer besseren Vergütung, sondern auch mit neuen wissenschaftlichen Eindrücken rechnen konnte. Hier bot sich ihm Neuland, während ihm das »Paradies der Botaniker« in Java reichlich abgeerntet erschien.

Der Grundtypus des Beamten, den er auf Dejima antraf, unterschied sich allerdings zumindestens nicht positiv von dem in Batavia. Im Gegenteil, da die Amtszeit des Faktoreivorstehers auf Forderung der Japaner auf ein Jahr begrenzt wurde, war dieser mit noch größerem Eifer bestrebt, seine Schäflein ins trockene zu bringen. Zu Kaempfers Leidwesen schien es zunächst, nur auf die kleine künstliche Vorinsel begrenzt, nahezu unmöglich zu sein, Natur, Land und Menschen kennenzulernen. Er hatte sich gründlich auf sein Vorhaben vorbereitet, alle ihm zugängliche Literatur, wie die 1649 in Amsterdam erschienene japanische Landeskunde des Barockgeographen Bernhard Varenius oder Jürgen Andersens »Orientalische Reise-Beschreibung« (1669) ausgewertet. Besonders anregend waren für ihn die Informationen eines zeitgenössischen Augenzeugen: Generalgouverneur Camphuys hatte, bevor er 1684 sein neues Amt übernahm, von 1671 bis 1676 dreimal die Faktorei Dejima geleitet und dabei wertvolle Erfahrungen gesammelt, die er gern weitergab.

Den Einwohnern, mit denen Kaempfer Verbindung aufzunehmen versuchte, waren jegliche über ihren Arbeitsauftrag hinausgehende und von der Behörde genehmigte Tätigkeiten und

*Vornehmer Japaner mit Diener*

Kontakte streng untersagt: »Denn«, so stellte er fest, »nachdem man hier die römischen Christen ganz vertilgt, die holländischen und chinesischen Kaufleute eingesperrt, den Verkehr mit anderen Völkern abgeschnitten und die Grenzen des Reichs geschlossen hat – seit dieser Zeit ist auch der Japaner Mund, Herz und Gemüt für uns fremde und eingesperrte Gäste gänzlich verschlossen. Insbesondere werden alle und jede, die mit uns zu tun haben, durch Eid und Blutverschreibung verpflichtet, von den Angelegenheiten ihres Vaterlandes, ihrer Religion, von geheimen Staatssachen und anderen ihnen genau angegebenen Dingen uns durchaus nichts mitzuteilen. Und diese Verpflichtung wird noch geschärft dadurch, daß jeder durch dieselbe Eidesformel verbunden ist, den andern zu verraten.«

Doch was vermochte auf die Dauer die obrigkeitlich verordnete Absperrung gegen den Wissensdrang eines Volkes. Kaempfer sah zu recht einen Hoffnungsfunken aufglimmen: »Und nun ist diese Nation, ungeachtet ihres Stolzes und kriegerischen Geistes, doch ausnehmend freundlich, umgänglich und besonders neugierig, wie nur irgendeine Nation auf der Welt sein kann. Besonders sind die Japaner sehr begierig, von den Geschichten, Verfassungen, Künsten und Wissenschaften fremder Völker etwas zu erfahren.«

Mit Geschick und Offenheit gelang es ihm, das Vertrauen der Japaner zu gewinnen, die sich vor allem von seinem ärztlichen Können Hilfe versprachen und seinen naturwissenschaftlichen Vorträgen mit großem Interesse folgten: »Ich bezeigte mich nämlich von Anfang an ungemein willfährig, diesen vornehmen Japanern mit meiner Profession, der Arzneiwissenschaft, und einem zwar geringem Unterricht in der Astronomie und Mathematik nach ihrem Wunsch und ohne Entgelt zu dienen, und – was nicht zu vergessen – teilte ihnen denn auch ganz kordial bei diesem Unterricht beliebte europäische Liqueurs mit. Dies machte sie mir so gewogen, daß ich mich mit aller möglichen Freiheit und ganz genau und umständlich nach ihrer natürlichen, geistlichen und weltlichen Geschichte und nach allem, was ich wollte, erkundigen konnte. Keiner weigerte sich, mir nach seinem besten Wissen Nachricht zu geben, selbst von den verbotensten Dingen – wenn ich nur mit ihm allein war.«

Besonders günstig war es, daß ihm ein junger Famulus zur Seite stand, der die durch geschickte Fragestellungen gesammelten bruchstückhaften Einzelinformationen zu einem Gesamtbild formen half.

Da die Pflanzenwelt nicht der strengen Geheimhaltung unterlag, war das ihm zur Verfügung gestellte botanische Material sehr umfangreich. Botanische Studien hatten in der Zeit der Landesisolierung bei den Japanforschern nicht nur aus persönlicher Neigung, sondern auch auf Grund der objektiven Voraussetzungen Vorrang.

Die Resultate seiner Forschungen, die Kaempfer während der ersten Hofreise besonders intensiv betreiben konnte, fanden in seinem Hauptwerk »Geschichte und Beschreibung von Japan«

ihren Niederschlag. Erstmals erhielten die Europäer einen Gesamteindruck des Inselreiches: »Japan, bei den Eingeborenen Nippon, d. i. in der Sonnen Feste, heißt diejenige Insel, welche bei den Europäern zuerst von Marco Polo unter dem Namen Zipanu – ein Wort von unbekanntem Ursprung – bekannt gemacht ist. Es besteht aber dieses Reich nicht aus einer Insel, sondern aus mehreren, die, wie Großbritannien, durch viele enge Öffnungen des Ozeans voneinander getrennt sind und im entlegensten Osten liegen. Die Natur hat dieses Reich mit einer unbezwinglichen Schutzmauer umgeben und gleichsam unüberwindlich gemacht, da es allenthalben von einem für die Seefahrer feindseligen Meer umgeben ist ...«

Diese erste, wissenschaftlich fundierte Landeskunde Japans bildete bis zum ausgehenden 18. Jahrhundert das wichtigste Quellenwerk über das Inselreich. Ihm verdankt Siebold umfassende, inhaltsreiche Informationen zu Geschichte, Geographie und Völkerkunde, über Flora und Fauna, Bodenschätze und Wirtschaftsleben, Kultur und Staatseinrichtungen.

Interessant ist, auf welchen Umwegen dieses bedeutsame Werk erst sehr verspätet in Deutschland Eingang fand. Der Präsident der Londoner Royal Society und königliche Leibarzt Hans Sloane (1660–1753), der auf ausgedehnten Sammelreisen auf Jamaika zu wissenschaftlichen Verdiensten gelangte, hatte den Nachlaß Kaempfers erworben und den Schweizer Naturforscher Johann Caspar Schluchzer (Sohn des berühmteren Mediziners, Mathematikers und Naturforschers) mit einer Übersetzung ins Englische beauftragt, die 1727 in London erschien. Obwohl bereits zwei Jahre später auch holländische und französische Ausgaben verlegt wurden, blieb das Buch in Deutschland unbekannt. Erst eine 1747 bis 1749 in Rostock erschienene Rückübersetzung aus dem Französischen, die äußerst fehlerhaft war, ließ den Autor in seinem Vaterland wenigstens in engeren Fachkreisen zu einem Begriff werden. Schließlich machte Christian Wilhelm Dohm (1751–1820), der Geographielehrer Alexander von Humboldts (1769–1859), mit einer auf das Original zurückgehenden Ausgabe den ganzen Reichtum des Werkes Jahrzehnte später (1777 bis 1779) auch in Deutschland zugänglich. Vergessen oder ignoriert zu werden war typisch deutsches Gelehrtenschicksal in der Zeit des feudalen Partikularismus. Kaempfer, der mit seiner ärztlichen Kunst jederzeit zu Hilfeleistungen bereit war, betonte nachdrücklich, auch auf seinem

Fachgebiet nicht nur Gebender, sondern gleichermaßen Nehmender gewesen zu sein. Die alte chinesische und japanische Volksmedizin vermittelte ihm vielfältige Anregungen, die in einer Zeit, als die europäische Medizin zu vorschnellen Eingriffen neigte, besonders wertvoll waren. Die Praxis der naturgemäßen Heilmethoden, wie Wasserbehandlung und diätetische Therapie, zeigte erstaunliche Erfolge. Mit großem Interesse verfolgte Kaempfer auch die ihm völlig neuen therapeutischen Möglichkeiten der Akupunktur und Moxibastion. Verdienste erwarb er sich als einer der ersten, der zur Beschäftigung mit den Problemen der Tropenkrankheiten anregte.

Erstmals wird Japan in einem europäischen Nachschlagewerk in der von Denis Diderot (1713–1784) und Jean Baptist D'Alembert (1717–1783) herausgegebenen »Encyclopédie«, der repräsentativen Plattform der französischen Aufklärung, beschrieben. Hier fand der Leser, nicht zuletzt dank der Forschungen Kaempfers, bereits sehr konkrete Angaben: »Das Wetter ist sehr unbeständig in diesem großen Lande. Im Winter kann es bitter kalt, im Sommer dagegen äußerst heiß werden. Es regnet viel das ganze Jahr durch, vor allem in den Monaten Juni und Juli, aber ohne jene periodische Regelmäßigkeit wie in den wärmeren Gegenden Ostindiens. Blitz und Donner sind häufig. Das Meer, das Japan umgibt, ist sehr stürmisch, und die Schiffahrt wird gefährdet durch die große Zahl der Felsen und durch die Untiefen und Klippen über- und unterhalb des Wassers. Das Land ist vorwiegend gebirgig, steinig und unfruchtbar; aber der Fleiß und die unermüdliche Tätigkeit der Einwohner, die übrigens äußerst enthaltsam leben, haben es ertragreich und unabhängig von den Nachbarländern gemacht. Das ganze Volk nährt sich von Reis, Gemüsen und Früchten; seine Nüchternheit zeugt mehr von Tugend als von Aberglauben ... Wenn Japan die Aufmerksamkeit des Geographen beansprucht, so verdiente es womöglich noch mehr Interesse des Philosophen ... Japan ... besitzt alles, was uns fehlt.« Als Nachfolger Kaempfers im Amte des Faktoreiarztes hatte der 1775 nach Dejima gekommene Linnéschüler Carl Peter Thunberg vor allem durch seine umfangreichen, während der Hofreise vorgenommen Sammlungen, die er der Universität Uppsala zur Verfügung stellte, wesentliche Vorarbeiten für Siebold geleistet. Thunbergs »Flora Japonica« beschreibt etwa tausend Species, von denen mindestens dreihundert unbekannt waren.

Den Stand der Kenntnisse über das japanische Reich zu erweitern und zu vertiefen, war das Anliegen Siebolds, das sich mit seiner Aufgabenstellung deckte, die neben der Wahrnehmung der ärztlichen Pflichten vorsah, »das interessanteste Land der Welt zu untersuchen«. Dafür wurden ihm von der niederländischen Regierung günstige Voraussetzungen geschaffen. Dem unternehmungsfreudigen jungen Wissenschaftler eröffnete sich ein umfassendes Betätigungsfeld. »Alle Reiche der Natur bieten mir hier in Fülle ihre Schätze dar, und für Land- und Völkerkunde und Linguistik läßt sich in diesem so wenig noch untersuchten Land unendlich viel leisten«, schrieb er seinem Mentor Nees von Esenbeck.

Siebold hatte sich zunächst in seinem Heim behaglich eingerichtet: »Auf meinem kleinen Eilande Deshima befinde ich mich sehr wohl und verlebte seither in häuslicher Zufriedenheit, verbunden mit rastloser Tätigkeit im Felde der gesamten Natur- und Heilkunde die glücklichsten Tage meines Lebens.«

Es war aber auch deutlich geworden, daß ein auf die kleine Insel beschränktes Forschen keineswegs zu neuen Erkenntnissen führen würde. Siebold mußte das Tätigkeitsfeld erweitern. Dazu bedurfte es einheimischer Helfer und Freunde, die er sich jedoch nur durch Vertrauen erwerben konnte. Wissen und ärztliches Können waren dafür die ersten Voraussetzungen.

Bald nach der Ankunft am 11. August 1823 hatte er dank der Vermittlung durch den Faktoreidirektor Jan Cock Blomhoff mit den in Nagasaki anwesenden Ärzten Kontakt aufnehmen können. Zu ihnen zählten Minato Chōan aus Edo, Mima Zunso aus Awa, Hirai Kaiso aus Mikawa, Oka Kenkai und viele andere. Sie waren nach Eintreffen des »holländischen« Arztes in der Hoffnung, mit dem neuesten Stand der europäischen Medizin vertraut gemacht zu werden, nach Nagasaki gereist. Bereits nach drei Monaten versammelte Siebold einen ständig größer werdenden Kreis wißbegieriger japanischer Ärzte und Naturwissenschaftler um sich. Sie hatten sich dem Dolmetscher-Kollektiv angeschlossen und zählten damit zu dem Personenkreis, der die Insel betreten durfte. Natürlich war ein solcher Andrang von Fachleuten dem Statthalter von Nagasaki Fujiwara Takahasu nicht verborgen geblieben. Als aufgeschlossener und toleranter Mann erlaubte er nicht nur, daß Siebold dreimal wöchentlich Vorlesungen in holländischer Sprache hielt, er gestattete es ihm später sogar, die Insel zu »Hausbesuchen« zu verlassen.

Wertvolle Unterstützung bei den für seine Forschungen unabdingbaren Kontakten mit japanischen Fachleuten gaben Siebold die Dolmetscher Gonsuke Yoshio, Inabe Ichigorō, Narabayashí Tetsunosuke, Shíge Tokishíro, Namura Sanshírō, vor allem aber der Vorsteher des Dolmetscher-Kollegiums in Nagasaki, Ishíbashí Sakusa'emon. Auch der erste Bürgermeister der Stadt, Sugahara Shikishiro, tat alles in seinen Kräften Stehende,

*Ishibashi Sakusa'emon*

*Namura Sansiro*

um die Verbindung Siebolds mit den japanischen Ärzten und Wissenschaftlern zu ermöglichen. Nicht in jedem Falle war es notwendig, sich als Sprachmittler der Dolmetscher zu bedienen. Viele japanische Wissenschaftler hatten sich inzwischen die holländische Sprache (in der sich Siebold allerdings selbst noch vervollkommnen mußte), das damalige »Latein des Ostens« angeeignet und waren in der Lage, seinen Ausführungen zu folgen.

Siebold hatte sich bald, wie ein Bericht an den Onkel zeigt, als Arzt einen Namen gemacht: »Meine Praxis ist sehr ansehnlich, und mein ärztliches Glück verläßt mich auch hier nicht, unter andern habe ich eine künstliche Pupillenbildung gemacht und dadurch einem angesehenen Japanesen, der zehn Jahre blind war, das Gesicht wiedergegeben, dies macht viel Aufsehen.«

Auch in Europa hatte es lange gedauert, ehe man die Vorstellung von einem sogenannten »Sehgeist« überwand und die Augenlinse, wie bereits Franciscus Maurolykos (1494–1577), als Linse im physikalischen Sinne ansah, und aus dieser Erkenntnis die Schlußfolgerung zog, daß der graue Star eine Erkrankung der Linse sei. Der deutsche Chirurg Lorenz Heister (1683–1758), der sich nachdrücklich für die neue wissenschaftliche Anschauung einsetzte, hat entscheidend dazu beigetragen, daß die Augenheilkunde aus dem ambulanten Wandergewerbe der Starstecher zu einem wissenschaftlichen Spezialgebiet wurde, wie es Siebold nun dank seiner Würzburger Ausbildung nun auch in Japan durchzusetzen versuchte. Der eigentliche Aufstieg der wissenschaftlichen Augenheilkunde erfolgte jedoch erst in der zweiten Hälfte des 19. Jahrhunderts, nachdem Hermann von Helmholtz (1821–1894) mit der Erfindung des Augenspiegels in des Wortes wahrstem Sinne Licht in das Augeninnere gebracht hatte.

Mit seinen erfolgreichen Staroperationen avancierte Siebold geradezu zu einem »Wunderdoktor«. Auch die Einführung der Pockenprophylaxe erhöhte sein ärztliches Ansehen. Die Pokken, eine der schrecklichsten Geißeln der Menschheit, forderten alljährlich Tausende Opfer. Sie erreichten zuweilen derartige epidemische Ausmaße, daß ganze Landstriche dezimiert wurden. Widersinnige »Theorien« von der Krankheit als Strafe für sündhaftes Leben hatten die wissenschaftliche Erkundung lange behindert. Anfangs des 19. Jahrhunderts war man auch in Europa noch der Meinung, die Pocken wären ein normaler Entwicklungsvorgang im Kindesalter.

Obwohl das Wesen der Erkrankung noch nicht erforscht war, fanden bereits seit langem verschiedene empirische Verfahren der Therapie und Prophylaxe Anwendung. Insbesondere hatte die Beobachtung, daß Menschen, welche die Pocken bereits überstanden hatten, gegen eine erneute Infektion geschützt waren, zu Versuchen geführt, durch eine künstlich erzeugte Infektion einen abgeschwächten Krankheitsverlauf und die Immunisierung zu erzielen. Bereits vor zwei Jahrtausenden sollen Brahmanenpriester in Indien die Pocken mit flachen Hautschnitten am Arm überimpft haben. Den Impfstoff entnahmen sie dem Schorf leichter Pockenfälle. Auch in China ist diese Methode seit dem 6. Jahrhundert bekannt und fand von hier aus Eingang in die japanische Medizin. Aus dem Orient gelangte sie über England in die anderen europäischen Länder und wurde ab 1721 auch in Deutschland praktiziert.

Zweifellos waren mit der unmittelbaren Pockenübertragung von Mensch zu Mensch große Gefahren verbunden. Schließlich kam es nach einer Reihe schwerer Fehlschläge in England sogar zum Verbot, doch eine neue schwere Epidemie ließ keine andere Wahl, als das bisher einzige prophylaktische Mittel trotz hohen Risikos wieder in Anwendung zu bringen. Mit zahlreichen zielgerichteten Experimenten wurde eine Abschwächung der Infektionskraft des Impfstoffes versucht.

Die medizinische Großtat Edward Jenners (1749–1823) leitete die Wende ein. Bereits die englischen Ärzte Sutton und Fewster hatten 1765 festgestellt, daß die Übertragung von Pockenviren bei Personen, die bereits an Kuhpocken erkrankt waren, wirkungslos blieb. Jenner wurde von einem Bauern auf den glei-

*Krankenbehandlung*

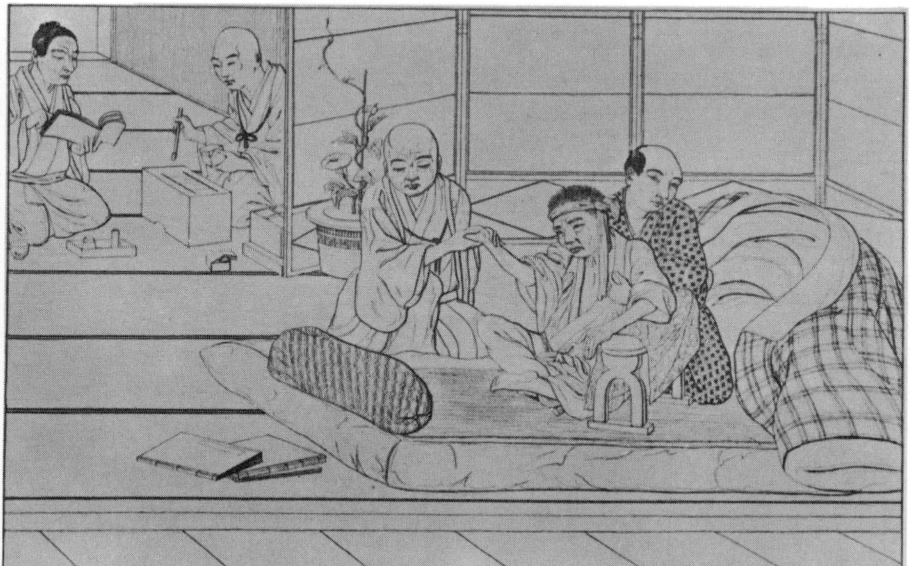

chen Umstand aufmerksam gemacht und beschloß, der Sache auf den Grund zu gehen. Nach intensiver Kleinarbeit entschloß er sich am 14. Mai 1796 zu einer historischen Tat: Er impfte ein achtjähriges Kind mit Blatternimpfstoff einer an Kuhpocken erkrankten Melkerin. Sechs Wochen später infizierte er den Jungen mit echten Menschenpocken. Die Inkubationszeit ging vorüber, ohne daß sich Anzeichen einer Krankheit zeigten. An fast tausend Kindern konnte die Gegenprobe mit gleichem Erfolg durchgeführt werden. Damit war die Schutzwirkung der Kuhpocken bewiesen, die bisherige lebensgefährliche Übertragung von Pockenviren von Mensch zu Mensch wurde von der Vakzination (Schutzimpfung) mit Kuhpocken abgelöst.

Nachdem sich Jenners Methode in kurzer Zeit in ganz Europa verbreitet hatte, war es Siebolds Verdienst, die Pockenschutzimpfung auch in Japan einzuführen. Ihre Wirksamkeit hatte drei Voraussetzungen: die ordnungsgemäße Herstellung und sachgemäße Lagerung der Lymphe sowie die korrekte Ausführung der Impfung. Leider hatte infolge schlechter Lagerung der von ihm aus Java mitgeführte Impfstoff seine Wirksamkeit verloren, so daß die erhofften Erfolge ausblieben. Entscheidend war jedoch, daß er die japanischen Ärzte mit dem neuen Verfahren bekannt gemacht hatte. Der niederländische Militärarzt Otto Mohnike sicherte schließlich 1848 die Bereitstellung der wirkungsvollen Lymphe.

Mindestens ebenso wie die Erfolge seiner ärztlichen Kunst fand im japanischen Volke die Tatsache Beachtung, daß Siebold allen Kranken, ungeachtet ihrer sozialen Stellung, Hilfe bot. Immer mehr Besucher kamen zu dem »Wunderdoktor«. Hausbesuche führten ihn in die Wohnungen japanischer Familien, dabei lernte er Sitten und Gebräuche sowie einige Worte der Umgangssprache kennen.

Selbst in den Straßen erbat man ärztlichen Rat, den Siebold, soweit es möglich war, auch gab. Allerdings nur mit Hilfe von Dolmetschern, so daß Irrtümer nicht auszuschließen waren. Häufig bewirkte allein schon der feste Glaube an die Heilung eine Besserung.

Als »folgenschwer« erwies sich ein Hausbesuch bei der Familie Kusomoto. Hier begegnete er der erst 16jährigen Sonogi (1807–1865). Beide erfaßte tiefe Zuneigung. Da Gesetze und Landessitten eine Ehe ausschlossen, gab es für die Liebenden nur einen Ausweg, der wenigstens, wie Siebold nach Hause berichtete, »pro tempore«, ein Zusammenleben ermöglichte: Nach japanischem Recht war Kurtisanen der Aufenthalt auf Dejima erlaubt. So mußte sich Sonogi das entsprechende Kennzeichen in ihren Paß eintragen lassen und konnte sich nun nach Belieben im »Doktorhaus« aufhalten.

Durch Vermittlung von Freunden war es Siebold gelungen, unter japanischem Decknamen im Tal von Narutaki ein Grundstück zu erwerben. Hier behandelte er Patienten, versammelten sich seine Schüler, von denen mancher, der sich einen längeren Aufenthalt nicht leisten konnte, von ihm unter dem Anschein einer Anstellung finanziell unterstützt wurde.

Nicht zu Unrecht konnte Siebold feststellen: »Mein Haus ist eine Universität, da in allen Wissenschaften gearbeitet wird.« Narutaki wurde »der Sammelplatz japanischer Freunde europäischer Wissenschaft, und Zunzo (eigentlich Zunso) und Kenkai die ersten Lehrer des durch uns gestifteten Athenäums. Von diesem kleinen Punkte breitete sich alljährlich ein neuer Lichtstrahl wissenschaftlicher Bildung und mit ihm unsere Verbindung über das japanische Reich aus. Die wir von nun an unsere Schüler nennen dürfen, haben hier den ersten Grundstein zu ihrer europäischen Bildung gelegt und vieles zu unseren Forschungen beigetragen.«

Auf dem Anwesen, das nach und nach zu zwei Haupt- und drei Nebengebäuden erweitert wurde, legte Siebold einen botanischen Garten an, in dem er die für seine Therapie notwendigen Heilpflanzen anbaute. Schule und »Poliklinik« von Narutaki waren ein Zentrum wissenschaftlicher Bildung und Ausgangspunkt der weit über Kyūshū hinaus reichenden Verbindungen. In Narutaki wurde für viele angehende japanische Ärzte die Grundlage ihres Schaffens gelegt. Zugleich machten sich erfahrene Praktiker am Beispiel einzelner Fälle mit dem Stand der europäischen Diagnostik und Therapie vertraut.

Es ist jedoch falsch anzunehmen, daß Siebold nach der Isolierung des Landes die ersten geistigen Kontakte des Inselreiches zu Europa herstellte. Bereits 1719 war das generelle Verbot von Werken in europäischen Sprachen gelockert und die Einfuhr holländischer medizinisch-naturwissenschaftlicher Literatur erlaubt worden. Als logische Erweiterung dieser ersten geistigen Öffnung der Barriere erhielten in Nagasaki ansässige Wissenschaftler die Erlaubnis, Holländisch zu lernen und die wichtigsten Werke zu übersetzen. Es bildete sich der Stand der »Holland-Gelehrten« (Rangakusha), die sich vor allem mit Medizin, doch auch mit Geographie, Geschichte und europäischer Politik beschäftigten. An Interessenten fehlte es nicht. Vor allem japanische Mediziner wurden zu Schrittmachern europäischen Wissens und zu Vorkämpfern im Bereich des Sozialwesens. Wissensdurstige Samurai stürzten sich auf das Studium europäischer Kriegskunst, Technik und Kartographie. Um das bisher nur spontane Studium westlicher Werke besser planen, koordinieren und nutzen zu können, wurde im Jahre 1803 sogar ein Amt für die Übersetzung holländischer wissenschaftlicher Werke errichtet. So wurde bereits Jahrzehnte vor dem Eintreffen Siebolds dem Streben nach neuem Wissen, wenn auch in begrenztem Umfang, Geltung verschafft, damit aber zugleich das Informationsbedürfnis erhöht. Mit welchen Werken fanden die Fortschritte der europäischen Medizin vor Siebold in Japan Verbreitung?

Zu den ersten Übersetzungen zählten die bereits vor mehr als hundert Jahren erschienenen, aber noch immer bedeutsamen chirurgischen Schriften von Ambroise Paré (1510–1590). Es folgte 1822 die Chirurgie Lorenz Heisters und 1836 die Augenheilkunde von Plenck.

Das in der Literatur zuweilen beklagte »Vakuum«, in das europäische Wissenschaftler in der zweiten Hälfte des 19. Jahrhunderts angeblich vordrangen, gab es nicht. Japanische Mediziner hatten nach chinesischem Vorbild eigenständige Leistungen vollbracht, die vornehmlich auf eine Unterstützung der natürlichen Heilkräfte des Körpers orientierten, und das Literaturstudium machte sie bereits zu Beginn des 19. Jahrhunderts mit wesentlichen Ergebnissen der europäischen Medizin bekannt.

Die wachsende Popularität Siebolds verstärkte auch das Vertrauen der Behörden in den hilfsbereiten sympathischen Arzt und Wissenschaftler. Hier machte sich schwerlich jemand ans Werk, die wohlbehütete Sicherheit des japanischen Staatswesens zu untergraben. War es nicht geradezu ein Gebot japanischer Höflichkeit, daß man dem uneigennützig Handelnden Entgegenkommen zeigte, sein Anliegen wohlwollend unterstützte?

So gestattete man es ihm, begleitet von seinen Schülern, Tagesexkursionen in die nähere Umgebung von Nagasaki zu unternehmen, um sich mit der Tier- und Pflanzenwelt näher bekannt zu machen. Da Siebold die anwachsende wissenschaftliche Arbeit allein nicht mehr bewältigen konnte, stellte ihm die Niederländische Regierung zwei Helfer zur Verfügung: den Naturwissenschaftler Heinrich Bürger (1804–1858), der bisher in Batavia als Apotheker tätig gewesen war, und den wissenschaftlichen Zeichner Carl Hubert de Villeneuve (gest. um 1859). Die zusätzliche Bewilligung von mehr als achttausend Gulden setzte Siebold in die Lage, die Forschungen zielstrebig fortzusetzen und auch auf Dejima einen botanischen Garten anzulegen. Nees von Esenbeck, den er regelmäßig über alle Fortschritte informierte, konnte er im Oktober 1825 mitteilen, daß der Garten bereits einen Bestand von mehr als tausend Gewächsen aufwies, deren Untersuchung ihm zu vielen Korrekturen der bisherigen botanischen Lehren verhelfen werde, »dieses um so mehr, da man hier sehr oft Gelegenheit hat, aus China, den Liu-kiū-Inseln (Ryūkyū), Korea, Jezo (Ezo) und Seghalien lebendige Pflanzen zu erhalten.« Die Botanik, bereits Schwerpunkt der wissenschaftlichen Arbeit seiner Vorgänger, zählte nicht nur zu den erlaubten Informationsquellen, das Beschaffen botanischen Materials war auch ungleich einfacher als das Studium zoologischer Objekte, die sehr sporadisch, allenfalls nur in Einzelexemplaren, zur Verfügung standen. Vor allem aber waren die vielen Helfer, auf die sich Siebold stützen konnte, speziell auf botanischem Gebiet hochspezialisiert.

Höchst aufschlußreich sind Siebolds Informationen über den Entwicklungsstand der japanischen Botanik: »Es ist bekannt, daß (sie) wohl in keinem Lande, außer Europa ... allgemeiner betrieben wird als in Japan und China, wo bereits seit mehr als tausend Jahren die so ansehnlichen vegetabilischen Schätze dieser Reiche zur Nahrung und Kleidung, zur Haushaltung und zum Vergnügen aus den Gebirgen und Tälern von allen Seiten zusammengetragen worden sind. Die brauchbarsten und nützlichsten Gewächse trug jedes dieser Reiche (vorzüglich aber Japan und China) von dem andern auf sich über und suchte sich, dabei noch dergleichen aus seinen fernsten Grenzen oder aus andern benachbarten Ländern des Kontinents oder Archipels zu verschaffen, wobei durch Veränderung der Klimate und sorgfältige Kultur manche Pflanzengattung zu unendlichen Varitäten an Schönheit und Vollkommenheit gesteigert wurden.«

Da ihm trotz der Vergünstigungen nur eine begrenzte Forschungsmöglichkeit gegeben war, versuchte sich Siebold, durch geschickte Themenstellungen von seinen Schülern Zuarbeit zu wichtigen Fragen leisten zu lassen.

Nagasaki erwies sich noch aus einem anderen Grunde als äußerst günstige Informationsquelle. Alle Schiffbrüchigen fremder Länder fanden zunächst hier eine Zufluchtstätte. Siebold erhielt die Erlaubnis, die in einem Lager untergebrachten Seeleute nach Belieben über ihre Heimatländer zu befragen. Dabei widmete er sich neben naturwissenschaftlichen Problemen auch der Sprachwissenschaft. So entstand in systematischer, mühevoller Kleinarbeit die Fixierung des koreanischen Alphabets, eine Arbeit, die er 1824 der Königlichen Akademie in Paris zur Begutachtung vorlegte. Die philologischen Kapazitäten schwankten je nach Gemütslage zwischen Hohn und Entrüstung. Was erdreistete sich dieser unbekannte Scharlatan? Ein koreanisches Alphabet gab es nach ihrer Auffassung nicht. Vor etwa zweitausend Jahren war schließlich in Korea die chinesische Schrift eingeführt und alle bekannte Literatur in diesen Zeichen überliefert worden. Und doch hatte sich neben der von der feudalen Oberschicht beeinflußten Literatur eine eigenständige koreanische Volksliteratur herausgebildet, die mit der Einführung der Buchstabenschrift durch König Sedschong (1419–1450), unter dessen Regierungszeit Korea eine wirtschaftliche und kulturelle Blüte erlebte, einen beachtlichen Aufschwung erfuhr. Dieser Prozeß aber war in Europa unbeachtet geblieben.

Siebold wartete vergebens auf Nachricht. Die führende Kapazität auf dem Gebiet der Orientalistik, Heinrich Julius Klaproth (1783–1835), hielt es für unter seiner Würde, solch einen »Unfug« näher zu prüfen.

In der Zeit seines Aufenthaltes auf Dejima verfaßte Siebold unter aktiver Mitwirkung seiner japanischen Freunde eine Reihe beachtlicher Schriften. Den Auftakt bildete die Schrift »De historia naturalis in Japonia statu«, eine kurze Abhandlung über den Stand der Naturgeschichte in Japan. Der progressive Mediziner und Naturphilosoph Lorenz Oken (1779–1851) nahm die Arbeit 1827 in seine enzyklopädische Zeitschrift »Isis« auf.

Elias von Siebold veröffentlichte den 1824 entstandenen Aufsatz seines Neffen über Fragen der japanischen Geburtshilfe in dem »Journal für Geburtshülfe, Frauenzimmer- und Kinderkrankheiten«. Von der Vielseitigkeit des jungen Siebold zeugen die zur gleichen Zeit geschriebenen Beiträge über die japanische Sprache, die in den »Verhandelungen« der Batavischen Gesellschaft für Künste und Wissenschaften erschienen.

Auch für die holländische Wirtschaft hatte Siebolds Arbeit bereits großen Nutzen gebracht. Alle bisherigen Versuche, Teekulturen nach Java zu bringen, waren daran gescheitert, daß der Samen während der langen Seereise die Keimfähigkeit verlor. Siebold packte die Teenüsse in eisenhaltigen Lehm und entwickelte damit ein neues Transportverfahren, das die Möglichkeit schuf, auch in Java große ertragreiche Teeplantagen anzulegen.

## Hofreise nach Edo

Seit Bestehen der niederländischen Faktorei war die Hofreise nach Edo unabdingbare Voraussetzung für das Aufenthaltsprivileg. Mit großem Gefolge begab sich der Direktor der Niederlassung zunächst jährlich, später im Vierjahresrhythmus an den Hof des Shōgun, um diesem mit Präsenten die gebotene Huldigung zu erweisen. Vor allem aber, um mit den zuständigen Beamten Verhandlungen zu führen.

Die nächste Hofreise war für das Jahr 1826 vorgesehen. Gewiß hatte Siebold während seines bisherigen Aufenthaltes eine Vielzahl neuer Erkenntnisse gewinnen können und diese auszuwerten begonnen. Letztlich aber waren die zwei Jahre auf Dejima eine Vorbereitungszeit für das kommende große Ereignis, das ihn auf einer Strecke von etwa tausend Kilometern in die Metropole des Inselreichs führen sollte. Etwa sechshundert Kilometer zu Lande und vierhundert zur See waren zu bewältigen. Welche Eindrücke und Erkenntnisse würden sie dem wißbegierigen Wissenschaftler bringen?

Siebold war für das Vorhaben gut gerüstet: »Von der Geographie des Landes, von der Sprache der Einwohner, von ihren Sitten und Gebräuchen hatte ich mir Kenntnis durch den Umgang mit gebildeten Japanern verschafft. Wenn auch meine Exkursionen vorerst nur über einen kleinen Teil von Kiusiu (Kyūshū) – über die Umgebung von Nagasaki sich erstreckten, so machten mich doch mit den Naturerzeugnissen der entferntesten Provinzen kundige Ärzte bekannt, die, um meinen Unterricht in den

Natur- und Heilwissenschaften zu genießen, aus allen Gegenden des Reiches herbeikamen und ihren Lehrer mit Naturalien und mit Abbildungen naturhistorischer Gegenstände und Büchern beschenkten.«

Selbst einige Jäger hatte er in Dienst genommen, die für ihn Vögel und Säugetiere erlegten und eine Anzahl Helfer im Fangen von landestypischen Insekten unterwiesen.

Die Verwirklichung des von Siebold konzipierten Forschungsprogramms ging weit über die mit der Hofreise verbundenen Möglichkeiten hinaus: »Die über das Land und dessen Erzeugnisse erlangten Kenntnisse, sowie meine Erfahrungen über den Kulturzustand des Volkes, über Handel und Gewerbe, Staats- und bürgerliche Einrichtungen usw. nach allen Seiten zu erweitern, war jetzt der Hauptzweck der bevorstehenden Reise nach Jedo (Edo). Da jedoch die Beschränkungen auf derselben meinen Forschungen nicht die Ausdehnung und Freiheit versprachen, die ich in ihrem Interesse wünschen mußte, so faßte ich den Plan, nach Ablauf unserer Gesandtschaft noch einige Zeit, und zwar auf Staatskosten, in Jedo zu bleiben, unter dem Vorwande, den Kaiserlichen Ärzten Unterricht in der Natur- und Heilkunde zu erteilen, um dann unter günstigeren Verhältnissen später das Innere des Reiches zu bereisen. Der Einfluß des Statthalters von Nagasaki und einiger hoher Gönner in Jedo, sowie der günstige Ruf, der mir als Arzt und Naturforscher vorausgegangen, ließen mich um so zuverlässiger erwarten, die Regierung in Jedo werde auf diesen Plan eingehen, als die Vorteile, die den Japanern darauf zuflossen, von zu hoher Wichtigkeit für sie selbst waren.« Die niederländische Regierung förderte das Vorhaben nach Kräften und wies den Direktor der Faktorei an, die Forschungen, bei denen allerdings wirtschaftliche Interessen Vorrang haben sollten, aus der Staatskasse zu finanzieren und mit dem ihm gebotenen Einfluß zu fördern.

Die offizielle niederländische Gesandtschaft bestand nur aus drei Teilnehmern: dem Direktor der Faktorei, einem Sekretär und dem Arzt. Siebold konnte es bewirken, daß Heinrich Bürger die Sekretärsfunktion übertragen wurde. Die vielköpfige japanische Begleitmannschaft stand im krassen Mißverhältnis zur geringen Zahl der reisenden »Offiziellen«.

Ranghöchste Person war der Kuinin, ein unter Befehl des Statthalters von Nagasaki stehender Beamter, der auf dessen

*Auf dem Weg nach Edo*

Auftrag in Dejima die Funktion eines Opperbanjoost (hoher Polizeioffizier) ausübte. In dieser Schlüsselstellung hing von ihm in hohem Maße die Bewegungsfreiheit der Niederländer ab, die durch entsprechende »Zuwendungen« als Aufgeld auf das nicht gerade ersprießliche Gehalt erweitert werden konnte. Eine Möglichkeit, die auch während der Hofreise zum beiderseitigen Vorteil nach Kräften genutzt wurde. Derartige Freizügigkeiten mußten sich jedoch im Rahmen halten, da zur gegenseitigen Kontrolle in »doppelter Buchführung« von verschiedener Hand Tagesberichte angefertigt werden mußten. Das System der Überwachung und Kontrolle sollte perfekt sein. Zum Glück überwog die Bequemlichkeit das Wachsamkeitsbedürfnis, so daß häufig die Schilderungen früherer Hofreisen als Muster dienten und kopiert wurden.

Nächst dem Kuinin war der Oberdolmetscher die wichtigste Persönlichkeit, nicht zuletzt, weil er gleichzeitig die Herrschaft über die Kasse ausübte. Su'enaga Shinsa'emon war von einiger wissenschaftlicher Bildung, erfahren und pfiffig in Handelsgeschäften, mehr noch vertraut mit den Schleichwegen einträglicher Nebeneinnahmen. Ihm zur Seite stand der Unterdolmet-

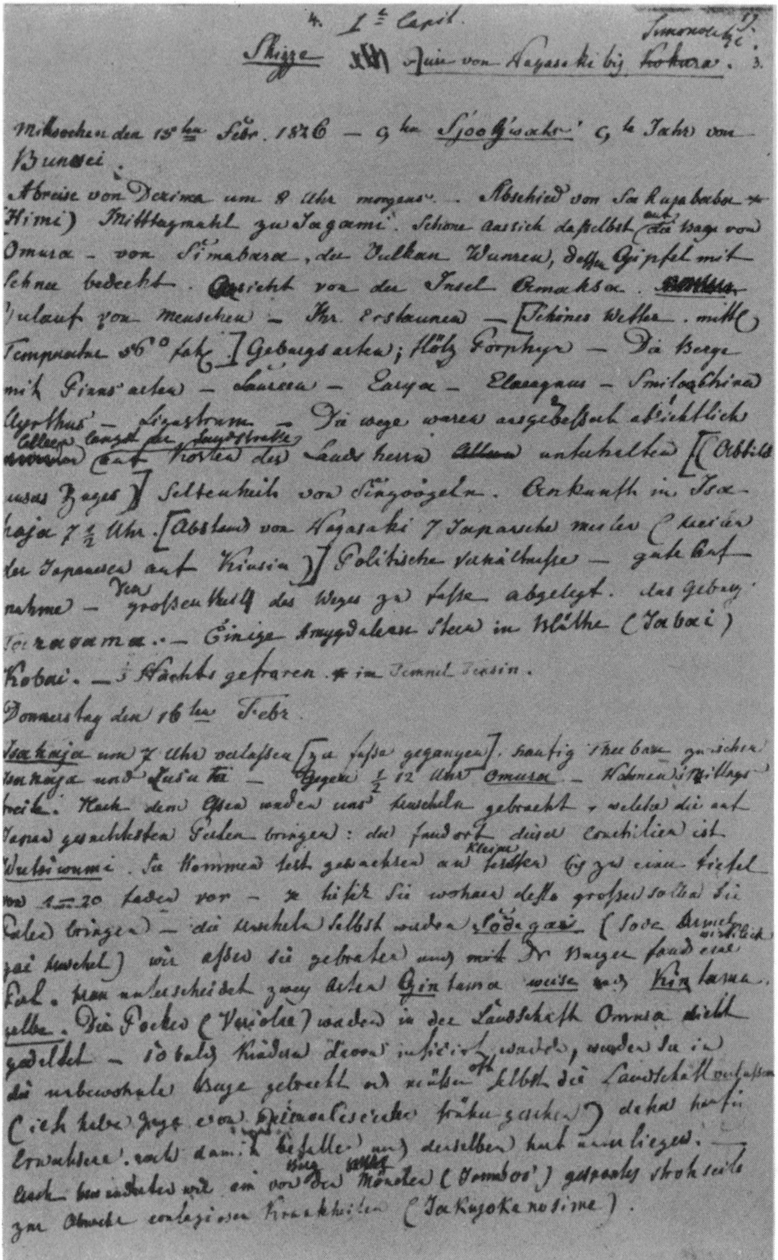

4. 1te Capit. Simonoseki 17. 3.

Skizze einer Reise von Nagasaki bis Kokura.

Mittwochen den 15ten Febr. 1826 — 9ten Sjoogwatz 9te Jahr von Bunsei.

Abreise von Dezima um 8 Uhr morgens. — Abschied von Sakagabashi (Himi) Mittagmahl zu Jagami. Schöne Aussicht daselbst auf die Baye von Omura – von Simabara, der Vulkan Wunzen, dessen Gipfel mit Schnee bedeckt. Aussicht von der Insel Oomaksa. Zulauf von Menschen — Ihr Erstaunen — [Schönes Wetter. mittl. Temperatur 56° Fahr.] Gebirgsarten; flötz Sandstein — Die Berge mit Pinus arten — Laurea — Eurya — Elaeagnus — Smilax China Myrthus — Ligustrum — Die Wege waren ausgebessert absichtlich auf Kosten des Landesherrn unterhalten [(Abbildung eines Weges)] Seltenheit von Singvögeln. Ankunft in Isahaja 7 ½ Uhr. [Abstand von Nagasaki 7 Japanische Meilen (Meilen der Japanesen auf Kiusiu)] Politische Verhältnisse — gute Aufnahme — Den grössten Theil des Weges zu Fusse abgelegt. das Gebirg Tarasama.. — Einige Amygdaleen stehen in Blüthe (Tabai) Kobai. — Nachts gefroren. * im Tempel Tensin.

Donnerstag den 16ten Febr.

Isahaja um 7 Uhr verlassen [zu Fusse gegangen]. häufig Theebau zwischen Isahaja und Kusutsu — Gegen ½ 12 Uhr Omura. — Nahmen Mittagsspeise. Nach dem Essen wurden uns Muscheln gebracht, welche die aus Japan geschätztesten Perlen bringen: der Fundort dieser Conchilien ist Uutsiumi. Sie kommen fest gewachsen an kleinen Felsen bis zu einer Tiefe von 1–20 Faden vor — je tiefer sie wohnen desto grössere sollen sie Perlen bringen — die Muscheln selbst werden Sodegai (Sode Ärmel, gai Muschel) wir assen sie gebraten und mit Dr Burger fand eine Perl. Man unterscheidet zwey Arten Gin tama weisse und Kin tama gelbe. Die Pocken (Variolae) werden in der Landschaft Omura nicht geduldet — sobald Kinder davon inficirt werden, werden sie in die unbewohnte Berge gebracht und müssen oft selbst die Landschaft verlassen (Ich habe Zeuge [illegible] früher gesehen) daher hat für Erwachsene [illegible] damit befallen [illegible] derselben [illegible] liegen. Auch bemerkte ich an [illegible] Menschen (Tomboo) gesparte Strohseile zur Abwehr contagiöser Krankheiten (Jakujoke no sime).

scher Iwase Yashiro, für den Siebold wenig Sympathie aufzubringen vermochte: »Er kannte seinen Dienst, hatte viel Diensteifer und hielt streng am alten Herkommen. Er war kriechend höflich, dabei schlau bis zur List, die er hinter der Maske der Redlichkeit verbarg, machte die tiefsten Bücklinge und beschleunigte seinen Schritt im Dienst- und Komplimenteneifer bis zum Trabe.«

Sein Sohn, ein schon etwas abgelebter Jüngling, versuchte dem Vater nachzueifern: »Er wußte zu leben und war kein Verächter des weiblichen Geschlechts«. Als Privatdolmetscher des Gesandten und Faktoreidirektors begleitete Nomura Hatsutarō das Gefolge. Er war nach Siebold »einer der talentvollsten und geschicktesten« unter den Japanern, mit denen er in Berührung kam. »Er besaß gründliche Kenntnisse in seiner Muttersprache, wie auch im Chinesischen und Holländischen, kannte sein Land, dessen Verfassung, Sitten und Gebräuche und war sehr gesprächig und munter.«

Mit der Mehrzahl der siebenundfünfzig japanischen Reisegefährten war Siebold gut bekannt und mit einigen befreundet; so konnte er sich berechtigte Hoffnungen machen, während der Reise mancherlei Unterstützung zu erhalten, das umso mehr, da es ihm gelungen war, in den Kreis der Teilnehmer auch einige seiner Schüler zu lancieren. Zu ihnen zählte vor allem der von der Insel Shikoku stammende Arzt Ko Ryōsai, ein gründlicher Kenner der japanischen Pflanzenwelt, sowie der begabte Landschafts- und Pflanzenmaler Toyosuke, der Hunderte Zeichnungen für Siebolds Werke lieferte. Der Arzt Shōgen und zwei seiner Kollegen beteiligten sich, da sie keine Erlaubnis erhalten hatten, wenigstens als Helfer der Dolmetscher an der Reise und standen Siebold hilfreich zur Seite. Zu dem Geleit zählten neben den Dolmetschern Wächter, Köche, Diener und vor allem Träger. Siebolds Wunsch, auch Jäger in Dienst zu stellen, erfüllte sich nicht, da Jagen und Schießen während der Hofreise streng verboten waren. Er nahm für seine Forschungen alle ihm verfügbaren Meßinstrumente, wie Barometer, Thermometer, Chronometer und Sextanten mit. Ebenso elektrische und galvanische Apparate, Mikroskope, für seine ärztliche Praxis eine Reiseapotheke und verschiedene chirurgische Instrumente.

*Seite des Reisetagebuches*

Auch für die Annehmlichkeiten wurde, soweit das unter den gegebenen Umständen möglich war, vorgesorgt: »Unser Gesandter ließ moderne Möbel, prachtvolles Tafelservice, Silber und Kristallwerk mitnehmen; und auch wir, Herr Bürger und ich waren reichlich mit Luxusartikeln und vorzüglich solchen Gegenständen, die sich zu Geschenken eigneten, versehen und gut für unsere Zwecke ausgerüstet.«

Sogar ein Fortepiano zählte zum Reiseinventar. Mit ihm wollte Siebold den japanischen Gelehrten die Schönheit europäischer Musik nahebringen.

In dem unwegsamen Terrain boten Sänften und Körbe die einzige Reisemöglichkeit. Wie Siebold in seinem Tagebuch vermerkt, gaben sich »kräftige Männer aus der geringern Volksklasse zum Tragen der Sänften« her, um den Lebensunterhalt für ihre Familien zu bestreiten. Ihr äußerst schweres Gewerbe erforderte nicht nur enorme Kraft, sondern auch große Geschicklichkeit. Bis zu 60 Kilometer mußten an einem Tag zurückgelegt werden.

Die Sänften waren nach Rang und Würde des Reisenden ausgestattet. Besonders Privilegierte saßen in Norimono (kleine viereckige aus Flechtwerk und kostbarem Lackholz gefertigte Häuschen), die in ihrem Luxus den europäischen Staatskarossen entsprachen. Für Europäer waren diese, nach japanischen Maßen berechneten Sänften, wie Siebold am eigenen Leibe

*Japanische Landstraße*

spüren mußte, eine »wahre Folterbank«. Zwei Träger transportierten die Norimono an einem Tragestock wenig über Bodenhöhe, damit bei einem Ausgleiten die Unfallgefahr möglichst gering war. Geübte Träger, und nur solche kamen für eine Nobelsänfte in Betracht, wußten durch geschicktes Laufen alle Unebenheiten des Weges abzufangen, so daß die Insassen, die auf dem flachen Boden saßen, nach Belieben schlafen, lesen oder schreiben konnten. Ausrüstung und Kleidung der Sänftenträger kennzeichneten den Rang ihres Gebieters.

Weniger kostbar waren die Kemmon Kago, die Sänften zweiter Klasse für Beamte und Begleitoffiziere. Reisende ohne besonderen Rang saßen in einfachen Tragsesseln, den Shukkagos, aus Bambus, Weiden oder Holz gefertigten Henkelkörben, den Unbilden der Witterung ausgesetzt. Im Gegensatz zu den wohlausstaffierten Trägern der Nobelsänften waren die Transporteure der Koffer und Kisten, die in angemessenem Abstand folgten, äußerst ärmlich gekleidet. Die Verpflichtung der Daimyō, regelmäßig am Hofe des Shōgun zu erscheinen, die ausgedehnten Wallfahrten und der betriebsame japanische Binnenhandel hatten zu einem ausgedehnten Wegesystem geführt, das die Inseln des Reiches nach allen Richtungen durchzog. Seine Anlage und Unterhaltung waren relativ billig. Der geebnete Boden wurde mit kleinen Steinen oder Kies bedeckt und festgestampft. Gebirgiges Terrain oder Steigungen konnten mit Hilfe von Stufen überwunden werden. Schwieriger war das Überqueren der zahlreichen Flüsse und Kanäle. In den größeren Städten oder in deren Nähe wurden Stein- oder Holzbrükken errichtet. Weniger bequem waren die sogenannten Laufbrücken, mit Steinen gefüllte, aufgeschichtete Bambussäcke, über die Bretter oder Äste gelegt wurden. Sie dienten zum Überqueren der während der Regenzeit angeschwollenen Waldbäche.

Die alte japanische Reisetradition ließ eine in Europa bisher unbekannte Literaturkategorie entstehen, die Reisebücher und Wegekarten, die nicht nur das Wegenetz erschlossen, sondern auch wertvolle Angaben über den notwendigen Reisebedarf, über Trägertaxen, wetterkundliche Informationen, Sehenswürdigkeiten und vieles andere Wissenswerte vermittelten. Eine Besonderheit war, daß die in Ri (3,927 km) angegebenen Entfernungen auf der Hauptinsel Honshū nicht von Ort zu Ort, sondern jeweils in der Entfernung von der Nihonbashi, der großen

Brücke in Edo gemessen wurden. An den meistbegangenen Wegen befanden sich Posthäuser, wo Lasttiere und Träger gewechselt werden konnten. Den Reisenden boten Herbergen und Wirtshäuser, Bade- und Teestuben vielerlei Erfrischung und Entspannung. Schöne Zitherspielerinnen lockten bis tief in die Nacht unternehmungslustige Kavaliere in die Freudenhäuser. So war für die verschiedenartigsten Bedürfnisse gut vorgesorgt, es sollte an nichts mangeln.

Am 15. Februar trat die Gesandtschaft die Reise an. Ein Teil des Gepäcks wurde mit einer Barke nach Shimonoseki vorausgeschickt. Wie es Stand und Landessitte erforderten, hatte Siebold einen in der Heimat speziell für die Hofreise gefertigten Scharlachrock angelegt, den er mit einem Gewand in Dunkelblau, reich verziert und mit Stickereien versehen, wechseln konnte. Die langjährige Tradition der Hofreisen erlauchter Persönlichkeiten hatte eine ebenso beschwerliche wie starre Etikette begründet, nach der von der Kleidung, den Mahlzeiten, bis zur Wahl des Nachtlagers praktisch alles festgelegt war. Würde wurde zur Bürde. Für Siebold aber hatten nur die bevorstehenden Ereignisse und Erlebnisse Gewicht: »Wir waren gut vorbereitet und mit Enthusiasmus für unsere Sache beseelt; und wenn ich je mit Mut und ernsten Vorsätzen zu einem Unternehmen mich durchdrungen fühlte, so war es jetzt, wo der anbrechende Tag mir das Innere eines Landes versprach, welches mich ein besonderer Drang unter den von der Heimat entferntesten hatte aussuchen lassen.«

Freunde und Bekannte hatten sich versammelt, um Abschied zu nehmen und dem Zug ein letztes Geleit zu geben. Der Aufbruch kam einem Festtag gleich. Die Straßen Nagasakis waren von Schaulustigen gefüllt, die den Reisenden Glück und Wohlergehen wünschten. Bei dem Tempel Ifukuji erbat die Gesandtschaft Schutz und Beistand des himmlischen Geistes Tenjin; kein Japaner hätte ohne diese Zeremonie Heimat und Familie verlassen.

Die ländliche Vorstadt mündete in ein anmutiges Tal, in dem man bereits das Frühjahr ahnen konnte. Nachts zeigten Frost und Schnee allerdings noch die Herrschaft des Winters an.

Der am Golf von Shimabara gelegene Unzendake war noch mit Schnee bedeckt. Leider hüllte sich sein Gipfel in dichte Wolken. Seit dem schrecklichen Ausbruch im Jahre 1792 fürchteten die Anwohner den noch immer tätigen Vulkan.

Steinmassen, Ascheregen und Schlammströme hatten die Hafenstadt verschüttet. Eine von der Katastrophe ausgelöste Flutwelle forderte mehr als siebenhundert Opfer (Siebold spricht von dreiundfünfzigtausend Menschen, die verunglückten). Eine kleine Kapelle, in der die Bewohner die ersten Erzeugnisse ihrer Ernte zum Opfer bringen, soll den grollenden Berggeist friedlich stimmen. Als Ausgleich für das unsichere Leben neben dem Pulverfaß hatte die Natur eine Vielzahl nutzbringender Heilquellen hervorgebracht, die während der Sommerzeit die Besucher anlockten.

Siebold und Bürger zogen streckenweise den Fußmarsch der unbequemen Sänfte vor, erregten damit jedoch den Unwillen ihrer japanischen Begleiter, die anstandshalber ebenfalls ausstiegen, aber deutlich erkennen ließen, daß ihnen die gemächlichere Reise lieber gewesen wäre.

Mittagsrast wurde in einem Gasthaus oder auch in Tempeln gehalten, wo Gästezimmer zum Empfang festlich vorbereitet waren. Zum Glück gehörten die meisten Priester der buddhistischen Ikko-Sekte an, die den Fleischgenuß erlaubte. Ihr Kult war frei von mystischen Zeremonien und auf die Erfüllung der Pflichten des Alltags gerichtet.

Beim Passieren der Dörfer versammelten sich die Bewohner, um die zum Hofe ziehenden Fremden zu sehen. Die erste Tagesetappe fand ihren Abschluß in Isahaya.

Bereits am frühen Morgen des 16. Februar wurde die Reise in Richtung Omura durch große Teeplantagen angetreten. Der wegen seiner Perlenfischerei berühmte Ort zählte etwa 20000 Einwohner. Der an einem steilen Abhang gelegene Weg wurde von einem reißenden Waldbach gekreuzt, der nur über große Basaltsteine überwunden werden konnte. Geschickt meisterten die Träger alle Hindernisse. Siebold wurde Zeuge ungewöhnlicher aber wirksamer Quarantänemaßnahmen. Näherte man sich einem Dorf, in dem eine ansteckende Krankheit ausgebrochen war, versperrten Strohseile in angemessener Entfernung den Zugang und schützten so vor der Infektionsgefahr.

Die Badeorte Ureshino und Tsukasaki wurden von japanischen Ärzten bei chronischen Hautkrankheiten, Gicht und Rheuma sowie zur Nachkur von Pocken und Masern empfohlen. Beeindruckend war die in diesen Orten herrschende Sauberkeit.

Der Weg führte durch unübersehbare Reisfelder, auf denen

# Barometer Messungen
## des Wunsenberges
3 Oktober 1827

1. Seestrand: Barometer 30,00''' Thermometer 66° Fh.
Wunsen: " 25.74''' " 60°.

30,00 - [(66° - 32°) x 0032] = 29,89 log: 4755259
25.74 - [(60° - 32°) x 0032] = 25.65 log: 4090874

Differenz = 664, 385.

Correction [(66° + 60° ÷ 2 - 32°) x 664,385 x 00246.] = 50, 264

714, 649 Engl Fa

Wahre Höhe = 4287, 894 Engl Fuss

2, Seestrand: Barometer 30,00 Thermometer 66° Fh:
Oosikohu: " 27,99 " 80 "

30,00 - [(66° - 32) x 0032] = 29,89. log: 4755259
27.99 - [(80° - 32) x 0032] = 27.83 log: 4445132

Differenz = 330,127

Correction [(66° + 80° ÷ 2 - 32°) x 330,127 x 00244] = 11,025

341, 152 Engl Faden

Wahre Höhe = 2046, 912 Engl Fuss

3,) Seestrand: Barometer 30,00 Thermometer 66° Fh.
Kosikohu: " 28,00 " 66° "

30,00 - [(66 - 32°) x 0032] = 29,89 log: 4755259
28,00 - [(66 - 32°) x 0032] = 27,89 log: 4454485

Differenz = 300,726.

Correction [(66° + 66° ÷ 2 - 32°) x 300,726 x 00244] = 24.952

325, 726 Engl Faden

Wahre Höhe = 1954, 356 Engl Fuss

sich am Morgen noch eine Eisschicht zeigte. Die Bauern waren mit dem Pflügen der Felder und dem Ableiten des Wassers beschäftigt. In nordwestlicher Richtung gelangte man nach Saga, der Hauptstadt des Fürstentums Hizen. Dicht gedrängt umsäumten Schaulustige die Straßen. Mehr als eine Stunde dauerte der Zug durch die Stadt, in der das Töpfergewerbe dominierte.

Siebold, der um möglichst ungestört beobachten zu können, mit seinem Helfer dem Zuge vorausging, erregte mit den Meßgeräten Aufmerksamkeit und zuweilen auch den Verdacht der Polizei, den es mit allerlei Ausreden zu zerstreuen galt.

Am 20. Februar begann eine Bergwanderung, die durch anhaltenden Regen zusätzlich erschwert wurde. Die von Siebold zunächst mit mokanter Skepsis mitleidig betrachteten Strohschuhe erwiesen sich dabei als zweckmäßigste Fußbekleidung, mit der es auch der beste und festeste Lederschuh nicht aufnehmen konnte. Selbst die Hufe der Tiere wurden zur Minderung der Rutschgefahr mit Stroh umbunden. An den Hängen kündigten Veilchen und Löwenzahn den Frühling an. Mit bewunderungswürdiger Energie hatten die Bauern in unermüdlicher Arbeit dem steilen vulkanischen Terrain stufenweise Ackerland abgerungen.

Die jahrhundertealten Kontakte mit dem asiatischen Festland bereicherten die japanische Pflanzenwelt, die Siebold nicht müde wurde, systematisch zu erforschen. Trotz aller Anstrengungen und Gefahren erklommen seine Helfer Hänge und Felsen, um möglichst viele seltene Gewächse zu erbeuten.

Bei Iizuka verlief das Gebirge in eine mit fruchtbaren Reisfeldern bedeckte weite Ebene. Leider zwang der Dauerregen die Reisenden in den unbequemen aber dafür trockenen Sänften auszuharren. An der Nordspitze von Kyūshū angekommen, entschädigte sie der Blick auf das Meer für alle Strapazen.

Ein massives Stadttor führte nach Kokura, einem freundlichen Städtchen von etwa 16 000 Einwohnern, dem Sitz des regierenden Fürsten von Buzen, der sich gerade auf seiner Hofreise befand. Da sich das Wetter immer noch nicht gebessert hatte, konnte für die Überfahrt nach Shimonoseki nicht der direkte Weg gewählt werden. Man zog die in einiger Entfernung

*Von Siebold ermittelte Meßwerte*

*Beschwerlicher Weg durchs Gebirge*

gelegene, aber kürzere und sichere Passage von Dairi vor, benötigte aber trotzdem für die Strecke von kaum 10 Kilometern mehr als zwei Stunden. Siebold nutzte die Zeit, um mit Senklot und Kompaß ausführliche Messungen vorzunehmen. Die fortschreitende Versandung hatte zu gefährlichen Untiefen geführt. Zur Ausfahrt wartete man die Flut ab, um nicht aufzulaufen. Zu Ehren seines Förderers, des Generalgouverneurs von Niederländisch Indien, gab Siebold der von ihm durchquerten Meerenge zwischen Kyūshū und der Hauptinsel Honshū, den »japanischen Dardanellen«, den Namen »Straße Van der Capellen«.

In Shimonoseki standen die Honoratioren am Ankerplatz zum Empfang bereit. Der Bürgermeister, ein begeisterter Anhänger der Niederländer, nahm die Fremden gastfreundlich in seinem Hause auf. Zu den ersten Besuchern zählte der junge Arzt Kosai, der bereits in Nagasaki aus Siebolds Wissen Nutzen gezogen hatte und ihm nun als Begrüßungsgeschenk seltene botanische Kostbarkeiten überreichte.

Gutes Wetter begünstigte während des Aufenthaltes vielfältige Messungen und Exkursionen. Ein Spaziergang führte zu dem berühmten Tempel des Amida, dem Herrn des Paradieses Sukhavati. Der Oberpriester bewirtete seine Gäste im geräumigen Saal des Klosters mit Tee und Tabak.

Von dem hochgelegenen Tempelhof bot sich eine herrliche Aussicht auf die belebte Küste. Mit Erlaubnis des Kuinin konnte Siebold, unter der Bedingung, davon nichts in seinem Tagebuch zu erwähnen, kleine Abstecher in Gebiete unternehmen, die nicht auf der vorgeschriebenen Route lagen. Eine Gefälligkeit, die ihm sehr von Nutzen war, dem Verantwortlichen später jedoch große Schwierigkeiten bereitete.

Shimonoseki zählte zwar nur wenig mehr als fünftausend Einwohner, war aber ein Zentrum des regen japanischen Binnenhandels. Mindestens 150 größere und kleinere Fahrzeuge gingen täglich in dem Hafen vor Anker, löschten ihre Fracht, zumeist Lebensmittel, und nahmen neue Ladung an Bord. Daran hatten die in ganz Japan gefragten Böttcher-, Stein- und Holzarbeiten großen Anteil. Die Weiterreise verzögerte sich zu Siebolds Freude, da die »Hofreisebarke« sich nicht nur als wenig »hoffähig«, sondern auch für die Vielzahl der Reisenden als zu

*Straße »Van der Capellen«*

*Hafen von Shimonoseki*

klein erwies. Das sonst für den Küstenhandel genutzte Fahrzeug mußte erst noch umfunktioniert werden.

Täglich suchten Ärzte der Umgebung mit ihren Patienten den berühmten Kollegen auf, um seinen Rat zu hören. In der Mehrzahl waren es langwierige chronische oder unheilbare Krankheiten, bei denen auch Wissen und Erfahrung der europäischen Medizin versagen mußten. Doch allein die Tatsache, daß der »bedeutende Siebold« sich der Angelegenheit annahm, gab den Unglücklichen neue Kraft.

Die Ärzte, meist Siebolds Schüler aus Narutaki, hatten gewissenhaft die ihnen übertragenen »Dissertationsthemen«, geographische Fragen und spezielle Probleme zur Seesalzgewinnung, zum Gebrauch der Farbstoffe und der Wirkungsweise verschiedener Arzneimittel, bearbeitet. Zugleich stellten sie wertvolle Stücke zur Vervollständigung seiner Sammlung zur Verfügung. Er war hoch erfreut: »Die Anhänglichkeit und der Eifer, womit diese wackern Leute meine Aufträge besorgt hatten, rührten mich. In einer kurzen Rede ermunterte ich sie zur weiteren Beförderung meiner naturhistorischen und anderweitigen Forschungen sowie zur Ausbreitung europäischer Wissenschaften in ihrem Lande und versprach ihnen meine tätige Mitwirkung und Unterstützung.«

Nachdem am 28. Februar die Reisebarke bereitstand, konnte die Abfahrt für die nächsten Tage vorgesehen werden. Die in Shimonoseki gesammelten Kostbarkeiten wurden nach Dejima gesandt und der Plan für weitere Vorhaben festgelegt.

Zum Abschied überreichte Siebold seinen Helfern und Freunden eine kleine Broschüre. Der Arzt Ko Ryōsai hatte sie ins Japanische übersetzt und in Ōsaka drucken lassen. Siebold beschrieb darin die wichtigsten japanischen Heilpflanzen oder deren Surrogate, die auch in der europäischen Schule Verwendung fanden und die er bei bestimmten Indikationen empfehlen konnte. Er versäumte es nicht, auch einige in Japan bisher unbekannte Medikamente in das Verzeichnis aufzunehmen, um den Kampf gegen Malaria und infektiöse Darmerkrankungen zu unterstützen, wohl aber auch mit der Absicht, den Handel mit den Niederlanden zu fördern. Dieses Anliegen verfolgte er mit der dringenden Empfehlung des in Japan bisher kaum bekannten Kaffees. Schließlich mußte er seinen Geld- und Auftraggebern auch ökonomische Erfolge nachweisen, und der Kaffee-Export war ein höchst lukratives Geschäft. Siebold hielt es für erfolgversprechend, die Werbung mit der vermeintlichen gesundheitsfördernden Wirkung zu motivieren: »Es lohnt sich der Mühe, einer so großen Bevölkerung die kleine Untugend des Kaffeetrinkens beizubringen, und nach unserem Ermessen gehört dieses nicht ins Gebot des Unmöglichen, wenn man nur den rechten Weg einschlägt und planmäßig dabei zu Werke geht. Das beste Mittel wäre die Anpreisung, daß der Kaffee das Leben verlängert – und in einem Lande wie Japan kann derselbe füglich auch als Gesundheitsmittel empfohlen werden.«

Die Ärzte erhielten neben der Broschüre als nützliche Abschiedsgeschenke auch chirurgische Instrumente, Medikamente und holländische Fachliteratur. Neuen Bewerbern für ein Diplom seiner »Hochschule« übertrug Siebold weitere Themen zur Ausarbeitung. Am 1. März wurde die Seereise in das japanische Binnenmeer angetreten. Die Barke war zwar kein »Luxusliner«, bot jedoch dem Gesandten und auch Siebold einige Bequemlichkeiten. Die Dolmetscher und japanischen Beamten mußten sich mit kleinen Kämmerchen behelfen, ganz zu schweigen von den Mannschaften und Bedienten, die auf Deck nur in einer Strohhütte Unterschlupf fanden.

Zahlreiche kleine und kleinste Inseln, Felsen und Klippen sowie unvermittelt in den Kanal ragende Vorgebirge machten die Fahrt nicht ungefährlich. Ein Ortsunkundiger hätte schwerlich den Weg durch das Gewirr des unübersichtlichen Labyrinths gefunden. Die reißende Strömung in der nur wenige Schiffslängen breiten Meerenge von Kaminoseki zwang dazu, bei der Insel Jaroshima vor Anker zu gehen, um nicht Gefahr zu laufen, gegen die Felsen getrieben zu werden. Für den Botaniker war die Visite wenig lohnend, da das steinige Terrain der Vegetation nur dürftigen Lebensraum bot.

Am Abend des 4. März wurde vor Mihara Rast gemacht und am folgenden Tag die Reise mit Südwestkurs fortgesetzt. Siebold beschreibt die faszinierende Fahrt: »Bezaubernd schöne Inselansichten wechseln mit jeder Wendung unseres Schiffes, überraschend sind Ausblicke auf die Gestade von Nippon und Shikoku, die sich zwischen den Inseln und Felsen öffnen – bald eine niedrige Hügelbildung mit grüner Saat und blühenden, goldgelben Rapsfeldern, belebt von Bauern- und Fischerhütten, bald schroffe Felswände mit Wasserfällen, oder hinter immergrünen Wäldern die Zinnen fürstlicher Schlösser und zahlreiche Tempel und Klöster, womit die Gegend geschmückt ist. In weiter Ferne die südliche und nördliche Bergbegrenzung mit zackigen zerrissenen Bergspitzen – Gipfel und Schluchten mit Schnee bedeckt. Ein merkwürdiges Schauspiel bieten die einzelnen Inseln, an denen wir dicht vorbeifuhren. Oft sind es steile, kahle, unfruchtbare Felsblöcke von grobkörnigem, rötlichem Granit, den Adern von weißglänzendem Quarz und glimmerndem Gneis durchziehen, oft sanfte Hügelbildung mit üppiger Waldvegetation, oder sie gleichen zerrissenen Talwänden, deren Fuß eine Menge loser Blöcke bedeckt. Viele dieser Eilande charakterisieren sich durch steile Ufer und sind als Spitzen einer unter dem Meere fortlaufenden Bergkette zu betrachten, deren Gebirgsart für die Entstehung durch vulkanische Kräfte spricht. Es ist ein Schauplatz vorgeschichtlicher Erdrevolutionen, aber das milde Inselklima und tausendjähriger Fleiß haben ihn zu einem wildromatischen Garten umgeschaffen. Zwar ist jetzt die Vegetation im Stillstand, aber die vielen Bäume mit immergrünen Blättern, namentlich die prachtvollen Kiefern, Zedern und Tannen, die Charaktergewächse Japans, sowie einige frühblühende Bäume und Sträucher geben der Landschaft das Ansehen eines ewigen Frühlings. – Nicht weniger als die schöne Natur ergötzte uns der lebhafte Verkehr in den Gewässern. Hunderte von Handelsschiffen begegneten uns, unzählige Fischerboote belebten unter fröhlichem Rudergesang bei Tage und beleuchteten zur Nachtzeit mit ihren Fischerfackeln die See. Auch auf unserer Barke herrschte unter dem japanischen Gefolge Heiterkeit, diese Würze des geselligen Zusammenlebens, dies Stärkungsmittel unter erschöpfenden Reisestrapazen.«

Großes Interesse fanden bei einem Landgang die Salinen von Himi, in denen das Seesalz durch Sonnengradierung gewonnen wurde, eine mit Vollkommenheit praktizierte Methode, die in Europa unbekannt war. Das Areal umfaßte ein so großes Terrain, daß die Siedhäuser, Magazine und Wohnungen der Arbeiter einem weit auseinandergezogenen Dorf glichen. Die Familien, von denen sich jedes Mitglied nach Kräften an den Arbeiten beteiligen mußte, hatten es bei genügsamer Lebensführung zu einem bescheidenen Wohlstand gebracht. Sie unterschieden sich darin, wie Siebold feststellte, wohltuend von

*Hafen von Muro*

der »an Leib und Seele verarmte(n) Volksklasse, welche die europäischen Fabrikstädte mit dem Siegel menschlichen Elends und der Verworfenheit bezeichnet.« Auch fände man hier »nicht jene Fabrikkönige, welche im Besitze unermeßlicher Schätze, das goldene Szepter über den halb verhungerten Auswurf der Bevölkerung schwingen.« Er kam zu der Folgerung: »Die Zentralisierung einer arbeitenden Menschenmasse zur Erreichung eines einseitigen, oft rein persönlichen Zweckes ... bleibt immer eine bedenkliche Maßregel, welche Entmenschung und Unmenschlichkeiten jeder Art zur unvermeidlichen Folge hat.«

Mit Hilfe von Bugsierfahrzeugen konnte am Nachmittag des 7. März der Hafen von Muro, der Endpunkt der Seereise, angelaufen werden.

Dem etwa zweitausend Einwohner zählenden Städtchen gaben zahlreiche Sakebrauereien und Gerbereien, deren Produkte zu kunstvollen Lederarbeiten verarbeitet wurden, das Gepräge.

Die Reisenden fanden in einem Hotel, das gewohnterweise den Fürstlichkeiten auf ihrer Fahrt zum Hofe Unterkunft bot, erlesenes Quartier. So schlicht die Bauweise auch wirkte, waren Haus und Räumlichkeiten durchaus luxuriös. Das zeigte sich weniger in Mobiliar und Hausrat, da vornehme japanische Reisende stets die notwendigen Einrichtungen sowie ihr Eß- und Trinkgeschirr mit sich führen, sondern vor allem in der gediegenen Innenarchitektur, für die nur ausgesuchtes Edelholz mit kostbarem Schnitzwerk und erstklassige vergoldete und bronzierte Beschläge verwendet wurden. Den Fußboden bedeckten kunstvoll gefertigte Reisstrohmatten mit zierlichen Einfassungen. Da man in Japan nicht die für Europa typische Verwendung von Tischen und Stühlen kennt, wirkten die Zimmer leer.

Ein Rundgang durch die Stadt führte zum Hafen, der, da Ōsaka nur von kleineren Fahrzeugen angelaufen werden konnte, für die Handelsschiffahrt große Bedeutung gewonnen hatte. Mehr als fünfzig Schiffe lagen in der geschützten Bucht vor Anker. Von einer Anhöhe bot sich ein freier Blick über die See und die aus vier größeren und einer Anzahl kleineren Inseln und Felsen bestehende vorgelagerte Inselgruppe von Jeshima.

Das Städtchen selbst war wenig ansehnlich. Anziehungspunkt der Seeleute bildeten die öffentlichen Teehäuser, in denen gut gekleidete und sorgfältig frisierte Mädchen ihre Kunden erwarteten. Geschickt waren sie in einem Halbkreis so angeordnet, daß die jüngeren und hübscheren als Blickfang im Vordergrund saßen, während die bescheidenen Reste weiblicher Schönheit mehr dem Halbdunkel zugeordnet wurden.

Die Priester der Jōdo-Sekte waren freundliche Gastgeber. Bereitwillig zeigten sie die Schätze der berühmten Götterhallen und des Tempelhofes, sie geleiteten die Besucher sogar in ihre Wohnstätten, von denen sich ein herrliches Panorama bot: »Unzählige Eilande liegen vor uns. Sie erglänzen in hell- und dunkelgrüner, azur- und hellblauer Farbe im Verhältnisse der Entfernung, und weit im Hintergrunde blinken in Gold- und Silberglanze die noch mit Schnee bedeckten Gipfel der Gebirge von Sikoku (Shikoku). Weiße Segel schimmern zahllos da und dort – sie nahen in wachsender Größe dem Hafen, wohin der sinkende Abend sie einladet.«

Einem alten japanischen Brauche folgend, vertraute Siebold auf einem Zettelchen einem Blütenzweig der Fuji seine geheimsten Wünsche an. Wie überall auf der Reise erwarteten ihn in Muro zahlreiche hilfesuchende Patienten und auch Ärzte, die von seiner Kunst gehört hatten.

Im Gegensatz zu mancher Voreingenommenheit seiner Landsleute bezeugte Siebold den japanischen Menschen und deren Lebensbedingungen größte Hochachtung. Keineswegs wollte er die ihm für seinen Bericht notwendig erscheinenden Bezüge auf Europa als Wertung verstanden wissen: »Wenn wir uns manchmal bei der Betrachtung des japanischen Volkes und Staates scharfe Vergleichungen und Anspielungen auf ähnliche Verhältnisse ... erlauben, so tun wir dies in keiner schlimmen Absicht, wohl aber in der Überzeugung, daß bei dem zivilisiertesten Volke der alten außereuropäischen Welt, welches nach fürchterlichen Bürger- und Religionskriegen einen zweihundertjährigen Frieden genießt, in den Staats- und bürgerlichen Einrichtungen, ja selbst in den religiösen Institutionen Dinge bestehen und Umstände vorwalten, die, wenn sie auch keine Nachahmung, doch Berücksichtigung und Würdigung verdienen.«

Knapp die Hälfte des Weges war zurückgelegt. Die verbleibende Strecke sollte zu Lande bewältigt werden. Nächstes Etappenziel war Ōsaka, die wichtigste Handelsstadt des Japanischen Reiches. Unmittelbar hinter Muro stieg der Pfad so steil an, daß Mensch und Tier alle Kräfte aufbieten mußten. Auf dem Gipfel

*Japanische Bauern*

des Berges hatte man einen weiten Blick auf das Meer und landeinwärts auf eine ausgedehnte Ebene, die allerdings erst nach beschwerlichem Abstieg mühsam erreicht wurde. Die für Siebold gemieteten Träger hatten es leicht, da er sehr selten in der Sänfte Platz nahm. Nur die Bücher und einige Meßinstrumente ließ er in seinem Tragsessel zurück. Er zog es vor, zu Fuß auf Erkundungen zu gehen.

Die Bauern bestellten mit unermüdlichem Fleiß die terrassenförmig angelegten Getreide- und Gemüsefelder. Nur vereinzelt zeigte sich brachliegender Acker, da der Reisernte in ununterbrochenem Fruchtwechsel der erneute Anbau folgte.

Die Dörfer waren arm aber äußerst ordentlich. Überall kamen der Gesandtschaft Bauern mit Bambusbesen entgegen, mit denen sie den ohnehin sauberen Weg sorgfältig reinigten. Der sich durch Felder und Tannenwäldchen schlängelnde Pfad glich einem Spaziergang in gepflegten heimischen Parkanlagen. Jede Wendung bot neue reizende Eindrücke. In der von zwei Flußarmen umgebenen Stadt Himeji, dem Sitz des Fürsten von Harima, der sich zur Zeit in Edo aufhielt, wurde Rast gemacht.

In der Nacht hatte es geschneit, so daß sich die Träger am 10. März nur sehr mühsam ihren Weg bahnen konnten. Wie gewohnt, wurden die Reisenden beim Besuch von Tempeln aufs herzlichste empfangen. Leider brüskierte der Faktoreidirektor die Freundlichkeit der Priester mit peinlicher Geringschätzung. Siebold war tief bestürzt: »Es ist mir unbegreiflich, wie ein Gesandter einer hier mit so vieler Achtung behandelten Nation aus ganz unbegründeten Vorurteilen sich so unfreundlich benehmen kann. Ich wurde in solchen Fällen oft vom tiefen Schamgefühl ergriffen und suchte die Ehre unserer Gesandtschaft durch Erteilung großer Spenden aufrecht zu erhalten.«

Bei schönem Wetter näherte man sich über Kakogawa und Akashi den Strand entlangziehend Ōsaka. Es war offensichtlich, daß mit abnehmender Entfernung von der Residenz des Kaisers auch die buddhistischen Tempel seltener wurden, während sich die Zahl der in anmutigen Hainen gelegenen Shintoschreine erhöhte, deren Hauptzweck es war, das Andenken verdienter Männer zu bewahren. Waffen, Gemälde, Gedichte und andere Werke dieser Großen waren Gegenstand der Verehrung des Volkes, im Gegensatz zu den unzähligen Göttern und anderen, zur »Versinnlichung des Übersinnlichen« aufgestellten Kultgegenstände des Buddhadienstes.

Der dreitägige Aufenthalt konnte nur einen flüchtigen Eindruck des bedeutenden Handelszentrums vermitteln, das neben weiteren vier japanischen Großstädten der Amtsgewalt des Shōguns unmittelbar unterstellt war. Die günstige Lage hatte die Stadt zu einem Knotenpunkt des Binnen- und Seeverkehrs und größten Umschlagplatz werden lassen. Ōsaka wurde von einem Netzwerk natürlicher und künstlicher Wasserstraßen durchzogen, eine ideale Voraussetzung für den Warentransport. Außerordentlich exakt war das Postwesen organisiert. An bestimmten Tagen wurden die Sendungen in die verschiedenen Landesteile geschickt. Post nach Nagasaki ging über Shimonoseki an jedem 7., 17. und 27. des Monats an ihren Bestimmungsort, wo sie über den See- und Landweg nach sieben Tagen wohlbehalten eintraf. Außerdem konnten durch Läufer jederzeit auch Eilsendungen auf den Weg gegeben werden, für die aber mindestens fünfzig Gulden zu entrichten waren.

Auch in Ōsaka suchten Siebold viele Ärzte auf, häufig von Patienten begleitet. Voller Begeisterung für die europäische Heilkunde und Arzneiwissenschaft brachten sie ihm wertvolle Naturalien und nahmen bereitwillig Aufträge für gezielte Pflanzensammlungen oder -untersuchungen entgegen.

An der Peripherie der pulsierenden Handelsmetropole boten die Elendsquartiere der Lastträger und Hilfsarbeiter ein bedrükkendes Bild der sozialen Gegensätze.

Bereits nach eintägiger Reise wurde die alte Kaiserstadt Kyōto erreicht. Siebold bezog mit seinen Begleitern die ihnen zugewiesenen Quartiere. Bald schon stellten sich die ersten Besucher ein, unter ihnen der ihm bereits bekannte Ko Ryosai, der eine umfangreiche Sammlung holländischer Fachliteratur besaß.

*Wassermühle*

Zu den Gästen zählten auch der Leibarzt des Kaisers, Komori Hikonosuke, sowie weitere »inkognito« auftretende hochgestellte Persönlichkeiten des Hofes. Die Gespräche mit ihnen bereicherten Siebolds Kenntnisse über den alten, bereits im Jahre 794 errichteten kulturellen und religiösen Mittelpunkt des japanischen Reiches. Leider fand sich zur Besichtigung der zahlreichen Sehenswürdigkeiten kaum Zeit.

Die durch Mauern von dem bürgerlichen Wohngebiet abgeschiedene Residenz umfaßte ein etwa 13 ha großes Terrain. Bei einem Aufenthalt in Kyōto bezog der Shōgun eine an der Westseite der Stadt gelegene Burg.

Von den 1,2 Millionen Einwohnern war nahezu ein Viertel als Beamte, Militärs oder Bedienstete mit der Hofhaltung beschäftigt. Die Bürger verliehen der Stadt durch Fleiß und Können den Ruf eines kulturellen Zentrums. Namentlich Holz- und Lackarbeiten sowie die berühmten Goldbrokate und Seidenwebereien standen in hohem Ansehen. Guten Ruf hatte Kyōto auch als Mittelpunkt der japanischen Buchherstellung und Bildreproduktion.

Auf der alten Reichsstraße Tōkaidō, die Kyōto mit Edo, der Residenz des Shōgun verbindet, gelangte man unweit von Ōtsu an den fischreichen Biwasee. Einen Gesamteindruck seines prächtigen Panoramas konnte Siebold jedoch nicht gewinnen, da er nur den südlichen Ausläufer zu Gesicht bekam. Ungünstige Witterung und vom Sturm gepeitschte Wogen behinderten die Sicht.

Die Straße war sehr vielgestaltig. Fruchtbare Täler wechselten mit Gebirgen, deren Vegetation Siebolds Sammlung bereicherte. Leider standen ihm für seine Arbeit nur die Nachtstunden zur Verfügung. Je mehr man sich dem Ziel näherte, umso unerbittlicher wurde das Drängen des Faktoreidirektors. Nur in Windeseile war es möglich, die Metallgießereien von Kuwana zu besichtigen, dann ging es im Gewaltmarsch weiter. Zum Glück milderte schönes Frühlingswetter die Strapazen.

Immer wieder beklagte Siebold das Unverständnis seines Vorgesetzten für die ihm übertragenen Forschungsaufgaben: »Aus den kurzen Skizzen meines Tagebuches kann man leicht entnehmen, unter welchen anhaltenden Anstrengungen ich die wenigen, zur Durchreise eines so merkwürdigen Landes vergönnten Tage und Nächte zubringen mußte, um dem Ziele meiner Mission und den Erwartungen meiner Regierung zu entsprechen, während man doch mit leichter Mühe seitens der Japaner die Erlaubnis zu einer Verlängerung der von Kyōto nach Jedo (Edo) anberaumten Reisezeit hätte erlangen können.« Um wenigstens etwas Zeit für die Messungen zu gewinnen, war Siebold mit Bürger zumeist dem Troß vorausgeeilt.

In Miya lernte er die Naturforscher Okuchi Sōshin und Ito Keisuke (1803–1901) kennen, die ihn bereits mit einem stattlichen Sortiment seltener Gewächse erwarteten. Ohne das Mitwirken dieser Freunde wäre die wissenschaftliche Ausbeute der Reise höchst mager ausgefallen.

Siebold hatte sich daran gewöhnt, bei schlechtem Wetter in seiner »kleinen fliegenden Studierkammer«, die mit den nötigsten Hilfsmitteln, Handbüchern und Instrumenten ausgestattet war, zu arbeiten. Nach einiger Übung fiel es ihm trotz des Schwankens nicht mehr schwer, zu schreiben. Nur das Sitzen auf dem Boden der Sänfte war beschwerlich.

In Okazaki, der Residenz des Landesherren von Mikawa, überquerte eine der größten massiven Brücken des Landes in einer Länge von nahezu vierhundert Metern den Yahagigawa. Mehr als in den bisher bereisten Orten bestimmten in der Garnisonsstadt Soldaten das Straßenbild.

*Panorama von Kyōto*

*Fischer bei der Arbeit*

Von Hamamutsu führte der Weg zunächst den Strand entlang. Fischer, die an der Küste ihre ärmlichen Hütten errichtet hatten, waren beim Fangen von Seetieren behilflich. Enge Pfade bahnten den Weg ins Gebirge, wo Siebold eine Mege seltener, ihm bisher unbekannter Gewächse fand.

Um die durch kunstvolle Holz-, Flecht- und Lackarbeiten bekannte Stadt Fuchū zu erreichen, mußten Menschen und Lasten von kräftigen Trägern, die im Kampf gegen den Strom bis zum Hals im kalten Wasser standen, durch den reißenden Oigawa befördert werden. Falls dabei jemand zu Schaden kam, wurden den Trägern schwere Bußen bis zur Todesstrafe angedroht. Die armen Bergbewohner hatten jedoch keine andere Wahl, als diese harte und gefährliche Arbeit zum Lebensunterhalt ihrer Familien auszuüben.

Am 4. April behinderten bei starkem Regen die Hochwasser des Okitsugawa das Weiterkommen. Die unfreiwillige Rast gab Siebold Zeit, die gesammelten Naturalien und Abbildungen zu prüfen und zu ordnen. Der Direktor der Faktorei drängte zum Aufbruch. Im wildromantischen Hakone-Gebirge mußte in einem Engpaß die streng bewachte Grenzsperre zur Residenz des Shōgun passiert werden, bei der jeder gründlich kontrolliert wurde, der sich aus den südlichen Provinzen Edo näherte.

»Nach dem Essen«, berichtet Siebold, »zogen wir feierlich durch die Wache. Alles, außer den drei Mitgliedern der Ge-

*Träger durchschreiten den reißenden Oigawa*

sandtschaft, mußte die Sänfte verlassen und zu Fuß durch die Wache schreiten. Beim Eintritt in die rundum durch eine starke Mauer verteidigte Schutzwehr wurde die linke Tür unseres Norimono von unseren Bedienten geöffnet; dieses geschieht, damit sich die Wache überzeugt, daß nicht Frauen oder Waffen eingeschmuggelt werden. Wir wurden so gleich Landesfürsten behandelt, die auch in ihren Sänften sitzen bleiben.«

Bei Fackelschein traf man am 7. April in Odawara ein. Von dem anstrengenden Fußmarsch völlig erschöpft, begab sich Siebold sofort zur Ruhe, denn nach wenigen Stunden galt es wieder auf den Beinen zu sein.

## In der Residenz des Shōgun

Die Straßen wurden immer belebter, und in der Nähe der Residenz konnte man von Glück reden, noch ein Quartier zu finden.

Am 9. April wurden in Kawasaki letzte Vorbereitungen für den festlichen Einzug getroffen. Leider war das Wetter wenig freundlich, so daß man es vorziehen mußte, mit der Galakleidung in den Sänften Zuflucht zu suchen. Als hohe Gönner der Niederländer waren der Gesandtschaft die in Edo weilenden Fürsten von Satsuma und Nakatsu zur Begrüßung entgegengekommen. In dem vor den Toren Edos liegenden Dörfchen Shinagawa erwarteten Abgesandte der Leibärzte den berühmten Kollegen.

Ganz allmählich traf man nach Siebolds Tagebuchnotiz vom 10. April am Reiseziel ein: »Wir waren so, ohne einen Übergang von den bisherigen Ortschaften zur eigentlichen Stadt bemerkt zu haben, nach Jedo selbst gekommen und wurden unserer Ankunft in der Großstadt erst bei tieferem Eindringen in die breiten und lebhaften Straßen gewahr, die zu beiden Seiten mit reichen Kaufläden prangten. Vorzüglich bemerkte ich Porzellan- und Tongeschirre, Eisenläden mit Guß- und Schmiedearbeiten, große Manufakturhandlungen, die täglich 500, ja manchmal für 1000 Kobano (Goldmünze im Werte von 10 Gulden W. G.) Wa-

*Im Hakone-Gebirge*

*Blick auf den Hafen von Edo*

ren umsetzten, und deren größere an 700 Menschen beschäftigen sollen. Holzschuhe, Schreibmaterialien, Zeichengerätschaften, Sonnen-, Regenschirme, fertige Kleider, Bambusarbeiten, Körbe, Frauentoiletten, Bücher und Landkarten, Holzabdrücke, Papier, Reis, Tee, Messer, Säbel, Puppen, Lackwerk, Metallspiegel, Tabakgeräte, Haarzieraten von Schildpatt, dünnes Glas, Sake, Marken, Kinderspielzeug, getrocknete Fische, Götzenbilder, Grabschilder, Kultusgegenstände, Laternen, Teegeräte, Rauchwerk, Regenkleider, eingesalzene und getrocknete Früchte, Öl, Gemüse, Apotheken, Silber- und Goldfische in weißen Flaschen, Schildereien, Matten und Fußteppiche von Stroh, Strohseile, Pferdezeug, Schwämme, Restaurationen, Blumensträuße, Pflanzen, frische Fische, Bijouterien usw. Wir bemerkten Karren mit Holz beladen und von Menschen gezogen. Alles dieses führe ich hier an, so wie es bei dem schnellen Vorüberziehen sich zeigte. Um 2 Uhr kamen wir in unserem Gasthofe an. Gleich nach unserer Ankunft erschien eine Deputation von dem Gouverneur von Nagasaki, der zu Jedo residiert.«

Wichtiger als alle Honoratioren waren für Siebold die Ärzte und Naturforscher, die ihm als Willkommensgruß viele seltene Pflanzen schenkten und wichtige Informationen über das japanische Medizinalwesen gaben. Neben den unterschiedlichen ärztlichen Rangordnungen bei Hofe und im Dienste der Fürsten wurden die Ärzte folgenden Fachrichtungen zugeordnet: Innere Medizin, Wundärzte, Frauen- und Kinderärzte, Augenärzte, Zahnärzte, Beinbruchärzte, Kräuterkundige, Nadelstekker, Moxabrenner und Muskelkneter.

Rang und Fachdisziplin waren bereits an ihrem Äußeren zu erkennen: Ärzte mit besonderen Würden waren gekleidet wie vornehme Japaner, Leibärzte trugen die Wappen ihrer Herren und zwei Säbel, wie es dem Adel zukam. Vertreter der Inneren Medizin und Frauenärzte hatten den Kopf kahl geschoren, während die Ärzte der anderen Disziplinen sich das Haar von allen Seiten nach dem Wirbel kämmten und in einem nach oben gerichteten Zöpfchen zusammenbanden.

Viel Beifall fand die von Siebold bald nach seiner Ankunft aufgenommene Lehrtätigkeit, in der er sich vor allem der Anatomie des Auges sowie den Augen- und Hasenscharten-Operationen widmete. Zu seinen aufmerksamsten Hörern zählten der Hofarzt Katsuragawa Hochiku (1772–1832), Botanikus genannt,

*Verkaufsläden in Edo*

und der fürstliche Leibarzt Gentaku. Der Hofastronom Takahashi Sakusa'emon (1785–1829), genannt Globius, stand ihm bald am nächsten. Sie alle bestärkten ihn in der Hoffnung, daß es möglich wäre, den Aufenthalt in Edo zu verlängern. Von hier aus würde er zweifellos in der Lage sein, in das Innere des Reiches zu gelangen und Gegenden zu besuchen, die noch kein Fremder kennengelernt hatte.

Gemeinsam mit seinen Freunden entwickelte Siebold einen Plan, das Vorhaben zu verwirklichen. Das Interesse des Shōgun an seinem weiteren Aufenthalt sollte mit der Einführung der Kuhpockenimpfung geweckt werden, um so auch in Japan diese durch Jenner begründete medizinische Großtat wirksam werden zu lassen. Siebold war bereit, die Lymphe aus Batavia zu holen und ein großangelegtes Impfprogramm zu entwickeln. Er war mit den sich ihm in Edo bietenden Möglichkeiten sehr zufrieden: »Ich genieße alle Freiheit und kann ziemlich öffentlich, auch in wissenschaftlichen Gegenständen, deren Bearbeitung früher streng verboten war, tätig sein und so ungestört mit unserem alten Freunde (Mogami Tokunai (1754–1836) W. G.) die Bearbeitung der Jezo-Sprache (Ezo), Geographie u. degl. m. fortsetzen.«

Nachdem sich infolge eines Todesfalls in der Familie des Shōgun die Empfangsaudienz verzögert hatte, war der große Tag auf den 1. Mai festgelegt worden: »Ziehen morgens 6 Uhr zur Audienz; die drei Mitglieder der Gesandtschaft in Norimonos und die japanische Begleitung zu Fuße. Die Entfernung des Schlosses von dem niederländischen Hotel beträgt nur 2 Straßen. Kommen über eine breite Brücke durch ein großes massives Tor in die erste Abteilung des befestigten Schlosses. Der Zug bewegt sich längs den Palästen verschiedener Fürsten bis zu einer zweiten Brücke, wo wir unsere Norimonos verlassen und zu Fuße fortschreiten müssen. Jenseits der Brücke kommen wir an ein großes Tor, innerhalb dessen sich die Wache der sogenannten Hundertgarden befindet; hier läßt man uns ausruhen. Es wird uns hier sehr schlechter Tee angeboten, und die ganze Einrichtung dieses Lokals, wo man uns auf Holzbänken, die mit chinesischem roten Filz bedeckt waren, zum Sitzen einlud, machte auf uns keinen großartigen Eindruck. Es fand(en) sich hier der Gouverneur von Nagasaki, die zwei Fremden-Kommissäre und der Kommandant der Wache ein, welche uns bewillkommneten. Von hier aus hielten wir unsern Einzug in

*Mogami Tokunai*

das große Schloßtor, wohin ein mit breiten Steintreppen versehener Weg führt. Das Tor selbst ist mit reichen Schnitzereien versehen und erinnert im Stile an die buddhistischen Tempel.

*Shōgunpalast*

Beim Eintritt in das Palais wurden wir von Opperbanjoosten und den Hoflakaien in Empfang genommen, letztere haben sämtlich kahlgeschorene Köpfe und schwarze, dem Kostüm der Mönche gleichende Kleidung. Man führte uns in einen Saal, der als Antichambre dient, wo wir nach Belieben stehen, gehen oder sitzen konnten. Hier kamen verschiedene Mitglieder des hohen Adels, uns zu begrüßen; es gilt dies nicht als eine offizielle Handlung, sondern dient blos zur Befriedigung ihrer Neugierde.« Für das Vorstellungszeremoniell im Audienzsaal wurde mit dem Gesandten, dem sich in angemessener Entfernung seine Gefolgschaft anschloß, erst eine umständliche, bis ins Detail gehende »Generalprobe« veranstaltet, um der streng zu wahrenden Etikette Genüge zu tun. Nachdem der Gesandte wieder in das Antichambre geleitet worden war, wurde nach einer kurzen Pause das Zeichen zur Audienz gegeben: »der Gouverneur und einige Kammerherren geleiteten ihn, die beiden Opperbanjooste und Dolmetscher folgten, und wir schlichen im geheimen hinterher – sehr ehrenvoll für den Gesandten und seine beiden Begleiter –. An der zweiten Ecke des Saales blieben die zwei Opperbanjoosten zurück, die Dolmet-

*Shōgun*

scher folgten bis zur dritten Ecke, wo der Gesandte einen Augenblick stehen blieb und von den Fürsten und andern Reichsgroßen gemustert wurde. Gleich darauf vernahm man ein leises Zischen: es war das Signal des Herannahens der allerhöchsten Person. Jeder beeilte sich, den ihm gebührenden Platz einzunehmen. Nun holte der Gouverneur den Gesandten und führte ihn bis an den ersten Pfeiler des kleinen Audienzsaals, wo der Oberdolmetscher sich auf der Galerie zu Boden warf, der Gesandte jedoch noch stehen blieb. Darauf brachte der Gouverneur, der sich mit den beiden Fremden-Kommissären gleichfalls auf dem Holzboden der Galerie niedergelassen hatte, den Gesandten bis an den Audienzplatz, der einige Schritte weiter nach vorne auf der Galerie vor den 3 Stufen war, welche mit Matten belegt waren. Der Gesandte warf sich hier auf die Kniee, tiefgebeugt konnte er nur die vergoldeten Holzschnitzereien vor sich sehen und von dem Shōgun sah er nicht einmal den Schatten. Mit einem Male ertönte der Ruf eines Herolds: ›Hollanda capitan!‹ der Gouverneur zupfte den in tiefer Prosternation liegenden am Mantel – die Audienz war vorüber. Der Gesandte erhob sich vom Fußboden und begab sich unter vielen und vielseitigen Komplimenten nach dem ersten Zimmer zurück, wo der Gouverneur und die Fremden-Kommissäre ihm ihre Glückwünsche zu der ihm zu teil gewordenen allerhöchsten Audienz aussprachen.«

Die Zeremonie war beendet und der Gesandte (der die Ehrengeschenke schon einige Tage vor der Audienz hatte abgeben lassen) konnte sich mit seinem Gefolge zurückziehen. Allerdings noch nicht in das Hotel, denn es folgte unverzüglich die Audienz beim Erbprinzen, dessen Palais sich ebenfalls im innersten Teil des Schloßkomplexes befand. Ähnlich wie bei der Hauptaudienz galt es auch hier zunächst eine Probe zu absolvieren.

Nach den beiden Audienzen waren noch weitere dreizehn bei den Reichsräten und anderen hohen Würdenträgern zu bestehen, »was für einen einzigen Tag eine Aufgabe ist, die ihresgleichen wohl kaum in der diplomatischen Welt finden dürfte«. Siebold gibt einen summarischen Überblick: »Der Verlauf von etwa einem Dutzend Visiten, welche man nach diesem Zeremoniell zu machen hatte, wollen wir nicht umständlich erzählen, da sich im allgemeinen derselbe Vorgang wiederholte. Nirgends fanden wir den Herrn zu Hause, machten überall den

Sekretären tiefe Komplimente, hockten überall auf der Folterbank, neugierigen Blicken ausgesetzt, mußten immer wieder Tabak rauchen, Tee trinken, Zuckersachen essen, Denksprüche aufschreiben, unsere Raritäten besichtigen lassen etc. Endlich kamen wir um 9 abends, nachdem wir fünfzehn Stunden lang in einem ungewohnten Kostüm herumgezogen waren, unter beständigen Verbeugungen auf den Fersen mit untergeschlagenen Beinen auf den Boden hatten sitzen müssen, mit heftigen Kopfschmerzen und verdorbenem Magen in unserer Herberge an ... Todmüde wie wir waren, mußten wir doch noch ein paar Bediente der Fremdenkommissäre empfangen, welche im Namen ihrer Herren uns zum Erfolge unserer Audienzen Glück wünschten ...«

Am folgenden Tage setzten sich die Visiten bei hohen Hofbeamten fort, die der Sitte folgend angeblich nicht zu Hause waren und sich vertreten ließen. Mit zunehmender Erschöpfung und dem Unwillen an diesen Zeremonien wuchs auch Siebolds Unmut über die nutzlos neugierig herumstehenden Lakaien, die

*Im Audienzsaal*

er bereits in der Heimat als Übel angesehen hatte: »Diese Hofkreaturen machten auf mich einen sehr ungünstigen Eindruck; auf ihren bleichen Gesichtern vereinigten sich die Züge gebieterischer Frechheit mit kriechender Höflichkeit zu einem charakteristischen Bronzekopfe, den die durch ihre Isoliertheit auffallend großen Ohren, der unruhige Blick und die krampfartigen Zuckungen der Lachmuskeln noch abstoßender machten.«

Im Gegensatz dazu galt seine Sympathie den fleißigen japanischen Handwerkern und Arbeitern, seine besondere Liebe aber dem Kreis seiner ärztlichen Kollegen und Hofgelehrten. Sie waren keine Teilnehmer der endlosen Empfänge, sie suchten Siebold in seinem Quartier auf. Als Vorwand, ihren Freund und Ratgeber noch möglichst lange in ihrer Mitte haben zu können, hatten sie für ihn den offiziellen Auftrag der Übersetzung eines botanischen Werkes erwirkt.

Natürlich erschöpfte sich die Aufgabe der Gesandtschaft nicht in Empfängen. Die niederländische Regierung verfolgte sehr konkrete handelspolitische Absichten. Bereits vor der Audienz beim Shōgun waren erste Verhandlungen über Fragen des Kupferexports geführt worden. Zum Unwillen des Gesandten zeigten sich seine Verhandlungspartner nicht bereit, den Umfang der Lieferungen zu erweitern oder die Menge für einen längeren Zeitraum festzulegen. Es sollten vielmehr jährlich neue Vereinbarungen abgeschlossen werden. Differenzen in handelspolitischen Fragen machten schließlich auch Siebolds Hoffnung auf einen längeren Aufenthalt in Edo zunichte.

Stürler war alles andere als ein geschickter Diplomat. So neigte er, von Emotionen geleitet, zu unberechenbaren und in ihrer Wirkung schädlichen Spontanaktionen. Eine solche Reaktion war eine Klageschrift, die er gegen die vermeintlichen Mißbräuche der für Dejima zuständigen japanischen Beamten dem Gouverneur von Nagasaki »vertraulich« in die Hände kommen ließ.

Zu beneiden war er allerdings nicht in seiner zweifelhaften Stellung. Er besaß nicht den Status eines akkreditierten Gesandten, sondern konnte sich allenfalls als Agent einer Handelsgesellschaft ausgeben. Doch die von ihm »vertretene« niederländisch-indische Kompanie existierte ja seit langem nicht mehr. Nur aus Sorge, die bisher zugebilligten Privilegien zu verlieren, hatte die niederländische Regierung, die das Staatsmonopol über den Japanhandel besaß, das Shōgunat über die neue Lage nicht in Kenntnis gesetzt und den Gesandten damit in eine recht unglückliche Lage gebracht, da kaum anzunehmen war, daß man in Japan keine Informationen über die Veränderungen besaß. Der dem »Gesandten« zuteil gewordene offizielle Empfang war deshalb ein großes Entgegenkommen.

Die von Siebold geäußerte Kritik an den ihm ungewohnten Zeremonien zeigt entgegen seinem sonstigen Verhalten zu wenig Verständnis für die japanischen Verhältnisse. Auf keinen Fall darf daraus geschlossen werden, daß all diese zu absolvierenden formalen Ehrenbezeugungen eine speziell für die niederländische Gesandtschaft ausgedachte Demütigung gewesen wären. Sie verliefen genau nach dem gleichen Zeremoniell, das für alle Untergebenen, einschließlich der höchsten japanischen Würdenträger bei einem Empfang vorgeschrieben war.

Während der Abschiedsaudienz erhielt der Gesandte am 4. Mai folgende Order: »Nachdem die Holländer von alters her die Freiheit genießen, einmal im Jahre nach Nagasaki zu kommen und dort Handel zu treiben, sollt Ihr, wie bereits früher befohlen worden, keine Gemeinschaft mit den Portugiesen halten, und sollten wir aus fremden Ländern erfahren, daß Ihr mit denselben Beziehungen unterhaltet, so wird Euch die Fahrt nach Japan verboten werden.

Ihr dürft an Bord Eurer Schiffe keine Portugiesen aufnehmen. Wenn Ihr ferner in Japan Handel treiben wollt, so sollt Ihr uns durch Eure Schiffe Nachricht geben von allen, was Ihr erfahren solltet über etwaige Absichten oder Unternehmungen der Portugiesen gegen Japan. Wir erwarten auch, von Euch zu vernehmen, ob die Portugiesen irgendwelche Plätze oder Länder besetzen oder zur Annahme der christlichen Sekte bekehren. Alles was Ihr in dieser Hinsicht vernehmen solltet, müßt Ihr an die Stadtvögte von Nagasaki bekannt geben. Solltet Ihr hören, daß die Chinesen mit den Portugiesen im Einverständnis handeln, oder auf ihren Schiffen überführen, müßt Ihr die Stadtvögte von Nagasaki davon in Kenntnis setzen. Ihr dürft keine chinesischen Dschonken, welche nach Japan fahren, wegnehmen, und in allen Ländern, welche Ihr mit Euren Schiffen besucht, dürft Ihr, falls dort Portugiesen sind, keine Gemeinschaft mit denselben halten und, falls es Länder giebt, wo Ihr diese Nation antreffen solltet, so müßt Ihr schriftlich den Namen dieser Länder oder Plätze durch den Kapitän, der jährlich nach Japan kommt, an den Stadtvogt von Nagasaki einreichen lassen.

Den Liukiuanern, welche Untertanen von Japan sind, dürft Ihr keine Schiffe oder Boote wegnehmen.«

Während der Gesandte die Verhandlungen fortsetzte, vertiefte Siebold die Zusammenarbeit mit den japanischen Wissenschaftlern. Es war ein gegenseitiges Nehmen und Geben. Siebold konnte die Werke seiner Freunde einsehen, in Bibliotheken und Archiven forschen und dabei wertvolle Funde zu Tage fördern.

Der Hofnadelstecher unterwies ihn in der Akupunktur. »Ich genieße alle Freiheit«, schrieb er am 22. April, »... und kann ziemlich öffentlich, auch in wissenschaftlichen Gegenständen die zu bearbeiten früher streng verboten waren, arbeiten.«

Der Geograph Mogami Tokunai informierte über seine Forschungsreise nach Sachalin (Karafuto), händigte ihm Land- und Seekarten aus und gab wertvolle Auskünfte über die Ainu-Sprache. Ergänzt wurden die geographischen Mitteilungen durch den Geodäten Mamiya Rinzō (1781–1845), dessen Reiseberichte Siebold in der Bibliothek des Shōgun einsah. Er schrieb seiner Mutter am 21. 12. 1826: »Der Zutritt in die kaiserliche Bibliothek zu Edo, wo mir durch meine japanischen Freunde auf eine geheime Weise die merkwürdigsten neuesten Entdeckungen, auf Befehl des Kaisers gemacht, ebenfalls bekannt geworden sind und ich unter anderem alle Karten und Pläne auf europäische Weise bearbeitet erhalten habe, begünstigte außerordentlich meine Unternehmungen.«

Vor allem wurde seine Arbeit von dem Hofastronomen Takahashi Sakusa'emon (Globius) gefördert. Im Austausch gegen verschiedene holländische Werke stellte er Siebold die Kopie einer von dem bedeutenden japanischen Geographen und Kartographen Inō Tadataka angefertigten Generalkarte des Inselreiches zur Verfügung. Der hochgebildete Takahashi beherrschte das Holländische, Russische und Mandschurische. Neben wichtigen eigenen geographischen Werken über die Mandschurei und Sachalin, hatte er eine Reihe astronomischer und mathematischer Werke übersetzt.

Zum Glück vollzog sich die Vielzahl der obligatorischen Abschiedsbesuche schneller als die Empfangsaudienzen, so daß wenigstens etwas Zeit zur Stadtbesichtigung und dem Besuch der Paläste und Tempel übrig blieb. Den Kern des Schloßkomplexes bildeten die weitläufigen einstöckigen Paläste des Shōgun und des Erbprinzen. Die ausgedehnten Vororte mündeten

*Japaner in Staatskleidung*

allmählich, übergangslos in die angrenzenden Ländereien. Als Beginn der eigentlichen Stadt galt die Brücke Nihonbashū, von der man aus die Entfernung aller Orte zur Residenz berechnete.

Die Einwohnerschaft wurde auf 1,5 Millionen (davon etwa 200 Tausend Militärs und Bedienstete des Hofes sowie der Fürsten) berechnet. Auch in Edo blieben Siebold die tiefen sozialen Gegensätze nicht verborgen: »In einer so stark bevölkerten Stadt sieht man natürlich die Extreme des höchsten Luxus und der bittersten Armut. Für die Tafel der Fürsten werden aus einem Maß Reis nur einige Körner, und zwar die größten und feinsten ausgesucht, nach wiederholtem Waschen neuerdings gemustert und, da man von einem Topfe gekochten Reis nur das Mittelste nimmt, wieder mehr als der zwanzigste Teil verschwendet. Ebenso werden Fische, Gemüse und andere Nahrungsmittel, sowie Getränke bei den Hofhaltungen vergeudet. Dagegen lebt die ärmste Klasse der Bettler nicht einmal in menschlichen Wohnungen, sondern muß bei der Winterkälte ein jammervolles Dasein fristen. Eine größere Armut als gerade in Jedo (Edo) und ein größerer Luxus findet sich nirgends im Reiche.«

*Landstraße bei Edo*

*Am Fuß des Gebirges*

Hinter der Entwicklung der Kunst und des bürgerlichen Gewerbes schien die Wissenschaft nachzustehen: »Die despotische, auf ewigen Kriegsfuß stehende Regierung des Sjogun (Shōgun) und die Zerstreuungen und Ausschweifungen der großen Stadt«, waren nach Siebold »ernsten Studien und wissenschaftlichen Bestrebungen nicht förderlich.«

In den Tagen vor der Abreise wuchs die Zahl der Besucher; zu ihnen zählten erstmals auch Leibärzte und Hofastronomen, die im offiziellen Auftrag wissenschaftliche Fragen vortrugen. Leider war die Hoffnung, den Aufenthalt doch noch verlängern zu können, trügerisch. Am 18. Mai 1826 hieß es von Edo Abschied zu nehmen.

Von Ferne grüßte der majestätische Fuji mit seinem schneebedeckten Gipfel zu der großen Reichsstraße Tōkaidō herüber.

Bei Odawara wurde das Gebirge bestiegen und am 21. Mai die Sperre von Hakone passiert. Obwohl der Gesandte zum Gewaltmarsch drängte, konnte Siebold, besonders in den Gebirgslandschaften, seine Sammlung vervollständigen. Dankbar nahm er all die Exemplare, die seine Freunde inzwischen für ihn gesammelt hatten, entgegen. Zunehmend schlechtes Wetter beeinträchtigte ihn jedoch bei den Messungen.

Der Bericht seiner Rückreise enthält nur wenig neue Informationen, da man sich im wesentlichen an die bereits beschrittene Route hielt und die Hast schwerlich instruktive Ergänzungen ermöglichte. Interessant sind jedoch verschiedene Vergleiche, die Siebold jetzt in bezug auf Lebensstandard und Lebensweise einzelner Städte und verschiedener Landesteile anstellen konnte.

Zu den schönsten und aufschlußreichsten Schilderungen der Hofreise zählt die Beschreibung des Wechsels der Jahreszeiten, bei der das besondere Interesse des Botanikers erkennbar wird: »Die unter rauhen Nordwinden und Schneegestöber eingeschlummerte Vegetation erwacht plötzlich. In wenig Wochen kleidet sich die Landschaft in ihr Frühlingsgewand. Bereits Ende Januar blühen in den Gärten Aprikosen, Mispeln und Kornelkirschen. Dazu gesellen sich im Februar Veilchen, Anemonen und Löwenzahn sowie im März Seidelbast, Jasmin, Primeln und zahlreiche Arten und Spielarten von Pflaumen, Kirschen und Pfirsichen. Die immergrünen Lorbeer-, Myrten- und Eichenarten erneuern im April ihr Laub, und die Wälder prangen im Schmuck blühender Azaleen, Deutzien, Magnolien und Päonien.

Die Arbeitsamkeit des Landmannes wetteifert mit der Zeugungskraft der Natur. Weit ziehen sich an den Hängen der Berge mühsam stufenweise angelegte Felder hinan, die sorgfältig gepflegten Gärten gleichen – ein erstaunliches Werk tausendjähriger Kultur. Im Juni wird das Laub der Bäume allmählich dichter, überschattet die blühenden Sträucher, und das sich zu immer dunkleren Abstufungen wandelnde Grün kündet den Sommer an. Eine brütende Hitze treibt im Juli aus dem Wurzelstock des Bambus riesenhafte Sprossen, die zur Seite der Mutterpflanze so üppig aufwachsen, daß sie diese bald an Größe übertreffen. Bei 30 bis 32 Grad Celsius breiten einzelstehende Palmen ihre Fächer; Orangen, Tuberosen, Orchideen und andere stark duftende Pflanzen blühen, prächtige Liliengewächse und in Purpur prangende Celosien und Amarande schmücken die Gärten, Winden und Malven die Felder und der heilige Lotos bedeckt mit seinen schwimmenden Blättern und herrlichen Blüten sumpfige Stellen.

Die mit Sehnsucht erwartete Regenzeit tritt ein. Nun jätet und pflanzt der Bauer, sät Hirse und gewinnt dem weniger fruchtbaren Boden eine zweite Ernte ab. Gerste und Weizen wurden schon im Juni geerntet und an ihrer Stelle Reis, Bataten, Tabak und dergleichen gepflanzt. In den Tälern reift der Reis, an den sonnigen Hängen der Hügel Kürbisse und Melonen. Im August reifen die Baumfrüchte, die Reisfelder erbleichen, und wo im Frühling Veilchen und Anemonen blühten, zeigen sich im September Strahl- und Glockenblumen sowie Gentianen. Einige frühblühende Staudengewächse, die Forsythie, Deutzia, Rosen und Jasmin bringen zum zweiten Male einzelne Blüten und zieren mit den beliebten Spielarten der Chrysanthemen, Herbstanemonen, Riesenhuflattich und Astern die Gärten. Pomeranzen, Cedern und einige andere Nadelbäume erneuern jetzt, oft schon bei ziemlich kühlem Nordwind, ihre Belaubung, gleich als wollten sie in dem frisch angelegten Kleid den Winter besser ertragen. Die Erdfrüchte, weiße und gelbe Rüben, Rettiche und Kartoffeln, gedeihen jetzt am besten. Das sich färbende Laub zeigt den Winter an. Ein großer Teil der Bäume und Sträucher verliert seine Blätter, die Stengel perennierender Staudengewächse verdorren im November. Nur einzelne Chrysanthemen, Kamelien, Teesträucher und Rosen blühen noch in den Gärten und auf den Feldern. Aus lichten Gehölzen schimmern die roten und schwarzen Beeren der Lorbeerbäume und Stechpalmen. Schon wochenlang sind die Gipfel hoher Berge mit Schnee bedeckt, es herrscht ein kalter Nordwestwind, es friert, schneit und hagelt.

Aber nur kurze Zeit dauert der Winter. Schon Anfang Januar regen sich einige Bäume und Kräuter, und man sieht es als Vorhersage für ein gesegnetes Jahr an, wenn am Neujahrstage ein blühender Pflaumenzweig den Altar der Hausgötter schmückt.«

In Galakleidung hielt die Reisegesellschaft am 1. Juni erneut in der Kaiserstadt Kyōto Einzug und begab sich in ihre alte Herberge. Wegen Unpäßlichkeit des Gesandten wurde die Audienz bei dem Vertreter des Shōgun (Shoshidai) und den beiden Statthaltern um einige Tage verschoben. Nur mit Schwierigkeiten konnten die Bedienten den Weg durch die drängende schaulustige Menge zum Schloß im Westteil der Stadt bahnen. Ermüdet kehrte man, nachdem auch die Besuche bei den Statthaltern absolviert waren, gegen Abend in die Unterkunft zurück. Die romantische Lage der Stadt konnte nicht über den schlechten Zustand der Häuser hinwegtäuschen, wie überhaupt im Ver-

*Japanisches Wohnhaus*

gleich zu anderen Städten, besonders den Handelszentren, eine gewisse Stagnation unübersehbar war.

Nach einem Abstecher nach Fushimi wurde die Reise nach Ōsaka, den Yodogawa hinab, fortgesetzt. Der Wohlstand der Handels- und Finanzmetropole übertraf bei weitem den anderer Städte. Die hier ansässigen Geldmagnaten hatten, obwohl im traditionellen Sinne nur »niederen Standes«, als Finanziers der Fürsten großen Einfluß auf die Politik des Landes, ein deutliches Kennzeichen vom Verfall des Feudalsystems. So war zur Zeit der Anwesenheits Siebolds die Anleihe von etwa einer Million Gulden, die dem Fürsten von Buzen gewährt wurde, ein offenes Geheimnis. Nicht zu unterschätzen war auch die Rolle Ōsakas als Getreidespeicher, von dem weitgehend die Sicherung der Lebensgrundlage großer Landesteile abhängig war. All das stärkte die Macht des bürgerlichen Kommunalwesens.

Nach den obligatorischen Audienzen bei den Stadtoberen konnte Ōsaka am 14. Juni wieder verlassen und wenige Tage später die Schiffsreise nach Shimonoseki angetreten werden. Sturm und Regen zwangen in geschützten Buchten Zuflucht zu nehmen, was Siebold und Bürger zu kaum erhofften zusätzlichen Landgängen und Messungen Gelegenheit gab.

*Bürgerkleidung*

Mit Erleichterung fanden sie am 28. Juni in Shimonoseki alle Tiere und Pflanzen, die sie vorsorglich vorausgeschickt hatten, wohlbehalten vor. Nach der Überfahrt führte der die Hofreise abschließende Landmarsch nach Nagasaki zurück.

Unzählige lästige Moskitos ließen jeden Schritt zur Plage werden. Drückende Hitze machte zusätzlich allen, vor allem aber den erschöpften Trägern, zu schaffen. Die Ankunft im Städtchen Omura brachte die Erlösung. Hier warteten bereits Freunde, um auf dem restlichen Weg behilflich zu sein. Am 7. Juli 1826 war das Ziel erreicht: »Heute gegen Mittag kamen wir endlich ... nach einer beinahe fünfmonatlichen Abwesenheit wohlbehalten von dieser beschwerlichen Reise wieder in unserem Gefängnis von Dejima an, wonach sich der Gesandte so sehr gesehnt hatte.«

## Im Dienste der Botanik

In die Faktorei zurückgekehrt, begann Siebold unverzüglich mit der systematischen wissenschaftlichen Auswertung seiner Sammlungen und Reiseaufzeichnungen. Zunächst galt es, für die vorausgeschickten oder mitgebrachten Pflanzen in dem bereits 1825 von ihm angelegten, leider räumlich nur allzu beengten botanischen Garten einen geeigneten Standort zu finden. Es waren vor allem Vertreter der Gebirgsflora, die er in ihrem Wachstum beobachten wollte. Seine Schützlinge gediehen dank sachkundiger und sorgsamer Pflege vorzüglich, und in wenigen Jahren wies der Garten 1400 Species auf. In seinen Forschungen konzentrierte sich Siebold vorwiegend auf botanische Arbeiten, mit denen er Wissenschaft und Praxis bereicherte.

Noch vor Antritt der Hofreise hatte er Nees von Esenbeck in einer ausführlichen Abhandlung, die dieser unter dem Titel »Einige Worte über den Zustand der Botanik auf Japan« 1829 in den Schriften der Leopoldina (Nova Acta Physico-Medica) veröffentlichte, seine Auffassungen und bisher erworbenen Erfahrungen mitgeteilt: »Seit meinem zweijährigen Aufenthalte allhier strebte ich, soweit es mir meine abgeschlossene Lage bei den strengen Gesetzen der Japaner erlaubte, die in den neueren Zeiten so seltenen, sparsamen und dabei noch verworrenen Nachrichten über die natürliche Beschaffenheit dieses so ausgebreiteten Archipels zu erweitern, zu bereichern und zu berichtigen. Vorzüglich war es die Botanik, zu deren Bearbeitung sich ausschließend die günstigste Gelegenheit darbot und von der sich, ohngeachtet der unsterblichen Arbeiten eines Kämpfers und Thunbergs, bei dem halbhundertjährigen Stillstande aller weiteren Nachrichten durch Europäer von diesen Ländern noch die reichlichsten Früchte erwarten ließen.

Es ist wohl bekannt, daß wohl in keinem Lande, außer Europa, die Botanik allgemeiner betrieben wird als in Japan und China, wo bereits seit mehr als tausend Jahren die so ansehnlichen vegetabilischen Schätze dieser Reiche zur Nahrung und Kleidung zur Haushaltung und zum Vergnügen aus den Gebirgen und Tälern von allen Seiten zusammengetragen worden sind. Die brauchbarsten und nützlichsten Gewächse trug jedes dieser Reiche (vornehmlich aber Japan und China) von dem andern auf sich über, und suchte sich dabei noch dergleichen aus seinen fernsten Grenzen, oder aus andern benachbarten Ländern des Kontinents oder Archipels zu verschaffen, wobei durch Veränderung der Klimate und sorgfältige Kultur manche Pflanzengattungen zu unendlichen Varietäten an Schönheit und Vollkommenheit gesteigert wurden ... Es stand wirklich die empirische Botanik hier auf Japan bereits höher als es zu Kämpfers Zeit in Europa der Fall war, und vielleicht mit jener Zeit gleich, als unser Thunberg Europa verließ ... die empirischen Fortschritte in der Gewächskunde aber standen bei Ankunft unseres Thunberg hier auf Japan sicherlich auf gleicher Stufe mit dem damaligen Zustand der Botanik als Wissenschaft in Europa, ja, ich möchte sie sogar in dieser Hinsicht noch höher stellen, weil das Pflanzenreich hier, auf Japan, oberflächlich mehr durchforscht und bereits allgemeiner bekannt war, während man in vielen Teilen Europas erst recht nachzusehen begann, was denn eigentlich außer den beliebten Zierpflanzen und den so vielfältigen Heilpflanzen in den Gebirgen und Wäldern noch wohl vorhanden sein möchte. Ich möchte sie höher nennen, weil bereits eine ziemlich feste Benennung der Gattungen, Arten und Abarten durch die den bekannten Gewächsen gegebenen chinesischen Charaktere bestand, die, weil eben diese Benennung der japanischen Gewächse mit der zur Bearbeitung aller wissenschaftlichen Gegenstände eingeführten chinesischen Schrift allgemein bekannt geworden sind, nicht nur bei einigen wenigen, wie es in Europa bei der neuen Pflanzenbenennung der Fall war, und wohl noch heutzutage ist, bewahrt, sondern durch alle Länder, Provinzen und Städte dieses Reiches verbreitet war. So daß es nur eine gespannte Aufmerksamkeit und gehöriges Nachforschen am rechten Orte erforderte, um sich eine Übersicht des bis dahin bekannten Pflanzenreichs zu verschaffen, es in seinen einzelnen Objekten aufzusuchen, und endlich durch europäische Systematik zu einem Ganzen zu ordnen.«

Bereits Siebolds Vorgänger hatten den hohen Entwicklungsstand der japanischen Botanik gewürdigt. So schrieb Georg Meister, der unter Andreas Cleyer, dem wohl ersten europäischen Forscher, der sich speziell der japanischen Botanik gewidmet hatte, seinen Dienst tat: »Ist doch an dem, daß die Japaner, was Kunst, Wissenschaften und weltliches Beginnen anbelangt, keinen Europäer, er sei so künstlich als er wolle, zum Lehrmeister benötigt sind. Also hat auch diese Nation in Anpflanzen der Bäume, Lustgärten, allerhand Blumen und Kräuter, wie nicht weniger von der edlen Medizin, große Scientz. Ja, ich sage, daß sie hierin ihr bestes getan und es an keinen Kosten und Mühen ermangeln lassen.«

Ähnlich äußerte sich Engelbert Kaempfer: »Es halten auch die Japaner als vernünftige Menschen und besondere Kenner und Liebhaber der Pflanzen dafür, daß die Botanik eine nützliche und unschuldige Wissenschaft sei, die man nach dem Völkerrecht keinem vorenthalten und beneiden, vielmehr befördern müsse.«

Dankbar erinnerte sich auch Carl Peter Thunberg der Unterstützung, die seine Arbeiten durch japanische Freunde erhalten hatten: »Einige brachten mir verschiedne schöne, seltene, mir bis dahin ganz unbekannte, und in diesem Lande eigne Gewächse, die sie teils selbst gesammelt, teils durch ihre Freunde aus den inneren Provinzen bekommen hatten. Zugleich verschaffte ich mir durch ihre Hilfe allmählich zuverlässige Nachrichten, die Regierung, Religion, Sprache, Sitten, Haushaltung des Volkes und dergleichen betreffend. Auch erhielt ich durch sie unterschiedliche Bücher und andre Seltenheiten.«

Die japanische botanische Fachliteratur zeichnete sich besonders durch hervorragende naturgetreue Abbildungen aus, Textdarstellungen und Definitionen standen im Hintergrund.

Seine ausführliche Mitteilung über die Botanik in Japan abschließend, ließ Siebold Nees von Esenbeck wissen: »Bei dieser Gelegenheit will ich Ihnen nun noch die Nachricht zukommen lassen, daß ich, zufolge einer Entschließung der Niederländisch-Indischen Regierung, hier auf Dejima einen botanischen Garten anzulegen begonnen habe, welcher bereits mit mehr als tausend Gewächsen dieses Archipels bepflanzt ist, und künftig eine reiche Quelle großer Berichtigungen für die gesamte Kräuterkunde zu werden verspricht ... Hier, in dieser wissenschaftlichen Anstalt, glaubte ich den großen Verdiensten eines Kämpfer und Thunberg ein Monument errichten zu dürfen, in dessen Umkreis ihre Entdeckungen von neuem wieder aufblühen werden.«

Siebold hatte mit den in seinem Bericht angedeuteten Fragen der Pflanzensystematik ein Grundproblem auch der europäischen Botanik angesprochen, die sich unter Einfluß der wirtschaftlichen Erfordernisse und der aus den Naturwissenschaften abgeleiteten Erkenntnisse zu einer Spezialdisziplin entwikkelte. Auch sie stand vor der Notwendigkeit, die Fülle der empirisch erworbenen Fakten zu systematisieren und zu interpretieren. Die Notwendigkeit, die Vielzahl der neu beschriebenen Pflanzenarten übersichtlich zu erfassen, führte zu neuen Ordnungsversuchen.

Trotz vielerlei, meist zweckorientierter neuer Klassifikationsansätze hatten die Botaniker bis zum ausgehenden 16. Jahrhundert letztlich auf dem Werk des »Ahnherrn« der botanischen Systematik, Theophrastos von Eresos (371–287 v. u. Z.) gefußt. Der italienische Arzt und Botaniker Andrea Cesalpino (1519–1603) orientierte sich in seinen Ordnungsprinzipien erstmals nicht primär auf pragmatische, vorwiegend heilpraktische Anliegen, sondern bemühte sich in seinem Werk »De plantis libri XVI« (1583) objektive, aus der Anatomie und Physiologie der Pflanze selbst abgeleitete Klassifikationskriterien zugrunde zu legen.

Umfangreiche Sammelreisen, wie die ausgedehnten Naturstudien des Londoner Arztes Hans Sloane auf Jamaica sowie die Anlage von Herbarien und Gartenkulturen ermöglichten neue Erkenntnisse der Pflanzensystematik, an deren Fortschritt auch die Ergebnisse der Morphologie und Physiologie sowie dank verbesserter technischer Forschungsvoraussetzungen zunehmend auch die Anatomie ihren Anteil hatten.

*Carl von Linné*

Der englische Naturforscher John Ray (1628–1705) versuchte in seinem umfangreichen botanischen Hauptwerk »Historia generalis plantarum« (1686–1704), in dem er (allerdings einschließlich einer Vielzahl von Varietäten) 18665 »Arten« beschrieb, auf der Grundlage morphologischer Kriterien erstmals einheitliche Grundsätze der Systematik einzuführen.

Die Auseinandersetzungen um die zweckentsprechendsten und zugleich praktikabelsten Klassifikationsmerkmale waren keineswegs nur ein Streit um scheinbar abstrakte Sachverhalte, Namen und Begriffe. Die vom Wesen der Erscheinungen abgeleiteten neuen Ordnungssysteme berührten zugleich entscheidende weltanschauliche Fragestellungen. Friedrich Engels charakterisierte das Wirken des großen Systematikers Carl von Linné (1707–1778) in der Geschichte der Naturwissenschaft nicht schlechthin als die eines großen Sammlers, Sichters und Ordners, sondern verglich ihn mit dem Wirken Isaac Newtons (1643–1723) in der Mathematik, das ein altes Wissenschaftszeitalter beendete und die Grundlagen für ein neues legte. Linné faßte die in der mehr als zweihundertjährigen Klassifikationsgeschichte der Neuzeit entwickelten Reformversuche zusammen, unterzog sie auf der Grundlage der neuesten naturwissenschaftlichen Erkenntnisse und seiner eigenen Erfahrungen einer kritischen Wertung und entwickelte aus ihren nützlichen Ansätzen ein vereinfachtes Ordnungssystem, das den neuesten biologischen und erkenntnistheoretischen Wissensstand berücksichtigte, den praktischen Belangen entsprach und damit für die Bestandsaufnahme der Naturobjekte unabhängig von ihrer geographischen Verbreitung ein sicheres, leicht handhabbares, aber auch ausbaufähiges Gerüst gab.

Der Streit um das sogenannte »künstliche« oder »natürliche« System hatte für ihn keinen prinzipiellen Charakter. Seine »künstlichen« Klassifikationsmerkmale, die von ihm begründeten Ordnungen und Klassen, betrachtete er als provisorische »Nothelfer«. So schrieb er seinem Freund und Kritiker, dem Schweizer Arzt und Naturforscher Albrecht von Haller (1708–1777), daß er der erste wäre, der ein »natürliches System« begrüßen und auf sein »künstliches« verzichten werde, wenn er ihm ein brauchbares vorzuschlagen hätte. Ein mit der Systematik im engen Zusammenhang stehendes weiteres Verdienst Linnés war die Begründung einer exakten Pflanzennomenklatur, mit der erst eine internationale Kommunikation ermöglicht wurde.

Anstelle der bisherigen, weitschweifigen subjektiven Kriterien und Bezeichnungen unterworfenen Artdiagnose führte er in seinem Lehrbuch »Philosophia botanica« (1751) die binäre Benennung ein: »Der Name einer Pflanze soll doppelt sein: ein Gattungsname, gleich dem menschlichen Familienname, und ein Artname, gleich den Vornamen des täglichen Lebens (nomina trivialia). Die Diagnose besteht in der Feststellung des zugehörigen Verwandtschaftskreises der jeweiligen Gattung und der unterscheidenden Merkmale der Art ...« Siebold, der seinen botanischen Arbeiten die Linnésche binäre Nomenklatur der Pflanzenarten zugrunde legte, würdigte den von ihm hochverehrten Naturforscher, indem er auf einem, zum Gedenken an Kaempfer und Thunberg in dem botanischen Garten in Dejima errichteten Gedenkstein den Sinnspruch Linnés einmeißeln ließ: »Tugendhaft ist es, durch Taten sein Leben zu erhöhen.«

Siebold, dessen Bestreben es war, möglichst viele in Europa unbekannte japanische Pflanzenarten zu identifizieren und zu beschreiben, um einen möglichst vollständigen Überblick über die japanische Pflanzenwelt zu geben, ging dabei in seiner Systematik so vor, wie er es bei Linné gelernt hatte. Sein Studium der Vegetation einzelner japanischer Gebiete und deren Vergleich mit der chinesischen Flora führte ihn zu der Schlußfolgerung, daß die Arten spezifische, charakteristische Areale haben.

Er brachte Pflanzen und Pflanzensamen über Batavia nach Europa zum Versand, war sich dabei aber bewußt, daß Gartenexemplare nicht als typische Vertreter der tropischen Pflanzenwelt angesehen werden können. In dieser Auffassung stimmte er mit dem Botaniker W. H. d. Vriese überein, der nach einer Untersuchung der Pflanzen des botanischen Gartens von Leiden feststellte: »Der Zweck, zu dem botanische Gärten eingerichtet sind, richtet sich mehr auf das Studium der Physiologie und die Kenntnisse der Organe, als auf die genaue Kenntnis der Arten. Wiewohl die spezifischen Eigentümlichkeiten der Arten nicht ganz verloren gehen, so verändern sie sich bei der Kultur doch so sehr, daß man das Recht hat zu behaupten, daß von vielen Pflanzen-Geschlechtern, ja Familien, die äußeren Merkmale sich in den botanischen Gärten geändert haben, daß sie zu den Beschreibungen derselben Pflanzen, wie diese in der freien Natur sich entwickeln, in der Regel nicht vollkommen passen.«

Botanische Gärten in tropischen Gebieten zu errichten, um

an Ort und Stelle die Pflanzen erforschen, aber auch ihre wirtschaftliche Verwertung prüfen und einleiten zu können, war ein Anliegen, das auch im Interesse der Kolonialmächte lag. Als im Oktober 1815 die Niederländer nach Indonesien zurückkehrten, um ihre »Besitzungen« aus den Händen der britischen »Zwischenregierung« zurückzuerhalten, befand sich in ihrer Begleitung auch der Professor für Chemie, Pharmakologie und Naturgeschichte Kaspar Georg Karl Reinwardt (1773–1854). Als »Direktor der Landbau-Angelegenheiten, Kunst und Wissenschaft«, wie seine offizielle Bestallung lautete, hatte er die Aufgabe, dem Generalgouverneur und seinen Kommissären in allen naturwissenschaftlichen Fragen sowie bei der Einführung der zweckmäßigsten Anbaumethoden der landwirtschaftlichen Produktion sachkundiger Berater zu sein.

Zu seinen ersten Empfehlungen zählte die Gründung eines botanischen Gartens in Buitenzorg, »um Versuche mit den Kulturen von nützlichen Gewächsen vornehmen zu können.«

Dabei hatte er neben den wissenschaftlichen auch praktische Belange im Auge, wenn er zur Begründung seiner Anregung ausführt, der Botanische Garten »wird sich weiter zur Züchtung und als Sammelplatz von solchen Pflanzen eignen, die von hier für verschiedene botanische Gärten und ähnliche Institute in verschiedenen Teilen der Kolonie und in den Niederlanden erwünscht sind; er wird in dieser Weise die Gelegenheit zur Anknüpfung von Beziehungen geben, die für die Naturwissenschaft nur wichtig und nützlich sein können.«

Überzeugt von dem Nutzen des Vorhabens, wies der spätere Förderer Siebolds, Generalgouverneur van der Capellen die Errichtung des Gartens an, zu dem am 18. Mai 1817 der erste Spatenstich getan wurde.

Die niederländischen Wissenschaftler und viele ihrer Kollegen, die aus anderen europäischen Ländern, wo sie ihrer fortschrittlichen Gesinnung wegen verfolgt wurden, geflohen waren, um in dem Land der ersten siegreichen frühbürgerlichen Revolution Asyl zu finden, hatten reiche Erfahrungen in der Arbeit in botanischen Gärten.

Sinnfälliger Ausdruck der Verbindung von Theorie und Praxis in Lehre und Forschung war die Einrichtung eines botanischen Gartens (1587), bereits wenige Jahre nach der Gründung der Universität in Leiden (1575), dem Mekka der Naturwissenschaftler und Ärzte und Hort der Denk- und Glaubensfreiheit.

Unter dem Direktorat des hervorragenden Klinikers Hermann Boerhaave (1668–1738) hatte der Garten besondere Bedeutung erlangt. Bei ihm erhielt Carl von Linné wertvollen Rat für die Gestaltung des von ihm geleiteten botanischen Garten zu Uppsala. Direktoren großer Naturaliensammlungen oder botanischer Gärten waren auch der Repräsentant der deutschen Frühaufklärung Gottfried Wilhelm Leibniz (1646–1716) in Wolfenbüttel, der Sekretär der Royal Society, Nehemia Grew (1641–1712) am Gresham College, der Wegbereiter der modernen Embryologie Caspar Friedrich Wolff (1734–1794) in Petersburg, der Verfechter des Entwicklungsgedankens und Anhänger der französischen Aufklärung Georges-Louis Leclerc Comte de Buffon (1707–1788) am Königlichen Naturalienkabinett in Versaille und vor allem die bedeutenden französischen Zoologen Jean-Baptiste de Lamarck (1744–1829), Georges Cuvier (1769–1832) und Etienne Geoffroy St. Hilaire (1772–1844), die am Pariser Museum für Naturgeschichte ihre wissenschaftliche Wirkungsstätte hatten.

Die als Lebendsammlungen zunächst nur zu Demonstrationszwecken eingerichteten Gärten hatten sich zu Forschungsstätten von hoher wissenschaftlicher Bedeutung mit umfassenden Aufgabenstellungen entwickelt. In ihnen hatte sich die Botanik als Spezialdisziplin herausgebildet und von der Vormundschaft der Medizin gelöst, die sich ebenfalls mit neuen praktischen und theoretischen Arbeitsgebieten konfrontiert sah.

Die Botanik stellte als Spezialdisziplin neue, höhere Anforderungen an die Erforschung der pflanzlichen Lebensprozesse und erforderte zugleich die Ausarbeitung einer tragfähigen Systematik.

Neben diesem Entwicklungsprozeß wurden mit großangelegten Sammelreisen in außereuropäische Gebiete, vor allem in pflanzengeographisch bisher unbekannte Bereiche, nach wie vor neues Faktenmaterial erschlossen. Diese Expeditionen unterschieden sich von den früheren, in der Regel auf private Initiative durchgeführte Reisen dadurch, daß sie im staatlichen oder institutionellen Auftrag planmäßig erfolgten und damit nicht nur systematisch vorbereitet wurden, sondern auch über ungleich größere personelle und materielle Möglichkeiten verfügten.

Das traf auf die von der britischen »African Association« initiierten Reisen ebenso zu wie auf die von der spanischen Krone ermöglichte Südamerikaexpedition von Alexander von Humboldt oder die auf Veranlassung des russischen Zaren durchgeführte »Große Nordische Expedition«, die nicht weniger als 570 Mitglieder zählte. Unter ihnen der Tübinger Arzt und Botaniker Georg Gmelin (1709–1755) und sein Landsmann, der Naturforscher Georg Wilhelm Steller (1709–1746).

Wie auch das Wirken von Philipp Franz von Siebold zeigt, waren deutsche Gelehrte gezwungen, sich an ausländischen Expeditionen zu beteiligen, wozu es der Verwendung eines einflußreichen Fürsprechers bedurfte. Das Fehlen einer Zentralgewalt, die schwache ökonomische Basis der Vielzahl der deutschen Territorialstaaten ermöglichten keine so kostspieligen Unternehmen, für deren Ergebnisse die im Vergleich zu ihren internationalen Konkurrenten rückständige deutsche Bourgeoisie nur wenig Interesse zeigte.

Die Fülle neuer Sammelergebnisse dieser Forschungsreisen fanden in großen Floren- und Faunenwerken ihren Niederschlag. Diese machten aber zu ihrer praktischen und wissenschaftstheoretischen Nutzung die bereits erwähnten neuen systematisch-ordnenden erkenntnistheoretischen Voraussetzungen erforderlich.

Den in tropischen Gebieten errichteten botanischen Gärten – meist mit sorgfältig ausgewählten Fachbibliotheken und zweckmäßig eingerichteten Pflanzenlaboratorien versehen – wurden als wissenschaftlichen Stationen umfassende Aufgaben übertragen. Sie sollten zugleich den europäischen Botanikern Gelegenheit geben, an Ort und Stelle die tropische Pflanzenwelt in ihrer natürlichen Umgebung zu studieren.

Von solchen Vorstellungen hatte sich auch Reinwardt bei der Gründung des botanischen Gartens von Buitenzorg leiten lassen. Erster besoldeter Vorsteher des Gartens war der spätere Direktor des Leidener Reichsherbariums und geschäftliche Kompagnon Siebolds, Karl Ludwig Blume (1796–1862). Während der vier Jahre seines Direktorats wuchsen die Bestände beträchtlich an. Vor allem verstand er es, mit zahlreichen Publikationen die Fachwelt auf das neue, aufstrebende Unternehmen aufmerksam zu machen.

Siebold fand den Garten 1822 noch im Zustand seiner ersten großen Blütezeit vor und erhielt hier wertvolle Anregungen. Mit Blumes Weggang, er mußte aus Gesundheitsgründen im August 1826 in die Heimat zurückkehren, kam der Garten in Verfall. Fehlende Mittel und mangelhaft ausgebildetes Personal ließen ihn wissenschaftlich bedeutungslos werden. Dieser beklagenswerte Zustand bestand noch 1830, als Siebold auf seiner Heimreise hier eintraf. Eine Besserung trat erst zu Beginn der 30er Jahre ein. Es waren also reiche Traditionen und vielfältige, nicht immer gute Erfahrungen, auf die sich Siebold bei den Bemühungen, botanische Gärten einzurichten, stützen konnte.

Eine Möglichkeit, europäischen Forschern, die keine Gelegenheit hatten, exotische Pflanzen im lebenden Zustand zu studieren, originalgetreues Material zur Verfügung zu stellen, sah Siebold auch in dem Aufbau eines möglichst umfangreichen Herbariums, das jederzeit zur Verfügung stand. Sammeln, Bestimmen, Katalogisieren und Beschreiben neuer Pflanzen waren aber nicht das Hauptziel seiner botanischen Arbeiten. Er erforschte vor allem die Lebensbedingungen der Pflanzen und schilderte die Lebensweise der mit Ackerbau und Pflanzenzucht beschäftigten Menschen.

Als Abgesandter einer kapitalistischen Handelsmacht konnte er sich jedoch nicht auf botanisch-wissenschaftliche Grundlagenforschung konzentrieren. Sein Auftrag lautete vor allem, Vorschläge zur praktischen Nutzung der tropischen Pflanzenwelt zu unterbreiten. Die große wirtschaftliche Bedeutung des von ihm veranlaßten Pflanzen- und Samenversandes bringt ein Bericht des landwirtschaftlichen Kommissars zum Ausdruck: Aus dem von Siebold nach Batavia geschickten Teesamen wurden 3000 Pflanzen gezogen, die 1827 im vollen Wachstum standen und die Grundlage für die ständig vergrößerten ertragreichen indonesischen Teeplantagen bildeten, einer beachtlichen Quelle des Reichtums und der Sanierung der zerrütteten Staatsfinanzen.

Botanische Gärten in den Tropen waren für Siebold nicht nur Forschungsstätten, sondern auch Akklimatisierungs- und Zwischenstationen für den Pflanzenversand, um in Europa die weitgehend verlustfreie wirtschaftliche Nutzung zu gewährleisten.

Ein unentbehrlicher Helfer beim Ordnen, Systematisieren und Bestimmen des während der Hofreise gesammelten reichhaltigen Materials war der spätere Professor an der Universität von Tōkyō, Ito Keisuke, der Siebold nach Nagasaki gefolgt war und ihm die notwendigen Informationen über Standorte und Blütezeit der Pflanzen gab. Mit großer Aufmerksamkeit verfolgte Nees von Esenbeck die Arbeit seines Protegés. »Kommen Sie zurück, so wird's an Mitteln und Gehilfen nicht fehlen, und ich selbst werde nicht zurückbleiben, wenn ich noch lebe«, hatte er voller Begeisterung geschrieben, und auch der Nestor der Botanik, Carl Peter Thunberg, stand ihm in seiner Anerkennung nicht nach.

Nachdem Siebold den Mitgliedern der Pariser Société Asiatique eine erste Kurzinformation über seine Forschungsergebnisse übermittelt hatte, schickte er Nees von Esenbeck noch vor dem Weihnachtsfest 1827 einen ausführlichen »Rechenschaftsbericht«: »Ihrem guten Rat, nur soviel wie möglich zu sammeln, habe ich seither treu befolgt und ich denke, bei 2000 Spezies in mehr als sechstausend Exemplaren zusammengebracht zu haben. Auch ist Ihre Mutmaßung, daß unser guter alter Thunberg zu häufig die europäischen Formen erkennen will, nur zu begründet. Die Flora von Japan wird eine auffallende Veränderung erleiden, wodurch die Wissenschaft sich Gewinn versprechen darf, da eine Menge Gewächse aus Sibirien, China und hauptsächlich auch aus Nordamerika, welche früher oder später beschrieben sind, als Synonyme mit den Thunbergschen japanischen Gewächsen erscheinen werden ...

Die japanischen Gräser, Moose, Flechten und Farne habe ich reichlich gesammelt; mit Pilzen und Schwämmen, womit Japan übersäet ist, geht es nur mühsam; doch habe ich viele getrocknet und in Arrak bewahrt. Algen sammle ich jetzt. Abgebildet sind bis jetzt etwa 430 der merkwürdigsten Gewächse – wobei ich sorgfältig auf die Analysen der Blumen und Früchte achtete. Nicht zu vergessen: ich habe auch etwa einhundert getrocknete Gewächse aus Jezo und Krafto (Edo und Karafuto – den zwei großen Insel im Norden von Japan) erhalten.

Ich kann hier unmöglich unberührt lassen, auf welche Weise mich viele japanische Botaniker unterstützen. Alles was ich früher hierüber gesagt, ist viel zu wenig. Zwei kaiserliche Leibärzte ... und zwei Botaniker in der Landschaft Owari ... beschäftigten sich mit dieser Wissenschaft ganz im europäischen Sinne, und ich habe mit diesen gelehrten Männern Verbindungen zur Bearbeitung der Flora von Japan für alle Zukunft angeknüpft und unterstützte diese wißbegierigen Leute mit aller literarischer Hilfe ... Andere meiner japanischen Schüler beschäftigen sich mit einer Materia pharmaceutica und mit chronologischen Untersuchungen über die Einführung ökonomischer und Medizinal-Gewächse in Japan.

Auch mit der Zoologie sieht es gut aus. Die japanischen Säugetiere glaube ich größtenteils zusammengebracht zu haben; Vögel ebenfalls; – Fische habe ich sehr viele, wie auch Crustaceen (Krebstiere. W. G.) gesammelt, ebenso Insekten und die meisten Amphibien ... zusammen mehr als 3000 Exemplare.

Die Mineraliensammlung, womit sich mein Assistent, der Hr. Dr. phil. Bürger, beschäftigt, ist äußerst vollständig. Wir haben die merkwürdigsten Mineralwasser analysiert und die jahrelangen meteorologischen Beobachtungen (des Barometers, Thermometers und Hygrometers) werden einen interessanten Beitrag zur Physik liefern. – Ich lasse gegenwärtig eine Inklinations-Nadel verfertigen, – habe selbst ein sehr gutes Höhenbarometer gemacht, womit bereits mehrere hohe Berge von Japan durch meine Schüler, die ich gründlich mit dem Messen der Berge auf diese Weise bekanntgemacht habe, gemessen sind. – Eben ist wieder eine Expedition ausgerüstet, um den berühmten Fuisi-Berg (Fuji), der bloß im Monate Juli, wo der Schnee schmilzt, zugänglich ist, zu messen. Nach Angabe der Japaner ist der Berg 4982 Meter hoch. (Nach heutigen Messungen 3776 m W. G.) Mein Barometer wird es uns in kurzem bestätigen.

Meine ethnographischen Arbeiten stehen mit meinen naturhistorischen im ziemlichen Ebenmaße, mögen aber, da in diesem Fache mir ein so weites Feld sich geöffnet hat, zu ihrer Zeit dieselben wohl weit übertreffen.«

Als weiteren Beleg seines unermüdlichen Fleißes fügte Siebold dem Schreiben eine umfangreiche Abhandlung über zweihundertfünfzig japanische Nutzpflanzen bei. Diese Abhandlung wurde 1830 als 12. Band der »Verhandlungen« von der niederländischen Gesellschaft für Künste und Wissenschaften in Batavia herausgegeben. Grundsätzlich mußte sich Siebold der Festlegung fügen, daß zunächst an allen seinen Arbeiten der niederländischen Regierung und den in ihrem Auftrage wirkenden Publikationsorganen das Erstveröffentlichungsrecht zustand. Nach erfolgter Dispenserklärung konnte er, allerdings erst nach seiner Rückkehr und eine Nichtveröffentlichung vorausgesetzt, über seine Arbeiten frei verfügen.

Die Annahme, daß das verdienstvolle Wirken des Wissenschaftlers gebührende Anerkennung gefunden hätte, ist unzutreffend. Die bereits während der Hofreise aufgetretenen Konflikte mit dem Faktoreidirektor Oberst van Stürler weiteten sich nach der Rückkehr bis zum Zerwürfnis aus. Dabei trugen die ihrem Vorgesetzten willfährigen Beamten, die Siebold um seine Teilnahme an der Reise beneideten, nach Kräften dazu bei, ihm das Leben auf dem engen Raum zu vergällen. Offene Angriffe vermochte er abzuwehren, doch gegen heimtückische Intrigen, die Hauptwaffe der Dunkelmänner, war er machtlos, und eben damit versuchte Stürler bei dem holländischen Generalgouverneur in Batavia gegen ihn zu arbeiten. Der Leibarzt des Generalgouverneurs, ein ehemaliger Würzburger Student schrieb seinem früheren Kommilitonen am 28. Juni 1827: »Unaufhörlich fragt er um Satisfaktion über Dein gewalttätiges und widersetzliches Betragen gegen ihn ... und dies wohl gar vor einem Kriegsgericht, mit einem Wort, er sucht Dich zu Grunde zu richten, will Dich immer zurückgerufen wissen, um Dich vor einen kompetenten Richter zu stellen, so daß Du noch eine harte Nuß wirst aufzubeißen haben, wenn nicht der alte Stürler vor der Zeit hinüber zu den Vätern geht, wozu bei seinem zähen Leben jedoch wenig Aussicht ist.«

Zu Siebolds Glück ereilte das Schicksal seinen Hauptwidersacher eher als erwartet. Stürler hatte sich wegen seiner anmaßenden Amtsführung bei den japanischen Beamten unbeliebt gemacht und war vom Statthalter von Nagasaki mit dem Kaiserlichen Bann belegt worden, eine Strafe, die automatisch die Rückberufung zur Folge hatte. Stürlers Nachfolger, Germain Felix Meylan (1785–1831), konnte, so gern er es, wie seine Meldungen an den Generalgouverneur zeigen, auch gewollt hätte, an der von Stürler bewirkten negativen Beurteilung Siebolds wenig ändern. So meldete sein Gewährsmann aus Batavia, der Generalgouverneur und der Rat von Indien seien über ihn empört und würden selbst seine wissenschaftlichen Arbeiten angreifen. Diese wären zu kostspielig und brächten zu wenig neue Erkenntnisse. All diese Machenschaften hatten die Entscheidung der Regierung zur Folge, Siebold nach Batavia bzw. in die Niederlande zurückzuberufen, wo er sich der weiteren Auswertung seiner Sammlungen widmen sollte.

Zum Glück hatte sich Siebold in Dejima auf Vorhaben konzentriert, zu deren Erledigung er unbedingt der direkten Hilfe japanischer Freunde bedurfte. Er war mit diesen Arbeiten zu einem gewissen Abschluß gekommen, so daß er trotz Rückberufung Weihnachten 1827 recht optimistisch erklären konnte: »Ich war nie aufgeräumter und zufriedener als jetzt, wo ich

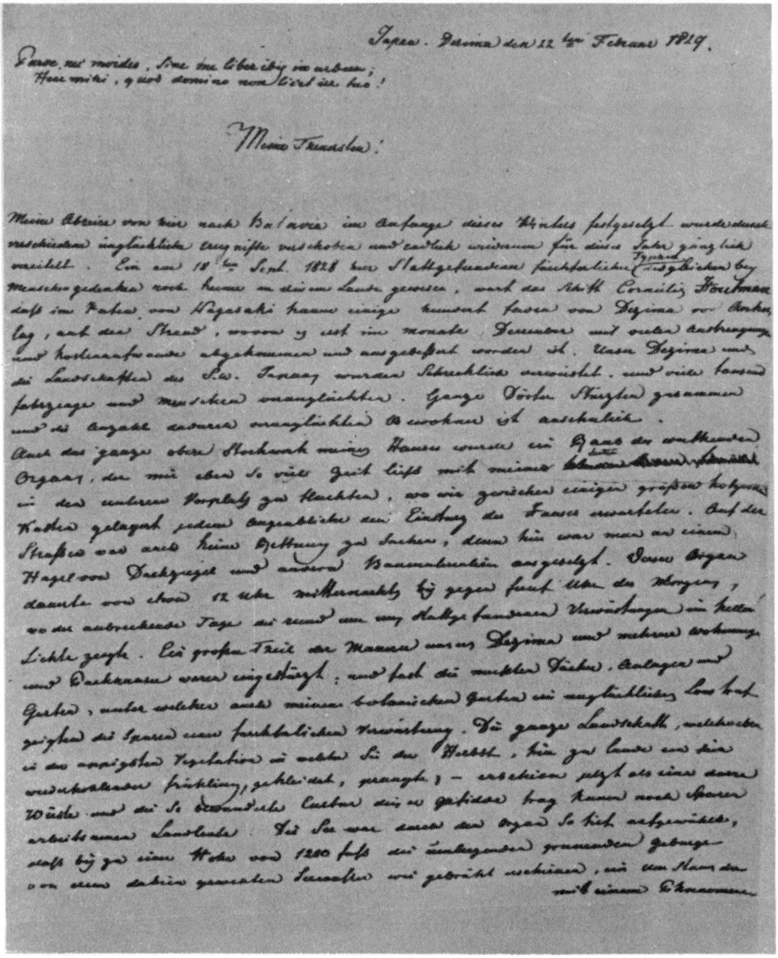

Japan. Dezima den 12ten Februar 1829.

Meine Freundin!

*Bericht über den Taifun vom 18. September 1828*

mich am Ende einer Laufbahn befinde, die ich mit so vieler Anstrengung durchwandert habe; auf deren zurückgelegte Strecke ich mit Stolz zurücksehe – lachend und verachtend einen Haufen Neider, die, so hoch sie gegenwärtig aufschreien, so tief sich verkriechen werden – wenn ich glücklich auf Batavia angekommen die wissenschaftlichen Schätze, die ich hier eingesammelt habe, zur Beurteilung einer Kommission, die ich von der Regierung erbitten werde, vorlegen werde, ein Zeitpunkt – dem ich mit Sehnsucht entgegensehe.«

Die für den Herbst anberaumte Abreise rückte heran. Ein großer Teil der wertvollen Fracht, bestehend aus neunundachtzig Kisten war bereits an Bord gebracht worden, da suchte am 18. September 1828 ein schrecklicher Taifun die südwestlichen Landesteile Japans heim. Ganze Dörfer wurden verwüstet, Tausende Bewohner obdachlos. Auch Dejima blieb nicht verschont. Fast alle Dächer waren zerstört. Siebold mußte sich aus seinem Haus, dessen oberes Stockwerk eingestürzt war, ins Freie flüchten, wo er einem Hagel von Steinen und Ziegeln ausgesetzt war. Als sich nach fünf Stunden das Unwetter legte, bot sich ein Bild des Chaos. Der mit viel Liebe betreute botanische Garten war vernichtet, das vor Anker liegende Schiff, mit dem Siebold nach Java segeln sollte, gestrandet. Zum Glück blieb die Ladung unversehrt, doch die Abreise mußte auf Wochen verschoben werden. Allenfalls gegen Jahresende war damit zu rechnen, daß das Fahrzeug wieder seetüchtig sei.

So konnte Siebold die Arbeit in Dejima fortsetzen und seine persönlichen und schriftlichen Kontakte mit den japanischen Freunden weiter ausbauen.

## Unter Spionageverdacht

Das Unwetter war für Siebold nicht nur seiner schrecklichen Verwüstungen wegen folgenschwer. Unter normalen Umständen hätte er längst das japanische Hoheitsgebiet verlassen gehabt und sich in Batavia der Sichtung seiner Sammlungen gewidmet, als der Statthalter von Nagasaki am 8. Dezember 1828 die dringliche Order erhielt, eine strenge Untersuchung gegen ihn einzuleiten. Was war geschehen?

Zwischen dem Hofastronomen Takahashi, mit dem Siebold in ständigem brieflichen Kontakt stand, und der ihm noch weitere See- und Landkarten zur Verfügung gestellt hatte und Mamiya Rinzō war es zum Zerwürfnis gekommen. Nach Siebolds Vermutung setze Rinzō seine Vorgesetzten über die enge Verbindung der beiden Wissenschaftler, die gegenseitig Geschenke, Dokumente und Informationen wechselten, in Kenntnis. Der

Verdacht eventuellen Landesverrats verdichtete sich, als zur gleichen Zeit eine an Siebold geschickte Kartenkopie von Korea abgefangen wurde. In der nun mit größter Umsicht überprüften Korrespondenz fanden sich höchst bedenkliche Ortsbestimmungen und Meßwerte. Drohte dem Lande die Gefahr einer Verschwörung? Die Vermutung eines möglichen Komplotts wurde durch weitere Faktoren bestärkt. Der vermeintliche Niederländer war ein Deutscher. Warum hatte er bisher seine Herkunft verschleiert?

Als Gegenleistung für Takahashis bereitwillig erteilte Auskünfte hatte ihm Siebold unter anderem die Reiseschilderung des russischen Seeoffiziers Iwan Fjodorowitsch Krusenstern, der sich während seiner ersten Weltumseglung (1803–1806) in japanischen Gewässern aufgehalten hatte, zur Verfügung gestellt. War der Deutsche ein Spion im Dienste des Zaren? Schon früher bekannte, aber bisher kaum beachtete Details wuchsen sich unter dem Druck des Argwohns zu wahren Unheilvisionen aus. Natürlich war Siebold nicht der erste Reisende, der sich zur Vertiefung seiner Forschungen möglichst viel Kartenmaterial und andere Dokumente zu beschaffen suchte. Sie alle, Krusenstern, Kaempfer, Langsdorff und Thunberg hatten bereits früher mit mehr oder weniger großem Erfolg versucht, derartige »Souvenirs« in ihrem Reisegepäck zu verbergen.

Wie sein Schwager Karl von Gagern mitteilte, schloß der sehr mißtrauische Siebold nicht aus, daß sogar der auf seinen Erfolg neiderfüllte Faktoreidirektor van Stürler, der ihn beim Generalgouverneur und dem Statthalter von Nagasaki in schlechtes Licht gesetzt hatte, bei der Denunziation mitgewirkt haben könnte. Offiziell zog es Siebold auch viele Jahre später vor, sich mit Andeutungen zu begnügen. So schrieb er in »Nippon«: »Die Berücksichtigung gewisser Personen und Verhältnisse erlaubt es uns jetzt noch nicht, den Schleier, womit wir diesen traurigen Vorfall seit mehr als 20 Jahren bedeckt haben, zu heben.«

Sofort nach Bekanntwerden der Affäre waren der Hofastronom Takahashi als Hauptverdächtiger, der Kartenkopist sowie weitere Argwohn erregende Personen inhaftiert und die Ermittlungen gegen Siebold eingeleitet worden. In Nagasaki hatten die Sicherheitsorgane einen als Unterdolmetscher in der Faktorei beschäftigten Japaner, der sich als Mittelsmann betätigt hatte, in Haft genommen. Gegen die Versicherung als »Kronzeuge« auszusagen, wurde ihm Strafmilderung oder gar -erlaß in Aussicht gestellt. Er sollte dafür möglichst beweiskräftiges Belastungsmaterial herbeischaffen.

Am 16. Dezember trat er, wie Siebold vermerkt, seinen üblichen Dienst an: »Mein gelehrter Freund Josiwo (Yoshio) Tsujiro, Unterdolmetscher bei der Faktorei Dezima, kommt, wie gewöhnlich, vormittags zu mir, um bei Übersetzungen aus japanischen Büchern behilflich zu sein. Heute begann er einige handschriftliche Mitteilungen über Jezo (Ezo) und die Kurilen, welche mir der verdienstliche japanische Reisende Mogami Tokunai zu Jedo (Edo) mitgeteilt hatte, frei aus dem Japanischen in die holländische Sprache zu diktieren. Er war jedoch dabei sehr zerstreut und schien mir sehr übel aufgelegt zu sein, was mir so sehr auffiehl, daß ich ihn über die Ursache seines ungewöhnlichen Mißmuts fragte. Ich hatte ihm das Versprechen gegeben, ihm, wenn ich Japan verlassen würde, meinen Taschenchronometer zum Andenken zu geben; da nun unsere Abreise nahe war und ich mein Versprechen noch nicht erfüllt hatte, glaubte ich darin den Grund seines Unwillen zu erkennen und sagte ihm freundlich, indem ich die Lade meines Schreibtisches öffnete: ›Sehen Sie, da liegt Ihr Chronometer, Sie müssen mir ihn, da ich noch keine gute Uhr habe, noch ein paar Tage lassen.‹

Meine freundlichen Worte machten auf ihn sichtbar einen rührenden Eindruck, und es ging in seiner Seele eine bemerkenswerte Erschütterung, ein Kampf mit sich selbst vor – und nach diesem Stillschweigen warf er das Buch, welches er auf dem Stuhle zurückgelehnt vor sich hielt, auf den Schreibtisch hin und sprang auf mit den Worten: ›Jetzt werde ich der schlechteste Japaner, der seinem Kaiser dient‹. Und ich erwiderte ganz ruhig: ›Und ich glaube, Sie sind verrückt geworden‹; ›Nein‹, war seine Antwort, die er bestimmt und mit Ernst aussprach, und nach einer Pause sagte er: ›Die Sache mit den Karten ist verraten, ich komme soeben – nachdem ich den Bluteid geleistet – vom Stadthause, wohin mich der Gouverneur rufen ließ. Man kennt den ganzen Vorgang, weiß, welchen Anteil ich dabei habe, daß ich Ihr Vertreter und der Freund des Hofastronomen Takahashi Sakusajemon (Sakusa'emon) bin. Ich wurde verhaftet und nur nach geleistetem Eid entlassen, um wenigstens die Karten, die ich Ihnen selbst von Jedo (Edo) mitgebracht habe, herbeizubringen und auszukundschaften, ob und wo Sie die übrigen Karten und andere verbotene Stücke und dergleichen bewahrt hätten. Ich hatte selbst den Auftrag, einige verbotene Bücher, die als gravierende Beweismittel hätten dienen können, mitzubringen.‹ Dies war eine wichtige Enthüllung, und kein Augenblick zur Rettung meiner Freunde und meiner literarischen Schätze zu verlieren. Wir beschlossen, um Zeit zu gewinnen, daß Tsujiro nachmittags einige der japanischen Karten, die ich in duplo besaß, dem Gouverneur einstweilen überbringen und versprechen solle, morgen auch vielleicht der übrigen Karten habhaft zu werden. Zugleich versprach ich ihm am folgenden Tage auch die große Karte von Jezo (Ezo) und Sachalin, worauf man besonderen Wert zu legen schien, und die mir Tsujiro selbst vom Hofastronomen Takahashi überbracht hatte, verabfolgen zu lassen. Er meinte, daß alsdann eine weitere Untersuchung unterbleiben würde.

Mittlerweile trat mein treuer Begleiter auf allen meinen Exkursionen in der Umgebung von Nagasaki und mein intimster Vertrauter Inabe Isiguro ins Zimmer. Vor ihm gab es kein Geheimnis. Der Vorfall überraschte ihn nicht weniger als uns, und ihm drohte die gleiche Gefahr. Er war tief erschüttert und zu Tränen gerührt, der wackere gutmütige Mann. Ich versprach beiden, selbst unter Aufopferung meines eigenen Lebens, für ihre Rettung das Möglichste zu tun, und gebot Vorsicht und Verschwiegenheit. Sie gingen, und nun war ich allein; denn ich wagte augenblicklich nicht, den Vorfall, dessen Folgen nicht zu berechnen waren, irgend einem meiner europäischen Bekannten anzuvertrauen, noch weniger eine Anzeige davon beim Direktor der Faktorei zu machen. Die dringendste Aufgabe war jetzt, die Karte von Jezo (Ezo) und den Kurilen, unstreitig das wertvollste geographische Dokument, welches ich von dem Hofastronomen erhalten hatte, für die Wissenschaft zu retten. Nachmittags schloß ich mich in mein Arbeitszimmer ein und vollendete, ununterbrochen die Nacht hindurch bis zum Morgen arbeitend, eine getreue Kopie dieser Karte nebst Textübersetzung, eine gleich mühsame und anstrengende Arbeit, wie ich sie nie in so kurzer Zeit zustande gebracht habe, eine glücklich gelungene Probe von festem Willen und zäher Ausdauer. In reger Tätigkeit war eine Nacht zugebracht, die unter den obwaltenden Umständen doch nur eine schlaflose, eine sorgen- und kummervolle gewesen wäre.

Am nächsten Tage, dem 17. Dezember, kam Tsurijo gegen

10 Uhr und sagte, daß er die Karte abgegeben habe und angehalten worden sei, auch die Karte von Jezo (Ezo), die er mir von Jedo (Edo) mitgebracht, unverzüglich abzuliefern, und daß man am nächsten Morgen eine Haussuchung bei mir vornehmen werde; er riet mir zugleich, ich solle retten, was ich könne. Er vertraute mir auch an, daß er nun seiner Verhaftung entgegensehe. Ich übergab ihm die Originalkarte, und er verließ mich tief ergriffen. Mein Freund Isiguro (Ishiguro) kam nicht, auch kein anderer japanischer Bekannter und keiner meiner Schüler fand sich ein. In einer solch schauderhaften Einsamkeit mußte ich überlegen, was in meiner Lage zu tun wäre. Mein Entschluß war kurz: Alles, was zu meiner Beschreibung vom Reiche Nippon unumgänglich nötig war, wie Handschriften, Karten und Bücher, wollte ich in eine große Blechkiste verpacken und so gut wie möglich verbergen, und zugleich dem Direktor der Faktorei, Herrn G. F. Meylan, über den Vorfall berichten. Mit der Kopie der Karte von Jezo (Ezo) begab ich mich zu diesem und eröffnete ihm, was mir am folgenden Tage bevorstand. Zugleich überreichte ich ihm die Karte, in einer Rolle versiegelt, mit der Bitte, dieses wertvolle Dokument in das Archiv der Faktorei niederzulegen, sowohl um es zu retten, als auch im Notfalle den Beweis zu liefern, daß meine Handlungsweise durch die Wichtigkeit der gemachten geographischen Entdeckung zu entschuldigen war.« Meylan nahm die Karte entgegen, ließ aber keinen Zweifel daran, daß der Vorfall den niederländischen Behörden äußerst ungelegen war, und daß er kaum etwas zum Schutze Siebolds unternehmen könne. Ungeachtet der großen persönlichen Gefahr, die er offensichtlich noch nicht so recht einschätzen konnte, war Siebold beruhigt, daß er den Hauptteil seiner Arbeit in den Kisten verpackt an Bord der »Cornelius Houtman« vor dem zu erwartenden Zugriff in Sicherheit wußte.

Wie angekündigt, nahmen am 18. Dezember drei von dreißig Polizisten begleitete Offiziere die Haussuchung vor. Derartige Kontrollen erfolgten noch mehrmals. Dabei hatte sich Siebold eine gewisse taktische Routine angeeignet. Um die Kontrolleure nicht zu erzürnen und ihnen ein Erfolgserlebnis zu verschaffen, richtete er es so ein, daß ihnen mehr oder weniger belanglose Dinge in die Hände fielen, die auch für die Harmlosigkeit seiner Handlungsweise zeugen sollten.

Am 28. Januar erhielt Siebold den Bescheid, daß er unter

strengem Hausarrest stehe und das Land nicht verlassen dürfe. Wiederholt wurde er dem Statthalter von Nagasaki zum Verhör vorgeführt, dabei sollte er vor allem die Namen all jener Japaner nennen, die ihm bei seiner Arbeit behilflich gewesen waren. »Doch diese Angabe meiner Freunde«, schrieb Siebold am 20. 2. 1829 seiner Mutter, »welche mir oft ganz anspruchslos so viele große Dienste seit meinem Hiersein geleistet haben, blieb bis heute in mir verschlossen und wird es bleiben.«

Die Zahl der Verhafteten war ständig gewachsen und umfaßte nahezu alle Kontaktpersonen Siebolds. Die Gelehrten, mit denen er gesprochen und korrespondiert hatte, ebenso wie die treuen Gehilfen und das Dienstpersonal. Sie alle versuchte Siebold nach Kräften zu entlasten, wußte er doch, daß vielen von ihnen die Todesstrafe drohte.

Die niederländischen Behörden taten nichts, um seine schwierige Lage zu erleichtern. Im Gegenteil, der Faktoreidirektor verschärfte noch den gegen ihn erhobenen Hausarrest, um so seine Distanz zu dem Vorfall zu bekunden. Zu seiner »Entlastung« richtete er am 8. Februar an den Gouverneur von Nagasaki folgendes Schreiben: »Der Unterzeichnete nimmt sich die Freiheit, zur Kenntnis zu bringen, daß er zu seinem großen Mißvergnügen aus den bisher gegen Dr. von Siebold geführten Untersuchungen entnehmen muß, daß dieser sich in einen unerlaubten Briefwechsel sowie andere Sachen eingelassen hat, die gegen die japanischen Gesetze verstoßen.

Die hohe Regierung in Batavia hat Dr. von Siebold, einen hochgelehrten Mann, gesandt, um die Japaner, die es wünschen, in den Wissenschaften, vornehmlich in der Heil-, Kräuter-, Erd- und Sternkunde zu unterweisen, wovon der Opperhoofd de Stürler den Gouverneur von Nagasaki seinerzeit schriftlich benachrichtigte. Aber das hat die hohe Regierung nicht gewollt, daß Dr. von Siebold etwas unternimmt, wodurch der Verdacht der japanischen Regierung geweckt werden könne. Außerdem fühlt der Unterzeichnete sich verpflichtet, Euer Wohledlen die bündige Versicherung zu geben, daß, obwohl er davon überzeugt ist, daß Dr. von Siebold sich nur durch seine Liebe zu den Wissenschaften hat fortreißen lassen, die hohe Regierung in Batavia dies keineswegs gutheißt und Dr. von Siebold zur Verantwortung gezogen werden wird.«

Einen Tag später schrieb Siebold: »Gestern abend wurde der Unterzeichnete auf Veranlassung Euer Wohledlen erneut durch den Opperhoofd aufgefordert, die Namen der Personen zu nennen, die ihm behilflich waren, seinen Briefwechsel sowie andere Sendungen zu besorgen. Ich erkenne mehr und mehr, welchen Wert Euer Wohledlen der an sich gerechten Forderung beilegen. Dennoch fühle ich mich verpflichtet, diese Namen nicht zu nennen, um ihre Träger nicht ins Unglück zu stürzen, die allein auf meine Bitten und um mir und meinem Wissensdurst zu dienen, bereit waren zu Untersuchungen, Mitteilungen und Handlungen, die nun die höchste Unzufriedenheit ihrer Regierung erregen und wofür sie bestraft werden sollen, ich wiederhole: von Menschen, die ohne zu wissen, was sie taten, mir Dienste geleistet haben und nun ins Verderben geraten sollen. Ich kann Euer Wohledlen nicht verhehlen, daß mich das Schicksal meiner Helfer, das sie früher oder später erwartet, mit höchster Sorge erfüllt. Ich kann deshalb nicht wankelmütig werden in meiner Pflicht, die ich ihnen vor meinem Gewissen schuldig bin, so sehr ich dabei befürchte, Euer Wohledlen, zu verletzen. Ich hoffe jedoch, daß noch nicht alles verloren ist, die Sache zu befrieden und den vielen Menschen ein trauriges Los zu ersparen. Ist von einer Schuld die Rede, so trage ich sie allein und stehe mit meiner Person Euer Wohledlen voll und ganz zur Verfügung.« Siebolds entschlossene, mutige Haltung blieb nicht ohne Wirkung. Die Weigerung, Namen zu nennen, und seine Bereitschaft, die Schuld für alle etwaigen aus seinem Wirken für Japan entstehenden Nachteile auf sich zu nehmen und lebenslang unter allen ihm auferlegten Bedingungen im Lande zu bleiben, nötigte auch seinen Gegnern Achtung ab. Siebold stellte sogar den Antrag auf Einbürgerung, so daß die japanischen Gesetze mit aller Strenge für ihn wirksam geworden wären.

Abgesehen von der Hilfe seiner japanischen Frau Sonogi, die mit ihrem Töchterchen Oine zu ihm stand, und weniger holländischer Freunde, deren Sympathie ihm moralischen Halt gab, fühlte er sich in seinem Schicksal allein gelassen. Nach Bekanntwerden der Anklage, vor allem aber nach Verbreitung einer Pressemeldung Anfang Dezember 1829, nach der er zu lebenslanger Haft verurteilt worden sei, hatte seine Mutter große Aktivität zu seiner Rettung entwickelt. Sei bat den König von Bayern, für seine Befreiung zu intervenieren und richtete auch an den Großherzog von Hessen, bei dem ihre Schwägerin, Josepha von Siebold in hohem Ansehen stand, ein Hilfegesuch.

König Ludwig I. von Bayern unterbreitete dem Gesandten der Niederlande eine entsprechende Stellungsnahme und ersuchte auch über den bayrischen Gesandten in London, die britische Regierung in die Angelegenheit einzuschalten. Doch die Mühlen der Diplomatie mahlten langsam, viel zu langsam, um Siebold zu helfen. Als noch allerlei Noten gewechselt wurden, befand er sich bereits auf der Heimreise. –

Man hatte sich in Japan allmählich auch wieder seiner großen Leistungen für die japanische Wissenschaft erinnert und nicht ausgeschlossen, daß er subjektiv ehrlich, nur in ihrem Dienste gehandelt haben könnte. Einflußreiche Persönlichkeiten, die sich zunächst zurückgezogen hatten, versuchten seine Lage zu erleichtern.

Ab Juni 1829 zeichneten sich Anzeichen einer Lockerung ab. Siebold durfte wieder das Haus verlassen und sich auf Dejima frei bewegen. Auch einige Freunde und Schüler wurden aus der Haft entlassen. Für manche, wie den Hofastronomen Takahashi aber kam diese Wende zu spät, sie waren an den Haftfolgen verstorben.

Nach monatelangem Untersuchungsverfahren wurde am 22. Oktober 1829 für Siebold das Urteil gefällt. Er wurde für ewig aus Japan verbannt und mußte bei der nächsten Gelegenheit das Land verlassen. Alle verdächtigen Manuskripte und Gegenstände wurden beschlagnahmt. Erneut riskierten er und eine Reihe Helfer Kopf und Kragen, um die wichtigsten Stücke seiner noch auf Dejima befindlichen ethnologischen Sammlung, Bücher und Manuskripte zu retten. Der Abschied von Frau und Kind fiel besonders schwer. Freunde versicherten ihm, sich um sie zu kümmern. Siebold händigte Heinrich Bürger und dem Maler de Villeneuve all seine Ersparnisse aus, um den Lebensunterhalt der Zurückbleibenden zu sichern.

An Bord einer niederländischen Fregatte begab sich Siebold am 30. Dezember auf dem Weg nach Batavia. Heimlich ging er unweit des Dorfes Kosedo nochmals an Land, um von den treuesten Freunden, die ihm schworen, auch weiterhin seine Arbeit zu unterstützen, Abschied zu nehmen. Nach etwa vierwöchiger Segelfahrt traf er am 28. Januar 1830 in Batavia ein und meldete sich unverzüglich bei Generalgouverneur Jan van den Bosch (1780–1844), um sein Handeln und Verhalten zu rechtfertigen.

Zu seiner Erleichterung war trotz all der mißlichen Umstände

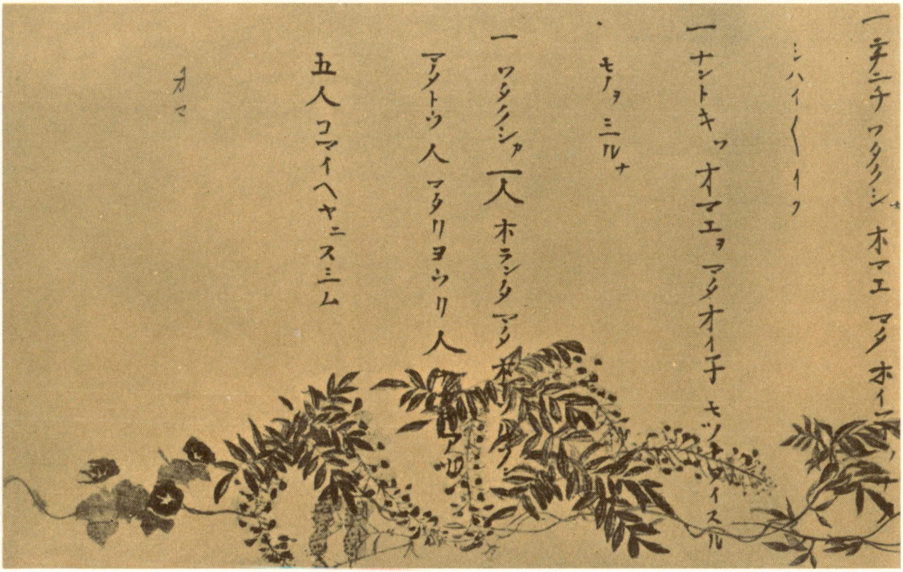

*Brief Siebolds an Sonogi*

alles für die Weiterführung der Forschungen wichtige Material erhalten geblieben. Um Rechenschaft für die dafür verwendeten staatlichen Mittel zu geben, legte er der niederländischen Regierung einen detaillierten Bericht über seine Sammlungen vor. Diese enthielt 200 Säugetiere, 900 Vögel, 750 Fische, 170 Reptilien, über 5000 Wirbellose sowie mehr als 1200 verschiedene Pflanzenarten und 12000 Herbariumspräparate (einschließlich Dubletten). Das wirtschaftlich zweifellos wichtigste Ergebnis seiner Reise war die Sendung von keimfähigen Teesamen. Mit Genugtuung konnte Siebold das Resultat seiner Bemühungen, eine bereits viel tausend Teesträucher zählende Plantage betrachten.

Um seine durch die Strapazen und Aufregungen stark beeinträchtigte Gesundheit wieder herzustellen, wollte er so bald wie möglich nach Europa weiterreisen. Er verließ Java am 5. März 1830 und traf am 7. Juli nach achtjähriger Abwesenheit im Hafen von Vlissingen, ausgangs der Westernschelde ein.

# Ein großes Werk entsteht

Der ihm von der niederländischen Regierung bereitete ehrenvolle Empfang war zwar keine Entschädigung für sein Schicksal, aber doch wenigstens eine gewissen Genugtuung. Vor allem gewährte ihm König Wilhelm I. unbegrenzten Urlaub zum Ordnen der Sammlung, zur Weiterführung seiner Forschungen und Veröffentlichung der Ergebnisse, eine Aufgabe, die ihm bereits der Generalgouverneur in Batavia im Auftrage der Batavischen Gesellschaft für Künste und Wissenschaften übertragen hatte. Zum Glück waren alle neunundachtzig Kisten, die er noch vor der Verhaftung in Nagasaki versandfertig gemacht hatte, wohlbehalten angekommen und im Museum für Naturgeschichte zu Leiden untergebracht worden. Er selbst hatte nochmals hundertzwanzig Kisten mitgebracht, leider aber war ein Großteil der Pflanzen ein Opfer der langen Reise geworden. Alles in allem erwiesen sich nur noch 260 Pflanzen als lebensfähig, darunter die empfindliche und wertvolle Sedum-Pflanze aus der Gattung der fleischigen Dickblattgewächse, die er wie seinen Augapfel behütet hatte. Unerwartete neue Probleme verzögerten den Beginn der Arbeiten. Unruhige Zeiten, deren Ursachen bis zum Ausgang des 18. Jahrhunderts zurückreichten, gefährdeten erneut die wertvollen Sammlungen und machten zunächst ein ungestörtes Forschen unmöglich.

Im Rahmen der nach der Niederlage Napoleons auf dem Wiener Kongreß (1815) angestrebten territorialen Neugestaltung Europas war es zur Bildung eines Königreichs der Niederlande gekommen, das unter dem Hause Oranien die Niederlande, Belgien und das zum Deutschen Bunde gehörende Großherzogtum Luxemburg vereinte. Dieses, aus konterrevolutionär-antifranzösischen Bestrebungen geschaffene heterogene Gebilde erwies sich als nicht lebensfähig. Der unaufhaltsame Verfall wurde durch die reaktionäre Politik König Wilhelm I. noch beschleunigt. Im Jahre 1830, dem Zeitpunkt von Siebolds Rückkehr, überstürzten sich die Ereignisse: Beeinflußt von der französischen Julirevolution brachen am 25. August in Brüssel und davon ausgehend in Wallonien und Flandern Aufstände gegen die niederländische Herrschaft aus, in deren Folge die Unabhängigkeit Belgiens proklamiert wurde. Frankreich, Rußland, aber auch die ehemaligen »Bundesgenossen« England, Österreich und Preußen, die wenige Jahre zuvor die »Vereinigten Niederlande« aus der Taufe gehoben hatten, besiegelten nun die Existenz des selbständigen Königreichs Belgien. In der nordbelgischen Provinzstadt Antwerpen aber lagen ein Großteil der Sieboldschen Manuskripte und ethnologische Objekte, in Brüssel und dem flandrischen Gent ein Teil seiner naturhistorischen Sammlungen. Die Lage schien hoffnungslos. Siebold mußte fürchten, das sorgsam zusammengetragene und mit vieler Mühe gerettete Material, die Grundlage zu seinem Lebenswerk, zu verlieren. Wohl unter dem Eindruck dieser, aus dem aktuell-politischen Geschehen abgeleiteten, für ihn höchst unliebsamen persönlichen Auswirkungen hegte er wenig Sympathien für die »Aufrührer«.

Mit der Unterstützung des Unterrichtsministeriums gelang es ihm schließlich, das wertvolle Material aus den »abgefallenen« Gebieten nach Holland zu holen. Ein recht aufregendes und auch Kräfte zehrendes Unternehmen. Gerettet hatte er alles, ausgenommen die inzwischen im Botanischen Garten von Gent eingesetzten Pflanzen.

Das bisher in Gent angesiedelte, von dem ehemaligen Direktor des Buitenzorger Botanischen Gartens Karl Ludwig Blume geleitete Reichsherbarium wurde nach Leiden verlegt. Die sich hier bietenden günstigen Arbeitsbedingungen veranlaßten Siebold, in dem Mekka der Naturwissenschaften seinen Wohnsitz zu nehmen. Von der Möglichkeit, an der Universität einem akademischen Brotberuf nachzugehen, hielt er jedoch, so gern es die Verwandten auch gesehen hätten, wie er die Mutter wissen ließ, sehr wenig: »Sie irren sehr, wenn Sie denken, daß ich Lust hegte, ein Professor zu werden. Das wäre in meiner Karriere vom Pferd auf den Esel gestiegen. Warum mich ohne Not mit fremden Arbeiten überladen, da ich zehn Jahre lang zu tun habe, um meine Werke über Japan auszugeben. Warum als ein Sklave der Zeit mich an einen Hörsaal schmieden und tauben Ohren als ein alter Schulfuchs predigen – da ich frei, ganz nach Willkür leben kann.«

Seine neben dem neugegründeten Jardin d'Acclimation gelegene Villa wurde zu einem Mittelpunkt des wissenschaftlichen Lebens. Hier fanden seine reichen, systematisch geordneten Sammlungen, die er durch Aufkäufe erweiterte, Aufstellung und wurden der Allgemeinheit zugänglich. Hier wurde die Herausgabe seiner fundamentalen Japan-Werke, der Flora und

NIPPON.

ARCHIV ZUR BESCHREIBUNG

VON

JAPAN

UND DESSEN NEBEN- UND SCHUTZLÄNDERN:

JEZO MIT DEN SÜDLICHEN KURILEN, KRAFTO,
KOORAÏ UND DEN LIUKIU-INSELN,

nach japanischen und europäischen Schriften und eigenen Beobachtungen

BEARBEITET VON

PH. FR. VON SIEBOLD,

DIRIGIRENDER SANITÄTS OFFICIER BEI DEM K. HEERE IM NIEDERLÆNDISCHEN INDIEN, RITTER
DES NIEDERLÆNDISCHEN LŒWEN-ORDENS UND DES K. CIVILVERDIENST-
ORDENS DER BAYERISCHEN KRONE.

ERSTER BAND: ABTHEILUNG I.

MATHEMATISCHE UND PHYSISCHE GEOGRAPHIE VOM REICHE
JAPAN.

LEYDEN,

BEI DEM VERFASSER.

1852.

*»Nippon«, das Hauptwerk Philipp Franz von Siebolds*

Fauna Japonica, der Atlas des Japanischen Reiches, vor allem aber sein Hauptwerk »Nippon« vorbereitet. Die Arbeit daran machte Fortschritte.

Nachdem Siebold bereits in einer Reihe von Zeitschriftenaufsätzen auf das in Vorbereitung befindliche Werk hingewiesen und das Interesse der Fachwelt geweckt hatte, erschienen gegen Jahresende 1832 die ersten beiden Lieferungen mit der Einleitung und einem Teil des Kapitels »Mathematische und physische Geographie von Japan«. Siebold widmete das Werk seinem Förderer, dem ehemaligen Generalgouverneur van der Capellen, der jetzt als Kurator an der Universität Utrecht wirkte.

In der Einleitung würdigt Siebold vor allem die »ungewöhnlichen Begünstigungen von seiten (der) japanischen Gelehrten«, die es ihm erst ermöglicht hatten, das umfangreiche Material seiner Sammlungen und die schriftlichen Dokumente zusammenzutragen.

Der inzwischen nach Breslau gesiedelte Nees von Esenbeck schrieb nach Erhalt der Dedikationsexemplare: »Durch die beiden ersten Hefte Ihres herrlichen Nippon, die ich eben erhalte, haben Sie mich sehr beglückt, und ich eile, Ihnen dafür meinen wärmsten Dank zu sagen. Es ist eine höchst merkwürdige Erscheinung in unserer Literatur, die lebhafte Teilnahme finden wird, und die elegante, geschmackvolle und höchst sinnige Ausstattung trägt das ihrige dazu bei, das Interesse des Gegenstandes zu erhöhen«.

Siebold hatte dem Werk folgende umfangreiche Gliederung zugrunde gelegt:

I. Mathematische und physische Geographie von Japan mit einem Atlas geographischer, hydrographischer und geologischer Karten, Pläne, Ansichten und Übersichtstafeln.

II. Volk und Staat: Beschreibung der Bewohner von Japan, ihrer Sitten und Gebräuche, Staatsverfassung und Verwaltung. Mit Bildnissen, Abbildungen der Trachten, der Feste und Feierbräuche, der Waffen und Wappen.

III. Beiträge zur Geschichte von Japan: Mythologie, Geschichte, Archäologie und Numismatik mit chronologischen Karten, Abbildungen merkwürdiger Gegenstände und Tabellen.

IV. Künste und Wissenschaften, besonders Sprache und Literatur von Japan, durch Proben aus originalen Schriften, durch Zeichnungen und Kunstwerke erläutert.

V. Religion: Beschreibung der Gottheiten, der vergötterten Regenten, der Tempel und Klöster, Priester, Mönche und Nonnen, von gottesdienstlichen Denkmälern, Geräten und Trachten aus dem Shintoismus und Buddhismus auf Japan.
VI. Landwirtschaft, Industrie und Handel mit Beschreibung der darauf bezüglichen Naturerzeugnisse und Abbildungen ökonomischer Gewächse, nützlicher Tiere, Maschinen und Geräte.
VII. Neben- und Schutzländer von Japan: Ezo mit den südlichen Kurilen, Karafuto, Korea und die Ryūkyū-Inseln. Beiträge zur Land- und Völkerkunde, größtenteils nach Originalhandschriften japanischer Reisenden.
VIII. Auszüge in Übersetzung oder im Originaltext alter und wenig bekannter Schriftsteller über Japan, nebst Erläuterungen und Abbildungen.
IX. Vermischte Aufsätze, Ankündigungen, Neuigkeiten, Erzählungen.

Diese umfassende Konzeption, die historische, wirtschaftliche und kulturelle Fragen ebenso einschloß wie vor allem völkerkundliche und geographische Belange, war Grundlage eines geradezu gigantischen Unternehmens. Sie zeugte aber auch von der Reichhaltigkeit der Sieboldschen Sammlungen, denn er hatte seine Gliederung nicht rein theoretisch, sondern unter Berücksichtigung des ihm zur Verfügung stehenden Materials angelegt. Bereiche, die er nicht zu seinem Sammelgebiet zählte, nahm er nicht in die Konzeption auf, sein Werk sollte nicht aus Sekundärquellen, sondern aus eigenem Erleben und Forschen gespeist werden. Siebold war sich bewußt, daß ein so weit gespanntes Vorhaben in mancher Hinsicht der wissenschaftlichen Tiefe entbehren mußte. Er wollte eine Materialgrundlage bieten, die den Wissenschaftlern den Blick für bisher Unbekanntes weiten und zur vertiefenden Forschung anregen sollte: »Bei weitem anlockender möchte es für die neugierige Welt sein und nicht weniger anziehend für Wißbegierige, wenn ich unter dem Titel einer Reise nach Japan den Hauptinhalt meiner vieljährigen Untersuchungen in diesem Lande, verwebt mit eigenen Schicksalen, an denen man einen so allgemeinen Anteil gewonnen hat, bekannt machte. (Siebold hatte vorgesehen, seine Reisebeschreibungen und Tagebücher den Abteilungen I und II einzugliedern.) Auch würde es mir auf diese Weise leichter fallen, durch eine Auswahl meiner Beobachtungen und Entdeckungen die Erwartungen des Publikums zu befriedigen. Die Schreibart jedoch und der Inhalt der Abhandlungen, welche durch mich und meine japanischen Freunde bereits auf Japan bearbeitet wurden, die reichhaltigen Baustoffe, welche in meinen Sammlungen noch zur Bearbeitung vorhanden sind, und die Vorteile, welche es der Wissenschaft gewähren wie auch die Erleichterung, die es bei der Ausarbeitung verschaffen würde, wenn diese mannigfaltigen Gegenstände in zwangloser Ordnung abgehandelt und die Abhandlungen selbst in ihrer ursprünglichen Form oder in willkürlicher Ausdehnung gegeben werden können: diese Gründe zusammen bestimmten mich, meine Beiträge zur Beschreibung von Japan in einzelnen für sich bestehenden Abhandlungen abgefaßt, mit der Aufschrift eines Archivs ans Licht treten zu lassen.

Oft werden bloß Bruchstücke und Skizzen mitgeteilt werden – Abhandlungen, welche in dem unaufgeschmückten Gewande erscheinen, wie sie aus der japanischen Literatur entnommen worden sind oder deren Grenzen sich nur auf Japan, dessen Neben- und Schutzländer erstrecken. Aber eben diese Arbeiten werden unsern Gelehrten und Freunden ethnographischer Wissenschaft ein weites Feld zu tieferen Nachforschungen eröffnen und neuen Stoff zu Vergleichungen liefern. In den Fächern der Linguistik, Mythologie und Archäologie, für Gottesdienst und Geschichte werde ich häufig auf die erwähnte Weise zu Werke gehen müssen; und hier erwarte ich Nachsicht, Mithilfe und Aufklärung, welche ich gleich erkenntlich aufnehmen werde, als ich anspruchslos die Ausbeute meiner Reise unter Sie, die tiefer Eingeweihten, ausspende!«

Da sich angesichts des hohen Preises und des damit verbundenen Absatzrisikos kein Verleger fand, mußte Siebold die Herausgabe des Werkes auf eigene Kosten vornehmen. Diese konnten auch nicht annähernd, wie erhofft, durch eine Subskription vorfinanziert werden. Von dem niederländischen Fiskus, der Siebold bereits einen Vorschuß von zwölftausend Gulden gewährt hatte, war auf Grund der prekären Finanzlage nichts mehr zu erwarten.

Mit Beginn der Veröffentlichung konnte die wissenschaftliche Welt den Reichtum der Erkenntnisse ermessen. Besonderes Aufsehen erregten dabei die geographischen Entdeckungen und Mitteilungen, besonders die von Siebold nach japanischen Originalen erarbeiteten Karten, die ein völlig neues Bild vermittelten. Auch seine Informationen über die Kurilen, Sachalin, Korea und die mehr als tausend Kilometer lange Kette der Ryūkyū-Inseln, waren für Europäer sensationell.

Die mit Hilfe der Philologen vorgelegten sprachwissenschaftlichen Arbeiten bereicherten die japanisch-chinesische Ideographie, ganz zu schweigen von der fundamentalen Bedeutung seiner Angaben über die koreanische Schrift und Sprache, die ja zunächst als töricht abgetan worden waren.

Im Vergleich zu all diesen hervorragenden Leistungen blieben die zuweilen überschätzten Ergebnisse in der Geologie und physischen Geographie bescheidener. Siebold fehlte hierzu nicht nur die notwendige Vorbildung – das war auch auf den meisten anderen Gebieten nicht oder nur bedingt der Fall – sondern es hatte ihm der erforderlichen Bewegungsfreiheit und moderner Meßinstrumente ermangelt.

Mit Bekanntwerden der Verdienste häuften sich die Ehrungen. König Wilhelm I. verlieh Siebold hohe Orden, beförderte ihn zum Oberstabsarzt beim Niederländisch-Indischen Heer und benannte ihn, um seine großen Erfahrungen und Erkenntnisse möglichst auch dem Staatsinteresse nutzbar zu machen, zum Berater des Kolonialministeriums in allen Japan betreffenden Fragen. Auch eine Reihe europäischer wissenschaftlicher Gesellschaften rechneten es sich zur Ehre an, den bedeutenden Siebold in ihren Reihen zu wissen. Die philosophische Fakultät der heimatlichen Julius-Maximilians-Universität erhob ihn 1833 in den Rang eines Ehrendoktors, eine Auszeichnung, über die sich Siebold ganz besonders freute. In der Begründung heißt es: »Die achtungswerten Verdienste, welche Euer Hochwohlgeboren vorzüglich um das Studium der Naturwissenschaften und Geschichte sich erwarben; Ihr edler Eifer im rastlosen Forschen, der kräftige Mut, womit Sie jedem Hindernisse trotzten, um im hehren Reiche des Wissens immer weiter vorzudringen; die patriotisch-gütige Gesinnung, welche Euer Hochwohlgeboren gegen die, der unvergeßlich teuren von Siebold'schen Familie mit Dank und Liebe ergebenen Alma Julia beweisen; – alles dies hat die Gefühle hoher Achtung und Verehrung der hiesigen Universität erregt.

Um dies öffentlich zu bekunden, übermacht die philosophische Fakultät der hiesigen Hochschule Euer Hochwohlgeboren das anliegende Diplom des philosophischen Doktorats – ganz im Sinne jener tiefen Bedeutung, welche der große Sokrates im Platonischen Phädro ausspricht: – mit patriotischen Gefühle anerkennend Euer Hochwohlgeboren tiefes, auf den Quell des Wissens selbst dringendes Streben, schöne Frucht hat sich aus diesem bereits erzeugt; noch trefflicher und reicher läßt sie sich von der Zukunft erwarten: die kräftigste Förderung wird dem Bereiche des Wissens, unvergängliche Ehre Euer Hochwohlgeboren werden.

Genehmigen Euer Hochwohlgeboren den wiederholten Ausdruck der größten Hochachtung und Verehrung, womit im Gefühle innigster Zuneigung verharret Euer Hochwohlgeboren ergebenste philosophische Fakultät an dahiesigen Königl. Universität«.

Nach zehnjähriger Abwesenheit hatte Siebold im Oktober 1832 erstmals wieder in seiner Heimatstadt geweilt, wo er besonders herzlich begrüßt worden war. Von Würzburg reiste er weiter in die bayrische Metropole, wo er von König Ludwig empfangen und mit einem Orden geehrt wurde.

Mindestens ebenso wichtig wäre für Siebold eine größere Subskriptionsbestellung seiner Werke gewesen, die zwar allgemein gelobt und hoch gewürdigt, aber kaum gekauft wurden. Um das finanzielle Risiko zu mindern, Siebold war gezwungen, die Fortsetzung der Vorhaben nach wie vor auf eigene Kosten zu betreiben, mußte er versuchen, neue Interessenten zu gewinnen. Als Käufer kamen wegen des hohen Preises nur sehr begüterte Kreise in Frage, die die stattlichen Ausgaben auch zu Repräsentationszwecken nutzen konnten, also in erster Linie Potentaten, die sich gern auch den Anschein eines Mäzens gaben. So beschloß Siebold im Sommer 1834 auf Verkaufsreise zu gehen. Um dem für ihn als Wissenschaftler zweifellos demütigenden Unterfangen wenigstens auch für seine Forschungen etwas abzugewinnen, verband er die Fahrt mit dem Besuch von wissenschaftlichen Einrichtungen und Fachgesprächen.

St. Petersburg, die Hauptstadt des russischen Reiches, war das erste Reiseziel. Es ist nicht bekannt, wieviel Exemplare die Beamten des Zaren gnädigerweise zu bestellen geruhten, wesentlicher ist, daß Siebold hier wichtige und neue Kenntnisse erwerben konnte. Der Seeoffizier Iwan Fjodorowitsch Krusenstern, mit dem er zusammentraf, würdigte seine Leistungen und dankte ihm in einem späteren Brief für die Einsichtnahme in ihm bisher unbekannte japanische Karten: »Indem ich Ihnen nochmals Glück wünsche, so wichtige Beiträge zur Kenntnis eines so wenig bekannten und so höchst merkwürdigen Landes wie Japan mitgebracht zu haben, erlauben Sie mir auch bei dieser Gelegenheit, Ihnen meine Bewunderung für die Hingebung und den Mut zu bezeigen, durch welche es Ihnen gelungen ist, mit Gefahr Ihrer Freiheit und vielleicht auch Ihres Lebens Schätze zu erobern, welche nur die Wissenschaft bereichern.«

In St. Petersburg hatte Siebold Gelegenheit, im Archiv der Gesellschaft der Wissenschaften zu arbeiten und mit Mitgliedern der 1724 gegründeten Akademie zu sprechen.

Am 3. Oktober traf er in Moskau ein, wo ihm Zar Nikolaus I. eine längere Audienz gewährte und auch die Bestellung für zehn Nippon-Exemplare in Auftrag geben ließ. Eine unerwartet reiche Ausbeute für den »Geschäftsreisenden«!

Das Angebot, wie viele andere deutsche Wissenschaftler in russische Dienste zu treten, lehnte Siebold jedoch nach einigem Überlegen ab.

Von Moskau, wo er sich einen Monat aufgehalten hatte, kehrte er in die preußische Hauptstadt zurück. Hier machte er die persönliche Bekanntschaft so bedeutender Gelehrter wie Alexander von Humboldt, der seine Arbeiten mit großem Interesse verfolgt hatte, des Mikrogeologen Christian Gottfried Ehrenberg (1795–1876), des Orientalisten Julius Klaproth, der als einstiger Widersacher jetzt die Bedeutung von Siebolds Sprachforschungen anerkannte, und des Geographen Carl Ritter (1779–1859), der ihm die Mitteilung überbrachte, zum Ehrenmitglied der »Gesellschaft für Erdkunde« ernannt worden zu sein.

In Dresden empfing der sächsische Leibarzt Carl Gustav Carus (1789–1869) seinen Kollegen und stellte ihn bei Hofe vor. Der Leiter des Botanischen Gartens der Medizinisch-Chirurgischen Akademie und des Naturalienkabinetts, Heinrich Gottlieb Ludwig Reichenbach (1793–1879) machte den Gast mit seinen Schätzen bekannt. Siebold war aufs höchste überrascht, in den königlichen Kunstsammlungen und dem historisch-ethnographischen Museum eine so große Anzahl seltener japanischer Kunstwerke zu finden.

In Wien, das er über Prag erreichte, wurde er dem greisen Kaiser Franz I. (1768–1835), dem letzten Kaiser des »Heiligen Römischen Reiches Deutscher Nation«, empfangen, der ge-

*Philipp Franz von Siebold, Kreidezeichnung von Joseph Schmeller*

stützt auf den reaktionären Staatskanzler Fürst Metternich (1773–1859), der Siebold sehr gewogen war, ein absolutistisches Polizeiregime führte. Offensichtlich fehlte Siebold, wie seine Charakterisierung des Kaisers zeigt, bei seinem kurzen Besuch in der alten Kaiserstadt der nüchterne Blick für die Realitäten: »Kaiser Franz kam mir vor als ein Familienvater, als ein Patriarch, als ein Heiliger«. Offensichtlich hatte er auf ihn große Hoffnungen gesetzt, denn in seinem Brief an Domkapitular Lotz heißt es weiter: »Hätte ich nur nicht seinen Tod in Wien erleben müssen, ich wäre jetzt in anderen Verhältnissen.«

Franz I. war am 2. März 1835 verstorben, und am 12. Mai weilte Siebold, nachdem er bei einem kurzen Münchenaufenthalt, wo er den Konservator des Botanischen Gartens Joseph Gerhard Zuccarini (1797–1848), seinen späteren Mitarbeiter an der »Flora Japonica« kennengelernt hatte, bereits in Weimar. Hier war der sächsisch-weimarische Kanzler Friedrich von Müller (1779–1849) sein Betreuer. Der enge Vertraute des vor wenigen Jahren (1832) verstorbenen Goethe, dessen Testamentsvollstrecker und Mitherausgeber seines literarischen Nachlasses, dessen »Gesprächen« wir das erste realistische Bild des reifen Goethe danken, führte Siebold in den Weimarer Hof ein.

Müllers Tagebuch vermerkte am 12. 5. 1835: »Siebold langt hier an«, und tags darauf: »Mit Siebold und seinem Begleiter Stauditzky (aus Leiden) in der Blumenausstellung ... Gärtner Fischer von Erfurt war entzückt von Siebolds Bekanntschaft und ich bewunderte seine Präzision und Schnelligkeit in Bezeichnung der Blumenarten und Namen. Mittags mit Siebold am Hof. Vorzeigen der japanischen Hefte, insbesondere des Abbilds der Paulowna Imperialis.«

Siebold hatte zu Ehren der Großherzogin Maria Paulowna (einer Tochter des Zaren Paul und der Zarin Maria Feodorowna), die großes Interesse an Gartenbau und Botanik hatte, eine Blume benannt – nicht zuletzt auch in der Erwartung, durch diese Geste auf eine »huldvolle« Bestellung rechnen zu können. In Weimar entstand von Hand des Künstlers Joseph Schmeller (1796–1841) eines der bekanntesten Porträts Siebolds.

Als er nach kurzem Leipzigbesuch Ende Mai 1835 in die Niederlande zurückkehrte, entsprach die geschäftliche Ausbeute leider nicht den Erwartungen, umso reicher aber waren die Anregungen und Impulse, die er von einer Vielzahl alter und auch neuer Freunde vermittelt bekam. Er hatte derartige Ermunterungen sehr nötig, denn die Schwierigkeiten, die er bereits während der Japanreise erdulden mußte, setzten sich fort. Vor allem aus Kreisen des Kolonialministeriums stand man dem »andersgläubigen« Ausländer distanziert gegenüber. Auch der bereits 1831 in Aussicht gestellte Aufkauf seiner ethnographischen Privatsammlung, die er inzwischen auf eigene Kosten ergänzt hatte, schien plötzlich in Frage gestellt, was Siebold in erhebliche finanzielle Schwierigkeiten brachte.

Sein Entschluß, möglichst bald in die Heimat zurückzukehren, war folgerichtig und die Angabe, er vertrage das kalte, feuchte Klima schlecht, wohl mehr ein Vorwand. Nach dem 1838 doch noch erfolgten Ankauf erklärte Siebold jedoch, er könne »versichern, daß kein Staat in Europa so viel für unsere Wissenschaft getan hat als die Niederlande, selbst in den Tagen ihrer mißlichen Politik und ihrer finanziellen Schwierigkeiten.«

Siebold konnte ein so umfassendes, viele Wissenschaftsdisziplinen einschließendes Unternehmen nicht allein bewältigen. Die im Nippon-Archiv kaum berücksichtigte Tier- und Pflanzenwelt war zwei weiteren Tafelwerken, der »Flora Japonica« und »Fauna Japonica« vorbehalten.

Siebold gewann dafür die Mitarbeit sachkundiger Spezialisten. Die Flora wurde von Joseph Gerhard Zuccarini, den er in München kennengelernt hatte, bearbeitet. Wie viele Naturforscher seiner Zeit hatte er ursprünglich Medizin studiert, doch bereits mit der Absicht, sich später möglichst der Naturwissenschaft zuzuwenden. Geprägt von seinem Lehrer Nees von Esenbeck, widmete er sich seit 1818 ausschließlich botanischen Arbeiten. Seine Spezialgebiete waren die bayerische Flora und die Pflanzensystematik. Nach der Rückkehr der Forscher Karl Friedrich Philipp von Martius (1794–1862) und Johann Baptist Spix (1781–1826) von ihrer Brasilienexpedition (1820) wurde er mit der Sichtung, Bearbeitung und Beschreibung des von ihnen gesammelten Materials beauftragt. Er hatte also auf dem Arbeitsgebiet, das ihn jetzt erwartete, reiche Erfahrungen. Zuccarini war von der mit viel Enthusiasmus und Sachkunde zusammengestellten Sieboldschen Sammlung begeistert: »Der ausgezeichnete Arzt und Naturforscher ... hatte von einem mehrjährigen Aufenthalt in Japan (in den Jahren 1824–1830) Materialien für die Pflanzengeschichte jenes östlichen Landes mitgebracht, die an Ausdehnung und wissenschaftlicher Bedeutung alles weit übertreffen, was früher einem Cleyer, Meister Kämpfer und Thunberg zu Gebote gestanden war. Nicht blos ein reiches Herbarium, sondern auch zahlreiche und genaue, von dem täti-

*Flora Japonica*

gen Reisenden an Ort und Stelle gemachte Aufzeichnungen, dann Notizen aus dem Munde und Sammlungen aus der Hand eingeborner Naturkundigen und 600, meist von japanischen

Künstlern ausgeführte Pflanzenzeichnungen und Farbenbilder verliehen diesem Material, das überdies später noch von Siebold's Nachfolger in der Handelsloge von Nagasaki, Dr. Bürger, vermehrt worden ist, ein seltenes Verdienst.«

Auf der Grundlage des Sieboldschen Materials begründete Zuccarini seine Meisterleistungen der beschreibenden und systematischen Botanik, in denen er von der Sicht und Bestimmung des einzelnen zu einer Übersicht über das Ganze und schließlich zu neuen Erkenntnissen über die japanische Flora führte. Am Entstehen des Werkes, dessen ersten Hefte 1835 erschienen, nahmen auch Ignaz Döllinger und Nees von Esenbeck lebhaften Anteil. Für Detailfragen stand jederzeit Heinrich Bürger, der sich nach Siebolds Abreise um die Wiedererrichtung des botanischen Gartens in Dejima bemühte, zur Verfügung.

Siebold zeichnete nicht nur als Initiator und Herausgeber des Werkes, sondern trug mit eigenen Arbeiten, er widmete sich vor allem der Geschichte, Kultur und Nutzanwendung der Pflanzenwelt, zu seinem Gelingen bei.

Die positive Resonanz war ähnlich wie bei dem »Nippon-Archiv« gleich nach Erscheinen der ersten Hefte groß. Besonders die mathematisch-physikalische Klasse der Bayerischen Akademie der Wissenschaften, die Siebold 1840 zu ihrem korrespondierenden Mitglied ernannte, beschäftigte sich mehrfach mit dem Fortschreiten des Standardwerkes. Bis zum Jahre 1841 lagen zwanzig Hefte vor, mit denen jedoch das gewaltige Vorhaben nicht vollendet werden konnte. Später (1870) widmete sich der Botaniker Friedrich Anton Wilhelm Miquel (1811–1871) mit Unterstützung des Direktors des Botanischen Gartens zu St. Petersburg, Carl Johann Maximowicz (1827–1891) seiner Fortsetzung.

Das von ihm zusammengetragene Material zur japanischen Tierwelt hatte Siebold dem Leidener Reichsmuseum für Naturkunde zur Verfügung gestellt, dessen Direktor Coenrad Jacob Temminck (1778–1858) für die »Fauna Japonica« die Bearbeitung der Landsäugetiere übernahm, während sein späterer Nachfolger, der aus Thüringen stammende Ornithologe Hermann Schlegel (1804–1884) die übrigen Wirbeltiere beschrieb. Der Konservator Willem de Haan (1801–1855) übernahm die wirbellosen Tiere. Insgesamt erschienen von 1833 bis 1850 einundvierzig Lieferungen, in fünf Bänden zusammengefügt.

Für seine Arbeiten standen Siebold noch weitere Helfer zur Seite. Zu philologischen Studien hatte ihn der Chinese Kô'tsing-tang aus Java begleitet, der dem deutschen Philologen Johann Joseph Hoffmann (1805–1878) Intensivunterricht in Japanisch erteilte, so daß dieser bereits nach wenigen Monaten in der Lage war, mitgebrachte japanische Quellenwerke zu übersetzen.

Besonderes Augenmerk wurde auf die Ausstattung und Illustration der Bände gerichtet. So wurden neben dem Zeichner Karl Hubert de Villeneuve, der mit Siebold in Japan geweilt hatte, weitere Künstler wie J. J. Cernet, Francois Desterbecq (geb. 1807), Ludwig Nader (1811–1840) sowie die Lithographen Henri Philippe Heidemans, P. C. Tesch, A. S. Mulder und J. Erxleben verpflichtet.

Die zahlreichen handkolorierten Illustrationen verteuerten die Ausgaben ungemein, so daß Siebold die »Flora« und »Fauna Japonica« ebenso wie das »Nippon-Archiv« auf eigenes Risiko herausgeben mußte. Das erforderte große materielle Opfer. War bereits die deutsche Ausgabe des »Nippon-Archivs« ein Verlustgeschäft, so erwies sich der Versuch, eine holländische Parallelausgabe zu veranstalten, als noch größerer Mißerfolg und mußte bereits nach der ersten Lieferung aufgegeben werden. Seit 1838 erschien eine fünfbändige französische Ausgabe und 1840 wurden Teile der Hofreise auch in russischer Sprache vorgelegt.

Betrachtet man den Preis des Werkes, wird verständlich, daß schwerlich private Einzelbezieher in Frage kommen konnten. So kostete 1854 das auf sechs Bände angewachsene Werk in einfacher Ausführung 187 und mit kolorierten Abbildungen 308 Taler (Der Jahreslohn eines Arbeiters betrug 100 Taler). Ähnlich war die Kostenlage auch bei den anderen Tafelwerken.

Mit dem Verkauf seiner Sammlungen versuchte Siebold die hohen finanziellen Anforderungen zu bewältigen, doch ging es ihm dabei nicht vordergründig um finanzielle Einkünfte. Er hatte vielmehr vor allem die Absicht, ein ethnologisches Museum zu gründen, zu dem er den Grundstock liefern wollte.

Bereits während seines Aufenthalts in der bayerischen Landeshauptstadt hatte er im April 1835 die »Skizze eines Planes zur Errichtung eines ethnographischen Museums« vorgelegt und zu ihrer Begründung ausgeführt: »Es ist ein schöner und gemeinnütziger Plan, eine Sammlung zu begründen, welche

*Abbildung aus der »Fauna Japonica«*

auf vaterländischen Boden das Publikum mit fremden Völkern bekannt macht, deren Gottesdienst, Sitten und Gebräuche anschaulich dargestellt und vom Zustande ihrer Kunst und Wissenschaft, von ihrer Landwirtschaft, ihrem Gewerb- und Kunstfleiß und Handel eine deutliche Vorstellung gibt.«

Wesentlich detaillierter und tiefgründiger war seine im Juli 1837 entwickelte Museumskonzeption in der Denkschrift »Über die Zweckmäßigkeit und den Nutzen eines Ethnographischen Museums in den Niederlanden«: »Unter einem ethnographischen Museum verstehen wir eine wissenschaftliche geordnete Sammlung von Gegenständen aus den verschiedenen Ländern – hier vor allem außereuropäischen – die, sowohl für sich allein als auch in Verbindung gebracht, uns mit dem Volk, von dem sie stammen, näher bekannt machen, die uns ihren Gottesdienst, ihre Sitten und Gebräuche vor Augen stellen, uns ein deutliches Abbild geben von dem Zustand ihrer Künste und Wissenschaften und ihrem Handel ... Das Ziel von einem ethnographischen Museum ist Ausbreitung der Kenntnis von Land und Volk im allgemeinen. In den Niederlanden muß sich eine solche Einrichtung zunächst mit unseren Kolonien und mit den außereuropäischen Ländern befassen, mit denen wir Handel treiben oder auf andere Weise in besondere Beziehungen kommen. Die Verbreitung von einer höchstmöglich sorgfältigen Kenntnis soll hier das nächste, besondere Ziel sein. Eine solche Ausbreitung von geographischen Kenntnissen soll außer Zweifel von höchstem Nutzen sein für ein Land, das seinen Bestand in Handel und Seefahrt findet.«

Da weder das notwendige Geld noch ein geeignetes Gebäude zur Verfügung standen, blieben alle Museumswünsche, und mochten sie noch so gut motiviert sein – wobei es Siebold verstand, auch oder gerade den niederländischen Händler anzusprechen – nur Träume. Soweit es der Platz hergab, richtete er in seiner Wohnung ein kleines, allgemein zugängliches Museum für Länder- und Völkerkunde ein.

Aus den Lebenserinnerungen des Arztes Karl Ewald Hasse, der sich auf einer Bildungsreise in den Niederlanden befand, erhalten wir einen lebendigen Eindruck des Sieboldschen Privatmuseums: »Mehrmals fuhr ich nach dem nahen Leiden. Dort hatte sich der mir von Wien her bekannte Franz von Siebold, ›der Japaner‹, niedergelassen. Er ... hatte in einem geräumigen Hause seine in jener Zeit einzig reiche Sammlung japanischer Gegenstände untergebracht. Alles Geschirr im Hause, ein Teil der verschiedensten Geräte, die Bilder an der Wand etc. war japanischen Ursprungs. Im Garten sah man aus dem Inselreiche übergesiedelte Pflanzen, an einem Baume angekettet saß da ein garstiger bissiger Affe von der einzigen in Japan vorkommenden Art.«

Auch in der Zeitschrift »Flora« wurde 1835 mit großem Respekt von dem für damalige Zeit erst- und einmaligen Bildungserlebnis, das Siebold uneigennützig auf Kosten mancher persönlichen Annehmlichkeit vermittelte, berichtet: »Man sieht sich versetzt in alle Erfindungen, Sitten, Gewohnheiten, in Kunst, Wissenschaft und Industrie eines Volkes, das uns bis jetzt so fremd wie der Mann im Mond war. Von der Toilette der Damen geht man über in die Werkstätte des Handwerkers, von den goldenen Pagoden und Schulen in eine Waffenkammer und damit nichts fehle, sind ganze Straßen in verjüngtem Maßstabe mit ihren Warenbuden, Götzentempeln und Lusthäusern aufgestellt. Sie sind an Ort und Stelle von den Japanern selbst verfertigt worden, was der größte Bürge für ihre Echtheit ist, denn es gibt keine gewissenhafteren Arbeiter und Nachahmer als die Japaner, welches vorzüglich an der Ähnlichkeit von bekannten Portraits zu erkennen ist, die sie kopierten. Wem all diese plastischen Darstellungen nicht genügen sollten, der findet in einer endlosen Reihe von Zeichnungen und Gemälden, was ihm noch zu wünschen bleiben dürfte, Schlachten, Wettrennen, Aufzüge sind auf großen Rollen dargestellt, die sich nach und nach dem Auge entwickeln.

Ein eigener Raum enthält eine japanische Bibliothek, Schul- und Gesetzbücher; mathematische Abhandlungen füllen, größtenteils mit Zeichnungen erläutert, diese Schriften. Ein viertes Zimmer endlich füllt eine Sammlung japanischer Kleidungen, Waffen und Utensilien, die Herr Dr. v. Siebold aus Rußland mitbrachte und die sich wesentlich von jenen der Gegenden unterscheiden, die letzterer Reisende selbst besucht hat. Hier befindet sich auch das Herbarium welches wohl nur Neues enthalten mag ...«

Die Fortführung der drei umfangreichen parallel laufenden Publikationsvorhaben war nicht nur äußerst arbeits- und zeitaufwendig, sie forderte von ihrem Herausgeber ständig wachsende finanzielle Opfer. Für die Herausgabe der Werke mußte Siebold 50 000 Gulden bezahlen. Es war deshalb nur allzu verständlich, daß er versuchen mußte, neben dem Verkauf der Sammlungen mit weiteren Maßnahmen seine wissenschaftlichen und praktischen Anliegen zu sichern. Gemeinsam mit dem ehemaligen Direktor des Botanischen Gartens von Buitenzorg und jetzigen Leiter des Reichsherbariums in Leiden, Karl Ludwig Blume, gründete er den »Aktien-Verein zur Einfuhr von Zier- und Nutzpflanzen aus Japan und Holland und Österreich«. Das von der niederländischen Regierung geförderte Unternehmen konnte sich der Unterstützung der ehemaligen Sieboldschüler in Japan erfreuen. Die von ihnen gesammelten Pflanzen wurden von dem auf Staatskosten nach Dejima entsandten Botaniker J. Pierot sortiert und versandfertig gemacht. Pierot, der den verfallenen botanischen Garten wieder in Stand setzte, war auch für die Lieferung gezielter Wünsche zuständig. Der Zugang an Pflanzen war so groß, daß die Empfänger damit rechnen konnten, daß jedes aus Japan einlaufende niederländische Schiff einige Kisten für sie an Bord hatte. Da sie ermäßigte Frachtbedingungen in Anspruch nehmen konnten, war das Geschäft recht einträglich. Die Nachfrage nach den seltenen Pflanzen war anhaltend groß. Insbesondere Koniferen und Ziersträucher, aber auch Nutzpflanzen fanden den Weg nach Europa.

Der geschäftliche Erfolg führte 1842 zur Gründung einer »Gesellschaft zur Förderung des Gartenbaus durch Einfuhr und Anbau japanischer und ostindischer Pflanzen«, über die König Wilhelm II. die Schirmherrschaft übernahm. Zur Versorgung der großflächigen Sieboldschen Pflanzungen wurde der Gärtner T. W. Calmbach (gest. 1873) in Dienst genommen. Leider wurde das Geschäftsinteresse des »Kompagnons« Blume allzu vordergründig, was das gemeinsame Unternehmen empfindlich störte. Wie Siebold mitteilte, behinderte er die Weiterarbeit an der »Flora Japonica«. So sei er bestrebt gewesen, ihn und Zuccarini »zu entwaffnen und nur kümmerliche Materialien aus dem Reichsmuseum abzugeben«.

Probleme gab es auch mit dem Botanischen Garten von Buitenzorg, den Blume als »Pflanzenlieferanten« auserkoren hatte. Dank der aufopferungsvollen Arbeit von I. E. Teijsmann und Justus Karl Hasskarls war seit Beginn der 30er Jahre eine Wiederbelebung des Gartens festzustellen, dessen weitere Entwicklung jedoch durch Anforderungen des Blume-Sieboldschen Unternehmens empfindlich gestört wurde. Den Generalgouverneur erreichten immer neue Bestellisten von Pflanzen, »die im botanischen Garten befindlich, möglichst rasch zur Anpflanzung nach Holland abgeschickt werden sollten«. So nützlich der Pflanzenversand für die europäischen Länder auch sein mochte, darf man nicht die Auswirkungen auf den Buitenzorger Botanischen Garten übersehen, der nicht nur als Lieferant für die »Versandgesellschaft«, sondern auch als »Außenstelle« des Leidener Reichsherbariums (dessen Leiter Blume war!) zur Ader gelassen wurde.

Aufopferungsvoll und mit taktischem Geschick gelang es Teijsmann, den Garten über alle Gefahren hinwegzubringen, und sein Nachfolger H. C. C. Scheffer führte ihn einer neuen Blütezeit entgegen.

So wie der Kolonialismus Ideologen zur Rechtfertigung und Verklärung seiner Expansionen benötigte, waren ihm auch Wissen und Erfahrungen von Fachleuten in der Jagd nach dem Profit hoch willkommen. Siebold hatte sich in seinen Werken als Spezialist in Japanfragen ausgewiesen, und Japan besaß bei der beabsichtigten Erweiterung der Einflußsphären im asiatischen Raum hohen Stellenwert.

Es war nur eine Frage der Zeit, bis man sich um seine Mitwirkung bemühen würde. Als erster hatte der clevere britische Außenminister Henry John Temple Viscount Palmerston (1784–1865) seinen Wert erkannt. Allzu gern hätte er Siebold in britische Dienste gestellt, doch er lehnte ab.

Ihm waren die Bestrebungen der Kolonialmächte nicht verborgen geblieben, und er machte in Wort und Schrift seinen Einfluß geltend, den drohenden Schaden für das japanische Volk, den er nicht verhindern konnte, wenigstens abzuschwächen. Immer wieder wies er darauf hin, daß bei dem Versuch, Kontakte mit dem von der Außenwelt abgeschlossenen Inselreich herzustellen, keineswegs die Profitinteressen der Handels- und Industriebourgeoisie im Vordergrund stehen dürften. Das Land hatte in den Jahrzehnten der Selbstisolierung eine weitgehend autarke Wirtschaft entwickelt und konnte sehr wohl auf die angebotene »Unterstützung« verzichten. Im Gegensatz zu der kapitalistischen Bereicherungsgier, die in der Abschließung Japans und dem Festhalten an den alten Gesetzen nur »boshaften Starrsinn« sah, den es zu brechen galt, gab Siebold eine klare Einschätzung der historischen Notwendigkeit dieser Präventivmaßnahme, die nicht »aus bösem Willen« getroffen wurde, sondern aufgrund der Machenschaften der Kolonialmächte und ihrer ideologischen Apologeten: »Die Abschließung Japans für christliche, Handel treibende Nationen war kein grundloser Gewaltstreich des neuen, sich gleichfalls mit Gewalt des Thrones bemächtigenden Shōgun-Hauses. Die Untersagung des christlichen Gottensdienstes geschah nicht wegen Verwerfung der christlichen Lehre, wegen Verachtung des christlichen Glaubens – im Reiche Nippons hallte nie das im europäischen Orient unaufhörlich erschallende Stichwort ›Ungläubiger‹ wider. Der Bannstrahl, der namentlich gegen die

Portugiesen und Spanier geschleudert worden, ward durch die Eroberungssucht und den Golddurst dieser Nationen und durch die Anmaßungen und Herrschsucht ihrer Priester, die sich in der alten und neuen Welt unter dem Losungsworte ›Bekehrung‹ den Weg zur Herrschaft gebahnt, entzündet worden.«

Nach einer kurzen historischen Analyse der wenig erfreulichen Erfahrungen der Japaner mit ihren europäischen »Besuchern«, kommt Siebold zu der für seine Zeit bemerkenswerten Schlußfolgerung: »Es waren damals begründete politische Besorgnisse, welche die verdächtigen Christen-Nationen, die damaligen Beherrscher des Weltmeeres, für immer aus dem Reiche verbannen ließen und mit Ausnahme der Holländer allen christlichen Völkern das Reich verschlossen hielten.«

Der Punkt, an dem man das Interesse der Japaner wecken könnte, sei weniger der Handel als vielmehr die Wissenschaft. Hier sei man zur Förderung der eigenen nationalen Entwicklung an Kontakten interessiert. Da dieses Gebiet wenig ökonomischen Nutzen versprach, sondern sogar Investitionen erforderte, traf Siebold mit seinen Anregungen auf taube Ohren.

Noch weniger Gefallen fand seine dringende Mahnung, nicht die schändliche Methode der Engländer bei der gewaltsamen Öffnung des chinesischen Marktes zu wiederholen. Die Grausamkeiten des ersten Opiumkriegs (1839/42) waren noch in frischer Erinnerung, sie galten den Eroberern als »bewährte« Verfahrensweise, den Widerstand zu brechen. Siebold warnte: Sie werden »scheitern an den Klippen der unerschütterlichen Vaterlandsliebe eines so braven Volkes und seines blinden Gehorsams gegen die Obrigkeit«. »In das schöne, blühende Land die Fackel des Bürger- und Religionskrieges schleudern« hieße »den Namen der Europäer, den Niederland mit großer Selbstaufopferung wieder in ein günstigeres Licht gestellt hat, aufs neue brandmarken.«

Siebolds Bemühen war ein Teilerfolg beschieden. Der Kolonialminister betraute ihn mit den Vorbereitungen für eine vom niederländischen König geplante Delegation: »Ihre in Japan gemachten Erfahrungen und vielseitige Kenntnisse, welche Sie sich durch Ihre langwährenden wissenschaftlichen und philosophischen Nachforschungen in diesem Lande erworben haben, berechtigen Sie auch vollkommen, die Mittel anzugeben, womit das vorgestreckte Ziel am sichersten erreicht werden kann.«

Ein Schreiben Wilhelm II. an den Shōgun, an dessen Entstehen Siebold großen Anteil hatte, sollte die Brücke schlagen: »Wir haben dem Laufe der Zeiten eine ernste Aufmerksamkeit gewidmet: Der Verkehr der Völker auf Erden nimmt mit raschen Schritten zu, eine unwiderstehbare Kraft zieht dieselben gegenseitig an. Durch die Erfindung von Dampfschiffen werden die Entfernungen immer geringer; das Volk, welches bei dieser allgemeinen Annäherung sich ausschließen will, wird mit vielen in Feindschaft geraten. Es ist uns bekannt, daß die Gesetze, welche die durchlauchtigen Vorfahren Eurer Majestät (dem Reiche Nippon) gegeben, den Verkehr mit fremden Völkern enge beschränken. Doch der Weise sagt: ›Wenn die Weisheit auf dem Throne sitzt, dann tut sie sich hervor durch Erhaltung des Friedens‹.

Wenn alte Gesetze durch strenge Handhabung Anlaß zu Friedensstörung geben, dann gebietet es die Vernunft, dieselben zu mildern. Dies, Großmächtiger Kaiser, ist denn auch unser freundschaftlicher Rat: mildert die Strenge des Gesetzes gegen den Verkehr mit Fremden, damit das glückliche Japan nicht durch Kriege verwüstet werde. Wir geben Euer Majestät diesen Rat in der besten Absicht, ganz frei von eigenem Staatsinteresse. Wir hoffen, daß die Weisheit der Japanischen Regierung zur Einsicht gelangt, daß der Friede nur durch freundliche Beziehungen erhalten werden kann, und diese nur allein durch den Handelsverkehr entstehen können. Wir sind voller Besorgnis für die Zukunft Japans. Möcht' es uns doch glücken, diese Zukunft vor Unglücksfällen zu bewahren durch unsern guten Rat.«

Die Warnung war deutlich. Was Japan im Falle einer Weigerung erwarte, zeige als abschreckendes Beispiel der Krieg Großbritanniens gegen das chinesische Volk: »Der mächtige Kaiser von China hat nach langem fruchtlosen Widerstande endlich der Übermacht der europäischen Kriegskunst nachgegeben und bei dem darauf erfolgten Friedensvertrag Bedingungen eingehen müssen, wodurch die alte chinesische Politik eine bedeutende Abänderung erlitten hat, und vermöge welcher fünf Seehäfen von China für den Handel der Europäer eröffnet worden sind.«

Japan mögen derartige »traurigen Folgen« erspart bleiben. Ein Vorwand zum Eingreifen, daran zweifelte Wilhelm aufgrund reicher Erfahrungen nicht, würde leicht zu finden sein: »Ein ähnliches Unglück bedroht jetzt das Japanische Reich. Ein bloßer Zufall kann es zum Ausbruch bringen. Häufiger als je werden allerlei Schiffe in dem Japanischen Meere kreuzen, und wie leicht könnte ein Streit entstehen zwischen dem Schiffsvolke und den Untertanen von Euer Majestät! Der Gedanke, daß aus einem solchen Zwist Krieg entstehen könnte, erfüllt uns mit Bekümmernis.«

Der Brief wurde im Juli 1844 von der Fregatte »Pa Lembang« nach Japan gebracht. Im Auftrag von Shōgun Ieyoshi (1793–1853) antwortete der japanische Staatsrat am 4. Juli 1845 dankend, aber ausweichend.

Siebold ließ auch in Zukunft nichts unversucht, mäßigenden Einfluß auf das Eroberungs- und Gewinnstreben der Kolonialmächte auszuüben.

## Spätes Familienglück

Inzwischen stand der weltbekannte Forscher bereits in der Mitte seines fünften Lebensjahrzehnts. Der Umfang der Arbeit hatte ihn bisher davon abgehalten, eine Familie zu gründen. Bei einem Kuraufenthalt in Bad Kissingen lernte er die um 25 Jahre jüngere Gutsbesitzerstochter Helene von Gagern (1820–1877) kennen, die das Herz des im privaten Umgang bereits ein wenig eigenwillig gewordenen Hagestolzes im Sturm eroberte. Nach nur kurzer Verlobungszeit fand am 10. Juli 1845 die Hochzeit statt.

Das Ehepaar bezog in Leiderdorp bei Leiden ein schönes Landhaus, das Siebold im japanischen Stil bauen und einrichten ließ. Hier in »Nippon« fand auch seine alte Mutter ein Zuhause, sie starb 77jährig im November 1845.

Im August 1846 erblickte das erste Kind der Siebolds, der Sohn Alexander, das Licht der Welt. Im Herbst 1846 ließ Siebold seinen Schwager Karl von Gagern (1826–1885) nach Holland kommen. Er sollte ihm bei der Erarbeitung des »Nippon-Archivs« behilflich sein. Nachdem er sich an der Universität Jena einige Kapriolen geleistet hatte, hielt es die Familie für besser, wenn er unter Aufsicht des seriösen Schwagers in Leiden die Rechte und später in Delft orientalische Sprachen studierte,

*Helene von Gagern als Braut Siebolds*

um Siebold gegebenenfalls auf einer späteren Japanreise als nützlicher Helfer zu begleiten.

Karl von Gagern fand den Aufenthalt bei seinem Schwager und die ihm übertragenen Aufgaben sehr interessant: »Diese Arbeit war eine vielfach anregende. Seine japanischen Freunde hatten ihm ganze Stöße wichtiger einheimischer Dokumente, Bücher, Beschreibungen des Landes und dergleichen ins Holländische übersetzt. Diese galt es nun zu sichten, zu ordnen und für das deutsch geschriebene Buch, je nach dem Inhalt der einzelnen Kapitel, zu verwerten. In Folge seines langen Aufenthalts in Holland und seine Jahre hindurch fast ausschließlichen Verkehrs mit Holländern hatte Siebold seine Muttersprache ein wenig verlernt, nicht was die Unterhaltung anbetraf, wohl aber merkte man es an dem Stil seiner Briefe und wissenschaftlichen Schriften. Nicht selten waren ›Batavismen‹ zu entdecken. Auch kultivierte er, was meinem Geschmack wenig zusagte, allzu sehr den altmodischen ciceronianischen Periodenbau, sehr lang, sehr verwickelt, oft gedrechselt und voller Einschiebsel und Zwischensätze. Hoch anzuerkennen war dagegen die Gewissenhaftigkeit, mit der er arbeitete. Jedes Blättchen der vielen Manuskripte, von denen ich selbstverständlich die japanisch geschriebenen zu meinem Bedauern ihm ganz überlassen mußte, wurde durchstudiert, sorgfältig geprüft und klassifiziert. Dann ging er daran, die Quintessenz aus der Fülle von Material herauszudestillieren und machte einen ersten Entwurf. Wieder und wieder wurde dieser durchgesehen, verändert, verbessert, oft auch zerrissen, um einen zweiten zu schreiben; jeder Satz, sozusagen zehnmal umgedreht, so daß seine ursprünglichen Manuskripte bisweilen eine ganz neue Form annahmen. Unermüdlich war er, sie selbst ins Reine zu bringen. Daß dabei die Arbeit nur langsam vorrückte, läßt sich denken.«

Gagern teilte nach näherer Beschäftigung mit der japanischen Geschichte völlig die Auffassungen Siebolds: »Die Japaner hatten gegen Ende des sechszehnten Jahrhunderts gar zu schlimme Erfahrungen mit den gastlich von ihnen aufgenommenen Christen gemacht, als daß man ihr Abschließungssystem nicht erklärlich finden sollte. Durch ihre unvernünftige Proselytenmacherei (aufdringliche Bekehrungssucht Andersgläubiger. W. G.), die zu einem erbitterten Streite um das Bekehrungsmonopol zwischen den Jesuiten einerseits, den Franziskanern und Dominikanern andererseits geführt hatte, waren nämlich damals Bürgerkrieg, Mord und Totschlag in das bis dahin einer stetigen, allerdings absonderlichen Entwicklung erfreuende Reich gebracht worden.«

In bezug auf die niederländischen Verhältnisse fanden kritische Feststellungen Gagerns wie die folgenden keineswegs Siebolds Beifall: »Nachdem König Wilhelm I. seine Schäfchen auf Kosten vieler seiner unveränderlich von ihm geschorenen Landeskinder ins Trockene gebracht, zog er sich vom Geschäft zurück und dankte ab, um sich in Berlin einem ofium sine dignitate (Muße ohne Würde) hinzugeben, einer Muße, die nur alle halbe Jahre durch die wenig anstrengende Arbeit des Couponsabschneidens unterbrochen wurde, wobei ihn seine frühere

Maitresse und spätere links angeheiratete Frau, die Gräfin d'Oulremont, welche der Berliner Volkswitz das ›Mahagoni-Gerippe‹ getauft hatte, kräftig unterstützte.«

Gagern hatte aus seinem Umgang mit den »besseren Ständen« sehr zum Unwillen des Schwagers die Schlußfolgerung gezogen: »Diese Erfahrungen aus den allerhöchsten, höchsten und hohen Kreisen trugen erheblich dazu bei, mich in meinen anti-monarchischen und antiaristokratischen Ansichten zu bestärken. Wenig harmonierte ich darin mit Schwager Siebold. Dieser befleißigte sich vielmehr eines förmlichen Kultus für alle, die auf den obersten Stufen der gesellschaftlichen Rangleiter standen. In seinem vielfachen persönlichen Verkehr mit gekrönten Häuptern verzog unwillkürlich sein damals völlig bartloses Gesicht sich zu einem devoten Lächeln. In seiner Korrespondenz mit ihnen, z. B. mit dem Zaren Nikolaus, welcher ihm besonders wohlwollte, erschien mir der Ton, den er darin anwandte, viel zu submiß für einen geistig so hoch stehenden Gelehrten ...«

Mag hier auch der Übereifer des »zornigen jungen Mannes« die Feder geführt haben, so werden doch einige Schwächen Siebolds deutlich. Von Interesse ist eine weitere Einschätzung: »Siebold war zwar im Allgemeinen zum Mißtrauen geneigt, überall erblickte er Neider und Eifersüchtige«. Die unterschiedlichen Charaktere konnten auf die Dauer nicht gedeihlich zusammenarbeiten, so daß Karl von Gagern den »alten störrischen Herrn« in seinem reizenden Landsitz inmitten der zahlreichen Treibhäuser zurückließ und in die Heimat fuhr.

Da sich Siebolds junge Frau auf ärztlichen Rat möglichst nur in den Sommermonaten in Leiden aufhalten sollte, erwarb die Familie 1847 für die stattliche Summe von 20000 Talern in Boppard am Rhein das ehemalige Franziskanerkloster St. Martin, das zu einem reizvoll-repräsentativen Wohnsitz umgestaltet wurde. Obwohl Siebold damit preußischer Staatsbürger wurde, hatte er von König Wilhelm II. der Niederlande bei festem Gehalt unbegrenzten Auslandsurlaub erhalten und wurde im Rang eines Obersten in den Generalstab des Niederländisch-Indischen Heeres versetzt.

Diese, mit großzügigen finanziellen Zuwendungen verbundene Regelung, setzte ihn in die Lage, in Ruhe die wissenschaftlichen Arbeiten weiterzuführen. Es war vor allem die Geschichte der Entdeckungen im japanischen Seegebiet, die ihn in dieser Zeit beschäftigte. Intensive Archivforschungen brachten ungemein wertvolle, bisher völlig unbeachtet gebliebene Quellen zutage. Insbesondere die von ihm in Amsterdam aufgefundenen Schiffstagebücher der holländischen Forschungsreisenden Mathys Hendricksen Quast (gest. 1641) und Abel Janszoon Tasman (1603–1659), die 1639 nach Japan gesegelt waren, lieferten ihm wichtige Informationen. In »Nippon« schrieb er dazu: »Bei der Bearbeitung der Entdeckungsgeschichte haben wir es uns zur Regel gemacht, aus ursprünglichen Quellen zu schöpfen; wir haben dabei nicht nur die Originalausgaben der meisten alten und neuen Reisebeschreibungen, Land- und Seekarten benutzt, sondern auch viele und wichtige noch unausgegebene handschriftliche Reiseberichte und Karten zu Rate gezogen ... Bei all dem wäre es jedoch schwer, ja oft unmöglich gewesen, sich in dem Labyrinthe von Entdeckungen und Wiederentdeckungen zurecht zu finden, wenn uns nicht die japanische Literatur zu Gebote gestanden und uns nicht die besten japanischen Originalkarten als Wegweiser gedient hätten.«

Wie umfangreich sein Quellenstudium japanischer Dokumente, Karten und Bücher war, zeigt der von ihm zusammengestellte »Catalogus librorum et manuscriptorum Japanicorum«, den er im Jahre 1845 vorlegte. Um möglichst viele der von ihm aufgefundenen und erschlossenen Archivalien der historischen Forschung zugänglich zu machen, hatte er 1846 gemeinsam mit dem Seeoffizier Pieter Melvill van Carnbee (1816–1856) die Zeitschrift »Moniteur des Indes-Orientales et Occidentales« gegründet. In einem Brief an Alexander von Humboldt machte er ihn in der Hoffnung, Unterstützung für das Vorhaben zu finden, auf die Zeitschrift aufmerksam: »In den Archiven der alten ostindischen Compagnie und der niederländischen Regierung und in den Portefeuilles der aus beiden Indien zurückgekehrten Beamten, Offizieren und Kaufleute liegen kostbare Schätze für die Geschichte, für Länder- und Völkerkunde, Statistik und Handel unbenutzt. Das Vertrauen auf meine gute Absicht bei der Herausgabe einer literarischen Zeitschrift und namentlich auf meine literarische Ehrlichkeit öffnet mir zu allen diesen Schätzen den Zutritt, und ich fördre sie zutage, um damit die Wissenschaft zu bereichern und in Vergessenheit gekommene und wenig oder nicht bekannte Verdienste um Wissenschaften ans Licht zu bringen.« Leider mußte die Zeitschrift aus ökonomischen Gründen nach drei Jahren das Erscheinen einstellen. Siebold hatte bereits nach dem ersten Jahrgang seine redaktionelle Mitarbeit beendet.

In den für das »Nippon-Archiv« vorgesehenen Kapiteln »Geschichtliche Übersicht der Entdeckungen der Europäer im Seegebiete von Japan und dessen Neben- und Schutzländern« sowie der »Geschichtlichen Übersicht der Entdeckungen der Japaner von ihrem eigenen Lande und ihren Neben- und Schutzländern« bemühte sich Siebold um größte wissenschaftliche Akribie. Die harte Kritik Julius Klaproths an seiner Darstellung »Über den Ursprung der Japaner«, die dazu geführt hatte, daß zunächst nur der Abschnitt über die Ainu zur Veröffentlichung vorgesehen wurde, wenn sich auch die »Gesellschaft der Künste und Wissenschaften Batavias« später zur Herausgabe der vollständigen Arbeit entschloß, hatte Spuren hinterlassen.

Die Abgeschiedenheit in seinem Studierzimmer hinderte Siebold nicht, mit Interesse die Entwicklung der bürgerlich-demokratischen Revolution, das zentrale Ereignis seiner Zeit, zu verfolgen. Aktiv eingegriffen hat er freilich in das Geschehen nicht. Erst als auf Betreiben der liberalen Fraktionen der deutschen Nationalversammlung im Juni 1848 die provisorische Zentralgewalt proklamiert wurde, trat er in Erscheinung. Mit der Wahl des österreichischen Erzherzogs Johann (1782–1859) zum Reichsverweser und damit provisorischen Staatsoberhaupt, war deutlich geworden, daß das Ziel der Liberalen nicht die Republik, sondern die bürgerlich-konstitutionelle Monarchie war, ein Programm, mit dem sich Siebold identifizierte. Er stellte sich dem Erzherzog zur Verfügung: »Jetzt, wo Deutschland sich zu einem Reich erhebt, wo aber das große Staatsgebäude fester Stützen bedarf, jetzt fühle ich in mir den Beruf auch meine Hilfe – meine Dienste meinem Vaterland anzubieten.« Namentlich zur See müsse das entstehende Reich seine Kraft zur Geltung bringen. Siebold bewarb sich unter Hinweis auf seine Erfahrungen um das nach seiner Auffassung unbedingt neu zu schaffende Amt des Marineministers. Deutschland müsse den ihm gebührenden Anteil am Welthandel einnehmen, und er, Siebold »habe den Schlüssel zu dem japanischen Reiche, dessen Schutz- und Nebenländer in den Händen«.

All diese Träume verflogen jedoch, als sich der preußische König weigerte, die ihm angetragene Krone anzunehmen und damit den Bankrott der Pläne eines bürgerlichen Nationalstaates besiegelte. Schließlich jagten württembergische Truppen am 18. Juni 1849 das im bürgerlichen Parlamentarismus beharrende Rumpfparlament auseinander. Der Reichsverweser, auf dem Siebolds trügerische Hoffnungen geruht hatten, legte im Dezember 1849 sein längst zur Farce gewordenes Amt nieder und gesellte sich zu den Reihen der fürstlichen Reaktion.

Offensichtlich hatte Siebold in Staatsangelegenheiten wenig Glück, denn auch König Ludwig I. von Bayern, dem er nun seine Mitwirkung in der bayerischen Gesandtschaft in Belgien oder den Niederlanden anbot, ignorierte seinen Antrag.

## Das Unheil zieht auf

Die unübersehbaren Schritte, insbesondere der USA zur Eröffnung des Japanischen Reiches, veranlaßten Siebold, die niederländische Regierung erneut zu einer aktiveren Politik zu drängen. Auch in dem »Nippon-Archiv« nahm er am Jahresende 1851 zu den aktuellen Fragen Stellung: »Wir haben übrigens Grund, von Niederland zu erwarten, daß es noch zur rechten Zeit einen Versuch machen werde, diesem unvermeidlichen Zeitsturm, den es nicht wohl abwehren kann, seine Kraft zu brechen, indem es mit dem Schlüssel, den ihm die mißtrauischste Regierung der Welt seit Jahrhunderten allein anvertraut hat, die dem Welthandel geschlossenen Tore des Japanischen Reiches eröffnet und somit auch der Wissenschaft den freien Zutritt verschafft.«

Im April 1852 wies er den Kolonialminister auf die Möglichkeit einer amerikanischen Intervention hin und bat dringend, alles für eine friedliche Lösung zu tun: »Ein neuer Zeitraum eröffnet sich jetzt mit der Bestrebung der Vereinigten Staaten von Nordamerika, ihre Seefahrt nach dem Japanischen Inselmeere zu richten, dort eine neue Quelle für ihren Welthandel aufzusuchen und auch in den Gewässern dieses Reiches ihren politischen Einfluß auszuüben. Die Maßregeln, welche dazu vom Präsidenten der Vereinigten Staaten genommen worden sind, und die Energie, womit dieselben von der Nation unterstützt werden, können der Aufmerksamkeit der Niederländischen Regierung nicht entgangen sein. Das Reich Japan, die Ruhe und

*Buddhistischer Tempel*

der Frieden und sogar die Unabhängigkeit der alten Freunde Niederlands ist jetzt augenscheinlich bedroht! Aber keiner geringeren Gefahr ist jetzt bloßgestellt der Handel von Niederland in Japan, sein Einfluß, sein Vertrauen bei dessen Regierung.«

Er verwies auf ein bereits 1843 in der englischen Presse vertretenes Argument, daß über kurz oder lang eine Seemacht versuchen werde, die Japan verschließende Mauer niederzureißen. »Jetzt«, so führte er seine Warnung eindringlich weiter, »liegt vor dieser Mauer ein amerikanisches Geschwader, entschlossen, mit Gewalt durchzusetzen, was auf diplomatischem-friedlichem Wege nicht erreicht werden kann. Auf den Küsten von Japan ist jetzt ein Schauspiel eröffnet, welchem auch andere Seemächte beiwohnen werden. England und Frankreich haben schon seit 1845 das Terrain sondiert, sie haben dort Küsten, Inseln, Häfen aufgenommen und gleichsam die wichtigsten militärischen und kommerziellen Punkte ausgesucht, von wo aus sie das Schauspiel beobachten und nach Maßgabe ihrer Interessen einen Anteil daran nehmen werden, um nicht zu spät auch für ihre Schiffahrt und Handel die Früchte zu ernten.« Die Niederlande könnten nicht länger untätig abseits stehen und ein befreundetes Land seinem Schicksal überlassen, aber auch nicht, und mit diesem Alarmruf hoffte er das Interesse zu wekken, seine traditionellen Vorrechte aufgeben. Siebold stellte die Frage: »Was kann und muß Niederland tun?« Im Jahre 1844 sei der Rat des Königs vom Shōgun zwar nicht befolgt, aber wenigstens wohlwollend gehört worden. Die neue innen- und außenpolitische Situation verspreche jetzt größere Resonanz. Wenn die Niederlande dem Shōgun erneut eine Empfehlung geben, »so muß der Rat derart sein, daß dabei der Grundsatz aufgestellt bleibt: bei der Erlangung von größeren persönlichen und Handelsfreiheiten auch das Interesse anderer Seemächte insofern zu berücksichtigen, als es nur immer die Grundgesetze des Japanischen Reiches erlauben. Niederland wird gerade dadurch, daß es uneigennützig auftritt, sich eine noch höhere Achtung und einflußreichere Stellung in Japan verschaffen ... Der Rat, der von Niederland aus in diesem entscheidenden Augenblicke gegeben werden kann, würde daher darin bestehen: der japanischen Regierung einen auf der Integrität der Reichsgrundgesetze beruhenden Vertrags-Entwurf vorzulegen, worin auch anderen Seemächten Handelsfreiheit und anderweitige Zugeständnisse zugesichert wurden, und womit auch dieselben sich begnügen müssen, wenn sie nicht auf Forderungen bestehen wollen, die gegen Japan ungerecht und dem Völkerrechte zu wider sind.« Siebold ließ es nicht bei Vorschlägen bewenden, er legte dem Kolonialminister einen seinen Vorstellungen entsprechenden Vertragsentwurf vor, dem jedoch die Mehrheit des Ministeriums Thorbecke die Zustimmung versagte. Man beschränkte sich auf die Entsendung eines Vertreters nach Dejima und gab dem Faktoreidirektor Order zu erneuter Kontaktaufnahme. Dabei verwies Jan Hendrick Doncker Curtius am 30. September 1852 auf die sich abzeichnende amerikanische Expansion und warnte vor einem eventuellen bewaffneten Widerstand.

Ganz »nebenbei« legte er den unter Mitwirkung Siebolds entstandenen Entwurf eines Handelsvertrages vor, der auch vom Statthalter von Nagasaki als ein für Japan annehmbarer Kompromiß angesehen wurde. Im Vergleich mit den später erzwungenen ungleichen Verträgen fand hier das Prinzip des gegenseitigen Vorteils Berücksichtigung. Allerdings wurde auch die allmähliche Lockerung der Landesabschließung angestrebt.

Zu den Mächten, die ihre »Interessen« in Ostasien gewahrt sehen wollten, zählte das zaristische Rußland. Siebold wollte versuchen, auf die russische Regierung Einfluß zu nehmen, die Aktivitäten weniger auf handelspolitische, sondern vor allem auf wissenschaftlich-kulturelle Gebiete zu richten. Vor allem hoffte er, Rußland werde von Norden her freundschaftliche Beziehungen zu Japan anknüpfen und damit den Weltverkehr mit dem Inselreich eröffnen, bevor die militanten Bestrebungen der Vereinigten Staaten von Amerika wirksam würden. Er übermittelte dem zaristischen Staatskanzler Karl Wassiljewitsch Graf von Nesselrode (1780–1862) am 8. November 1852 eine Note, die im wesentlichen die bisher von ihm gegebenen Empfehlungen zur Japan-Frage enthielt. Daraufhin erhielt er am 25. Dezember die Einladung zu einer Beratung mit der russischen Regierung, an der auch der Generalgouverneur von Ostsibirien, Nikolai Muraview (1809–1881), teilnahm, da in der Aussprache auch die mit dem Japanproblem in Verbindung stehende Erschließung Sibiriens Verhandlungsgegenstand war. Muraview hatte dazu einen Plan vorgelegt, der die Nutzung der Seewege, insbesondere des Amur, zugrunde legte. Bei der Klärung der damit im Zusammenhang stehenden Probleme erschienen Siebolds Kenntnisse über die Grenzverhältnisse zu China und die Geographie der Amurmündung sehr hilfreich. Der russische Seeoffizier Genadi Iwanowitsch Newelskoi (1813–1876) hatte 1849 den Tatarensund durchfahren, die Amurmündung wieder aufgefunden und die Insellage Sachalins festgestellt. Angaben, die in den von Siebold vorgelegten Karten bestätigt wurden. Die genauen Kenntnisse des Amurgebietes erschlossen Rußland die Möglichkeit des Seeweges nach Japan.

Siebold hatte Prinz Heinrich der Niederlande in einem Brief vom 9. März 1853 über die Ziele seiner Rußlandreise informiert: »Als ich Ew. Kgl. Hoheit bei Anlaß des neuen Jahres mir gestattete, meine Glückwünsche darzubringen, hatte ich keine Ahnung, daß ich bald darauf nach St. Petersburg eine Reise unternehmen würde. Gerade zu Neujahr empfing ich vom Minister des Äußeren eine halbamtliche Aufforderung nach St. Petersburg zu kommen ... Ich nahm diese Einladung an mit der Absicht, dem Ziele näher zu kommen, welches ich mir vorgesteckt habe, welches Ew. Kgl. Hoheit nicht unbekannt ist, nämlich auf friedlichem Wege Japan dem Weltverkehr zu eröffnen, unter Aufrechterhaltung der alten Vorrechte und der bevorzugten Stellung Hollands in den japanischen Gewässern. Leider hat man in Holland meinen großartigen Plan, so sehr derselbe auch seitens Ew. Kgl. Hoheit unterstützt wurde, nicht verstanden, während dieser doch auf einer festen Grundlage beruht, auf welcher ich dreißig Jahre hindurch mit Ausdauer und Einsicht vorgearbeitet habe.«

Für seine sachkundigen Ratschläge wurde Siebold mit hohen Auszeichnungen, wie dem St. Anna-Orden 2. Klasse mit Brillanten und dem St. Wladimir-Orden 3. Klasse, geehrt. Er war kaum von seiner Reise zurückgekehrt, da erschien wie von ihm vorausgesagt, am 8. Juli 1853 das von Commodore Mathew Calbraith Perry (1794–1858) geleitete amerikanische Geschwader vor Uraga und brachte die Forderungen des amerikanischen Präsidenten.

Über die Geschichte der »Erschließung« Japans und die Abschlüsse ungleicher Verträge ist viel geschrieben worden. Mit Recht traf der japanische Historiker Tadao Johannes Araki 1959 die Feststellung: »Denn wenn japanische Geschichte zum Gegenstand westlicher Historiker wurde, so war es nicht selten der Fall, daß durch die ganz und gar auf europäische Verhältnisse zugeschnittenen Methoden der Geschichtsschreibung gerade jene Aspekte unberücksichtigt blieben, zumindest aber eine einseitig europäische Bewertung erfuhren, die für die Geschichte des modernen Japan typisch sind und ihr eine so eigentümliche Prägung gaben.« So hat man die »Europäisierung« Japans als Ergebnis der Überlegenheit des Westens dargestellt, die Japan gezwungen habe, das Land nach europäischem Vorbild von Grund auf umzugestalten. »Womit aber wurden diese tiefgreifenden Veränderungen erkauft! Was Japan im Laufe seiner Geschichte an kulturellen Werten angehäuft hatte, wurde durch die Auswirkungen der Europäisierung in den Hintergrund gedrängt.« Wir folgen in der Darstellung des Sachverhalts den durch Araki erstmals erschlossenen japanischen Quellen.

Das Unternehmen Perrys war nicht der erste amerikanische Versuch, in Japan Fuß zu fassen. Nachdem sich sehr zum Unwillen ihrer englischen Konkurrenten 1784 amerikanische Kaufleute in der chinesischen Handels- und Hafenstadt Kanton niedergelassen hatten, unternahmen sie erste Versuche, auch die japanische Küste anzulaufen. Doch all diese Fahrten von Kommandant Porter (1815), Edmund Robert (1832 und 1835), Caleb Cushing (1844) bis zu Kapitän Aulick (1851) verliefen ergebnislos.

Nach dem Anschluß Kaliforniens (1850) an die Vereinigten Staaten von Amerika und dem sich seit Mitte des 19. Jahrhunderts verstärkenden Schiffsverkehr war das Interesse an einer »Aufschließung japanischer Häfen« weiter gewachsen. Perry, der sich im Eroberungskrieg gegen Mexiko (1846/48) hervorgetan hatte, war von der amerikanischen Regierung als rechter Mann zur Vollstreckung ihrer expansiven Ziele auserkoren worden. Die ihm von Staatssekretär Daniel Webster erteilten Befugnisse glichen einer Blankovollmacht.

Perry hatte die Fehler seiner Vorgänger ausgewertet und sein Unternehmen gründlich vorbereitet. Allein für den Ankauf von Büchern und Dokumenten standen ihm dreißigtausend Dollar zur Verfügung. Er wußte, wo er die reichhaltigste Japanliteratur finden konnte, in den Niederlanden, die die bisher längste und beste Verbindung zu dem Inselreich hatten. Und es war ihm schließlich auch bekannt, wer über den zweifellos größten Privatbesitz an solcher Literatur verfügte und gegebenenfalls bei Zahlung einer entsprechenden Summe bereit wäre, einige dieser Werke und Dokumente zu verkaufen. Für ihn sehr überraschend konnte der geschäftstüchtige Amerikaner sogar noch sparen, denn bereits für 503 Dollar wechselte ein Teil der Privatbibliothek Philipp Franz von Siebolds ihren Besitzer. – Nach intensiven Studien und umfangreichen Maßnahmen war es soweit. Am 24. September 1852 verließ Perry mit einer kleinen Flotte von vier gut bewaffneten Dampfschiffen die Vereinigten Staaten in Richtung Japan. Aus seinen Studien hatte er den Schluß gezogen, daß die Demonstration technischer Errungenschaften besonders wirkungsvoll wäre. So führte er eine Vielzahl industrieller Erzeugnisse mit sich, von der Brille bis zu Miniaturmodellen von Lokomotiven, die er für besonders eindrucksvoll hielt. Wichtigster Bestandteil seines Marschgepäcks aber war der Brief des amerikanischen Präsidenten Millard Fillmore (1800–1874), in dem die »Wünsche« der USA höchst diplomatisch ausgesprochen wurden. So schlug man vor, die Landesaufschließung doch wenigstens »probeweise« für fünf bis zehn Jahre einzuführen, dann könne man ja weiter sehen. –

Am 8. Juli 1853 ging Perry mit seinem Geschwader bei Uraga an der Ostküste der Miura-Halbinsel vor Anker. Sein Eintreffen kam für die bereits informierten Behörden nicht überraschend, das völlig ahnungslose japanische Volk aber war entsetzt. Daß hier kein Freundschaftsbesuch stattfand, war nicht zu übersehen. Die bisher nur mit Segelschiffen vertrauten Küstenbewohner befürchteten angesichts der bewaffneten Dampfschiffe das Schlimmste. Bereits bei der erzwungenen Übergabe des Schreibens ließ Perry keinen Zweifel aufkommen, daß es für den Adressaten besser sei, sich nicht lange bei »Formalitäten« aufzuhalten, sonst müsse er »zur Sache kommen«. Am 14. Juli 1853 ging Perry mit 400 Mann in Reichweite seiner Kanonen an Land und händigte den bevollmächtigten Vertretern die Botschaft des Präsidenten aus. »Großzügig« räumte er seinen Kontrahenten eine Denkpause ein, versäumte aber nicht, durch entsprechende »Hinweise« die Überlegungen in die gewünschte Richtung zu lenken.

Das Shōgunat stand vor einer ungemein schwierigen innen- und außenpolitischen Situation. Infolge der sich verstärkenden Herausbildung und Entwicklung kapitalistischer Wirtschaftsformen wurde das bereits seit Mitte des 16. Jahrhunderts in einem umfassenden gesellschaftlichen Entwicklungsprozeß befindliche Feudalregime (siehe S. 48ff.) zunehmend von Krisen erschüttert, ein Prozeß, der durch den äußeren Druck noch verstärkt wurde. Neben den USA forderten auch die europäischen Mächte England und Frankreich, die ihre Konkurrenten Spanien, Portugal und die Niederlande verdrängt hatten, ihren Anteil am Japangeschäft. Auch Rußland versuchte, den in Europa verlorenen Einfluß im Fernen Osten wettzumachen. All diese Mächte waren aber Mitte des 19. Jahrhunderts noch weitgehend durch europäische Widersprüche gebunden, so daß Amerika zunächst seine Interessen im militanten Alleingang verfolgen konnte. Das durch zersplitterte Kleinstaaterei in Rückstand geratene Deutschland spielte zu dieser Zeit im Machtstreben der großen kapitalistischen Staaten ohnehin noch keine Rolle.

Kaum hatte Perry die Rückreise angetreten, um dem Toku-

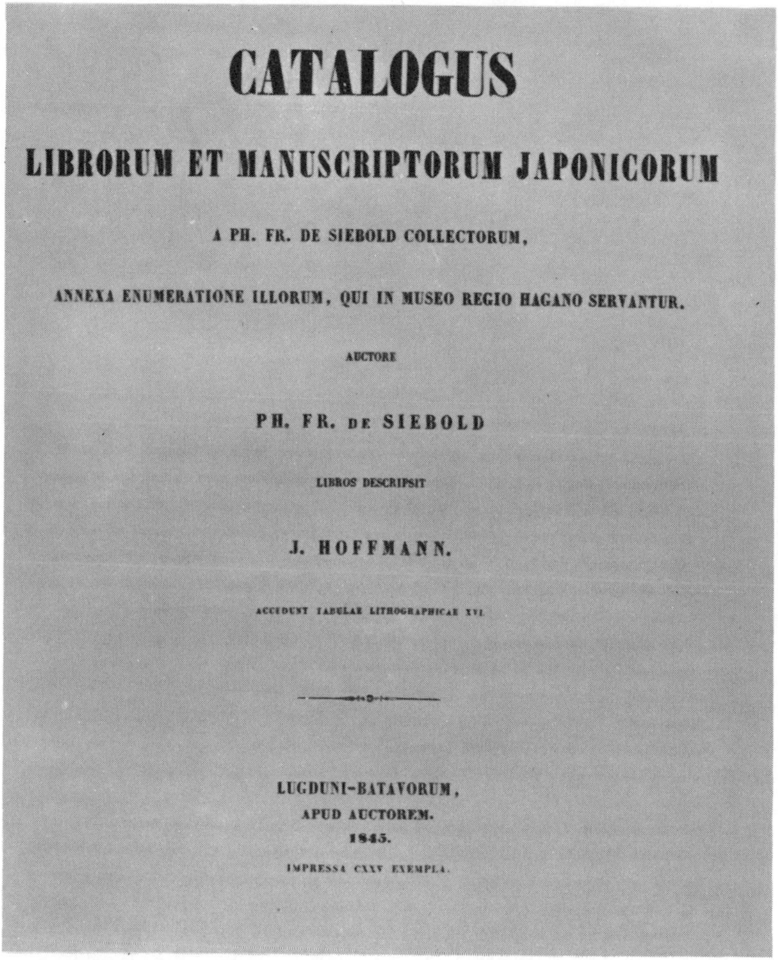
CATALOGUS

LIBRORUM ET MANUSCRIPTORUM JAPONICORUM

A PH. FR. DE SIEBOLD COLLECTORUM,

ANNEXA ENUMERATIONE ILLORUM, QUI IN MUSEO REGIO HAGANO SERVANTUR.

AUCTORE

PH. FR. DE SIEBOLD

LIBROS DESCRIPSIT

J. HOFFMANN.

ACCEDUNT TABULAE LITHOGRAPHICAE XVI

LUGDUNI-BATAVORUM,
APUD AUCTOREM.
1845.

IMPRESSA CXXV EXEMPLA.

*Von Siebold erarbeitetes Verzeichnis der Japanliteratur*

gawa-Bakufu Zeit zum Überdenken der Entscheidung zu lassen, traf am 22. August 1853 der russische Vizeadmiral Wassili Jefimowitsch Putjatin (1803–1883) mit vier Schiffen vor Nagasaki ein, um eine Note des Staatskanzlers Nesselrode zu überbringen. Darin heißt es, der Herrscher des weitausgedehntesten Reiches der Welt schenke seit je seinen nahen und fernen Untertanen all seine Aufmerksamkeit. Jetzt aber seien die Blicke des Herrschers aller Reussen besonders sorgsam dem »fernsten Osten zugewandt; dorthin, wohin sich mit einem Male alle seefahrenden Völker einen neuen Weg für die Schiffahrt bahnen und neue Quellen für den Handel aufsuchen«.

Das (natürlich »uneigennützige«) erhabene Augenmerk des Allerhöchsten verfolge ein doppeltes Ziel: seine Handelsinteressen zu bekunden, zugleich aber Japan vor den Gefahren zu warnen, die entstehen würden, wenn man »Verkehr und Handel mit der rücksichtslosen Strenge, wie es seither geschah«, auch ferner verweigere. »Wohlwollend und voller Sorge« schilderte der Schreiber im Auftrage des Herrschers, was Japan erwarte, falls es sich für all die vielen »selbstlosen« Angebote nicht interessiere: »Das Reich Nippon ist, wie seine Geschichte zeigt, von einem tapferen, seinem Oberherrn getreuen, guten Volke bewohnt, die großen Inseln sind mit hohen Gebirgen bedeckt und somit das Land im Innern schwer dem Feinde zugänglich; seine Küsten dagegen, seine großen, bevölkerten, blühenden Städte liegen offen, ungeschützt vor feindlichen Anfällen da, und tausende von schwachen Schiffen, welche mit den Erzeugnissen des Meeres die Städte versehen, welcher Reis (die allgemeine Volksnahrung) von fruchtbaren nach weniger fruchtbaren Landstrichen verführen, welche die Erzeugnisse der Industrie, die edlen Metalle von einer Insel nach der andern bringen – alle diese für den Frieden erbauten, gegenüber einem Kriegsschiffe wehrlosen Fahrzeuge mit ihren wertvollen, unentbehrlichen Ladungen, welcher Gefahr sind sie bloßgestellt, wenn eine große Seemacht Willens ist, sich, wenn es auf friedlichem Wege nicht geschehen kann, mit Gewalt Verkehr und Handelsfreiheit im Reiche Nippon zu verschaffen.«

Als Putjatin, der sich ähnlich wie Perry zum Zwecke einer »Denkpause« zurückgezogen hatte, wie angekündigt, am 3. Januar 1854 erneut in Nagasaki eintraf, erhielt er zwar keinen Handelsvertrag, aber die folgenschwere Zusicherung, daß Japan bereit wäre, auch mit Rußland einen Vertrag zu vereinbaren, falls ein solcher mit einem dritten Land zustande käme.

Als schließlich auf amerikanischen Druck am 31. März 1854 der Vertrag von Kanagawa abgeschlossen wurde, kam der Stein ins Rollen, denn alle europäischen Großmächte, Rußland sogar mit einer verbrieften Zusicherung, wollten den Vorsprung der Amerikaner im Kampf um die Einflußsphären möglichst bald wettmachen. Von den zwölf Punkten des ersten abgeschlossenen ungleichen Vertrages waren die wichtigsten: Öffnung der

Häfen von Shimoda und Hakodate zum Anlaufen amerikanischer Schiffe, Versorgung dieser Schiffe mit Betriebsmaterial und Lebensmitteln, Bewegungs- und Handelsfreiheit der Amerikaner in diesen Häfen, Meistbegünstigungsklausel und Einrichtung eines Konsulats in Shimoda.

Am aktivsten war Großbritannien, das sich als mächtigste Industriemacht der Welt »standesgemäß« beteiligt sehen wollte. Dabei ging es den Briten nicht nur um den japanischen Markt. Angesichts der russischen Aktivitäten im Fernen Osten sollten die japanischen Häfen auch als strategische Punkte im Kampf gegen den russischen Einfluß genutzt werden. Der von Admiral James Stirling ertrotzte Vertrag von Nagasaki vom 14. Oktober 1854 öffnete den britischen Schiffen die Häfen Nagasaki und Hakodate.

Trotz der Gefahr, von dem zweifellos überlegenen englisch-französischen Geschwader angegriffen zu werden – man befand sich ja noch im Kriegszustand, der Krimkrieg endete erst 1856 mit der russischen Niederlage –, lief Putjatin mit nur einem Schiff am 21. Oktober 1854 Hakodate und wenige Tage später Ōsaka an, um an das »Versprechen« zu erinnern. Nach längeren Verhandlungen gelang es ihm am 7. Februar 1855, den Vertrag von Shimoda durchzusetzen. Diese Vereinbarung, die auch Grenzbestimmungen auf Sachalin und den Kurilen festlegte, öffnete der russischen Flotte die Häfen Nagasaki, Hakodate und Shimoda.

Angesichts der Erfolge der »Großen« (Frankreich mußte sich wegen Unruhen in Kanton Zurückhaltung auferlegen), beriefen sich die Niederlande auf »alte Interessen« und konnten am 30. Januar 1856 den Vertrag von Nagasaki vereinbaren.

So einfach und reibungslos wie es sich viele ausländische Kaufleute und Industrielle erhofft hatten, verlief das »große Geschäft« jedoch nicht. Abgesehen davon, daß der japanische Markt, wie Siebold bereits mehrfach nachgewiesen hatte, keineswegs so aufnahmefreudig für die Segnungen westlicher Zivilisation war, verstrich zwischen den Vertragsvereinbarungen und ihrer Ratifizierung beträchtliche Zeit. Voreilige »Wegbereiter«, die sich auf eigene Faust zu etablieren versuchten, mußten damit rechnen, ausgewiesen zu werden.

Amerika entsandte zur Festigung seiner Positionen 1856 den mit unrühmlichen China-Erfahrungen ausgestatteten Kaufmann Townsend Harris (1803–1878). Er sollte, zum Generalkonsul ernannt, neues Terrain gewinnen. Nicht zuletzt auch aus persönlichem Interesse galt sein besonderes Augenmerk dem Geldwechsel, einer ungemein profitablen Bereicherungsquelle für Glücksritter.

## Neue Pläne

Siebold hatte die Entwicklung aufmerksam verfolgt und im Ergebnis seiner Anteilnahme 1854 ein wichtiges Quellenwerk zur Erforschung der japanischen Zeitgeschichte vorgelegt, die »Urkundliche Darstellung der Bestrebungen von Niederland und Rußland zur Eröffnung Japan's für die Schiffahrt und den Seehandel aller Nationen«, das auch in holländischer und russischer Übersetzung erschien.

Die Abgeschiedenheit des Bopparder »Klosterlebens« war auf die Dauer den wissenschaftlichen Arbeiten hinderlich. Er hatte deshalb sein Haus verkauft und war Ende 1853 in das nahe gelegene Bonn gezogen, wo ihm die Universitätsbibliothek bessere Arbeitsmöglichkeiten bot und auch der Gedankenaustausch mit anderen Wissenschaftlern seine Forschungen bereicherte. Er selbst nahm durch Vorträge, vornehmlich über japanische Nutzpflanzen, um deren Akklimatisation er sich weiter bemühte, rege am wissenschaftlichen Leben teil.

Dem Rat seiner Freunde folgend, bewarb er sich bei dem preußischen Minister der Geistlichen, Unterrichts- und Medizinalangelegenheiten, Karl Otto von Raumer (1805–1859), um die vakante Stelle des Universitätskurators: »Ich tue diesen Schritt am ruhigen Abend meines seit mehr als dreißig Jahren auf einer wissenschaftlichen Bahn bewegten Lebens, auf der mir die Gelegenheit gegeben ward, nicht nur mit den ausgezeichnetsten Männern der Wissenschaft in vielseitige Berührung zu kommen, sondern auch die vorzüglichsten wissenschaftlichen Institute in Europa eingehend kennen zu lernen«.

Wider Erwarten fand seine Bewerbung, da die Stelle nicht neu besetzt wurde, keine Berücksichtigung. Dafür erhielt er eine Professur in Aussicht gestellt, die allerdings nicht seinen Vorstellungen entsprach. Die Familie war inzwischen, nachdem in Boppard die Töchter Helene (1848), Mathilde (1850) und der zweite Sohn Heinrich (1852) geboren waren, auf sechs Köpfe angewachsen und in Bonn folgte im »traditionellen Zweijahresrhythmus« 1854 noch der kleine Maximilian.

Siebold hatte insgeheim die Hoffnung nicht aufgegeben, noch einmal in das Land seiner Träume, dem sein Lebenswerk gewidmet war und dem seine ganze Liebe gehörte, reisen zu können. Sein Optimismus war durch den Abschluß der Handelsverträge und der damit verbundenen Öffnung des Landes bestärkt worden. Als im Zusammenhang mit den niederländisch-japanischen Vertragsabschlüssen im Herbst 1855 auch das 1829 gegen ihn erlassene Verbannungsurteil annuliert wurde, erhöhte sich seine Zuversicht. Am 2. März 1856 schrieb er einem Freund: »Zwar ist mir hier (in Bonn. W. G.) ein örtlicher Ruhepunkt zu Teil geworden, in meinem Innern dagegen herrschte niemals eine größere Unruhe, und meine Gedanken wogen auf den sturmbewegten Fluten des großen Ozean, ich schwebe im Geist nur zu dem Japanischen Inselmeere, im Lande meiner wissenschaftlichen Jugend, das die europäische

*Die Bucht von Nagasaki, kartiert von Siebold*

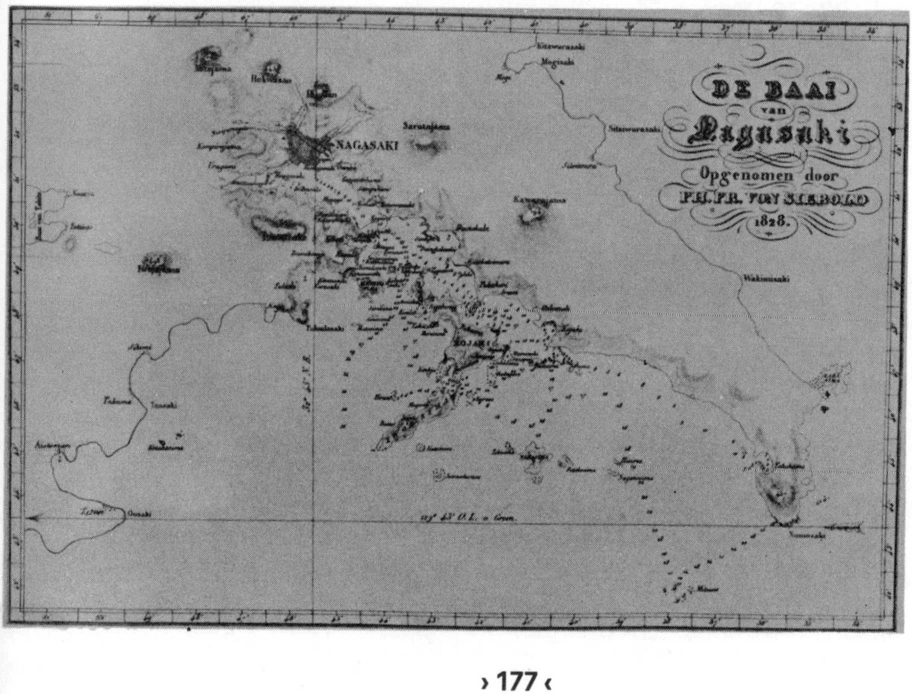

Zivilisation mit allem ihrem Greuel und Elende zu überfluten droht. Wenn ich an Japan denke, dann durchströmt die Adern des Sechszigers eine gleiche Glut, welche in 1822 den Jüngling anfeuerte, eines der von der Heimat entferntesten Länder der Welt aufzusuchen; und wenn ich damals dahinzog, dort für die europäische Wissenschaft tief verborgene Schätze an den Tag zu fördern – jetzt treibt es mich dahin zu eilen, dem guten, braven glücklichen Volke, das ich leider aus der Vergessenheit mit in das Weltgetümmel hineingerissen – Hilfe und Rettung zu bringen.«

Er ließ nichts unversucht, seinen Plan zu verwirklichen, und glaubte, die offiziellen Stellen am ehesten mit Anregungen zur Aktivierung des Handels zu interessieren. Er schlug deshalb dem Kolonialminister die Gründung einer »Japanischen Handelsgesellschaft« vor. Von diesem an die bereits bestehende Niederländische Handelsgesellschaft verwiesen, erweiterte er seinen Plan zu einem Unternehmen, das auch China, Korea, die Ryūkyū-Inseln sowie das zaristische Sibirien in ihren Geschäftsbereich einbeziehen sollte. Er ergänzte seinen Vorschlag durch den Entwurf für eine in Dejima neu einzurichtende Faktorei und bot sich an, als Bevollmächtigter die Geschäfte in Nagasaki in die Wege zu leiten.

Offensichtlich erschienen die vorgeschlagenen Maßnahmen dem Direktor der Niederländischen Handelsgesellschaft zu übereilt, abgesehen davon, daß Siebold bei aller Anerkennung seiner Erfahrungen und Leistungen bereits im siebenten Lebensjahrzehnt stand.

Es war wenig günstig für ihn, daß er sich dem Kolonialminister zusätzlich für das Amt eines Konsuls anbot. So verzögerte sich zu Siebolds Leidwesen, er wäre am liebsten sofort abgereist, die Entscheidung um einige Monate, bis man bereit war, ihn für zwei Jahre als Vertreter nach Japan zu entsenden. Eine Personalunion mit der Tätigkeit eines Konsuls wurde abgelehnt, Siebold aber damit beauftragt, einen erweiterten Handelsvertrag mit Japan zur Ratifizierung vorzulegen. Für diesen Sonderauftrag wurden ihm die Reisekosten und ein Entgelt von 5000 Gulden in Aussicht gestellt.

In Japan hatten sich die politischen und sozialen Widersprüche und damit die Krise des Feudalsystems weiter vertieft, ein Umstand, an dem auch die Ränke der Westmächte, die auf den Ausbau ihrer »Rechte« drängten, erheblichen Anteil hatten.

Insbesondere Townsend Harris gab keine Ruhe, bis in Erweiterung des Kanagawa-Vertrages eine Zusatzvereinbarung abgeschlossen wurde, die alle aus der Meistbegünstigungsklausel abgeleiteten amerikanischen Ansprüche berücksichtigte. Damit nicht genug, forderte er einen neuen, umfassenden Handelsvertrag, der am 29. Juli 1858 abgeschlossen wurde. Seinem Muster folgend, machten bald darauf England, Frankreich, Rußland und die Niederlande gleiche Rechte geltend. Der mit Amerika abgeschlossene Vertrag sah unter anderm vor:

Die Errichtung von Konsulaten in den Häfen Shimoda und Hakodate sowie in den zusätzlich für Amerika zu eröffnenden Häfen Kanagawa, Nagasaki, Niigata und Hyogo (in diesen Städten wurde es den Amerikanern gestattet, Immobilien, Liegenschaften und Gebäude zu besitzen), die Errichtung von Gesandtschaften in Edo und Washington und Freizügigkeit der diplomatischen Vertreter, die Zusicherung Amerikas, im Falle von Meinungsverschiedenheiten zwischen Japan und den europäischen Staaten zu vermitteln, die Erlaubnis zum Außenhandel in den zugewiesenen Häfen ohne behördliche Überwachung, das Wohnrecht in Edo und Ōsaka sowie Bestimmungen über den Konventionaltarif und in Währungsfragen.

Nach Bekanntwerden dieser weitgehenden Zugeständnisse verstärkte sich der Widerstand des japanischen Volkes gegen die Öffnungs- und Handelspolitik des Tokugawa-Bakufu. Als auch der Kaiser die Unterzeichnung des Vertrages ablehnte, weitete sich das Für und Wider zum Kampf um den Fortbestand des Shōgunats aus, ein Kampf, der noch an Schärfe zunahm, als auf Drängen der Niederlande, Rußlands, Englands, Frankreichs, Portugals und später auch Preußens mit diesen ebenfalls entsprechende Zusatzverträge vereinbart wurden. Eine Daimyō-Koalition erklärte die Abschlüsse für verfassungswidrig und vereinigte sich mit dem Ziel, das Shōgunat zu beseitigen.

Begleitet war das Geschehen von einer zunehmenden Feindlichkeit gegen die Ausländer, unter deren Einfluß sich die Lebenslage weiter Teile des japanischen Volkes verschlechtert hatte. Das Öffnen der Häfen beschleunigte die inflationäre Entwicklung, von der neben den arbeitenden Schichten auch die Samurai hart betroffen wurden. Der wachsende japanische Export bewirkte nicht nur eine Verteuerung, sondern hatte auch den Mangel an bestimmten sehr begehrten Waren, wie Seide, pflanzliche Öle, Tee und Kupfer, zur Folge. Die Misere fand ihre Krönung in der Geld- und Edelmetallausfuhr zu Wucherbedingungen. Die Profitrate der Vertragsmächte teilt uns Harris in seinem Tagebuch mit: »Wofür man bisher 100 Dollar ausgeben mußte, das kann man jetzt für 34,50 Dollar bekommen.«

Dabei nutzte man folgenden »Trick«: In Ermangelung eines Wechselkurses war in den Handelsverträgen das Tauschprinzip »Gewicht gegen Gewicht« vereinbart worden. Für Japan bestand zwischen Gold und Silber das Wertverhältnis 1 : 6, während es in Europa und den USA 1 : 15 betrug. So konnte man sich für ausländische Silbermünzen japanische im »gleichen Gewicht« geben lassen und diese mit reichem Gewinn gegen Goldmünzen eintauschen.

Zu dem wachsenden Unwillen des Volkes trug nicht wenig auch das anmaßend-großspurige Verhalten der westlichen Kaufleute und Diplomaten bei. Entscheidend waren jedoch die negativen ökonomischen Auswirkungen des Vertragssystems. Die japanische Regierung ließ den ausländischen Vertretern zu dieser Frage folgende Erklärung übermitteln: »Während beinahe drei Jahrhunderten stand unser Kaiserreich in keinen Beziehungen zu den auswärtigen Mächten. Die Erzeugnisse unseres Landes genügten den Bedürfnissen der Bevölkerung; die gewöhnlichen Konsumtionsartikel waren um mäßige und fast sich gleichbleibende Preise zu bekommen, Zufriedenheit und Ruhe herrschten allenthalben.«

Nach Abschluß der Handelsverträge aber sei eine neue Lage entstanden: »Die Zulassung des auswärtigen Handels in den offenen Häfen hat aber zu einem von unseren Erwartungen sehr abweichenden Resultat geführt, die vermöglichen Volksklassen sehen den Vorteil davon nicht ein und auch den Ärmeren erwächst daraus keine Wohltat. Die Gegenstände der ersten Lebensnotdurft werden von Tag zu Tag teurer, was durch die immer wachsende Ausfuhr bewirkt wird, und die Armen sind nicht mehr wie früher im Stande, ihre Bedürfnisse zu befriedigen, ja sie sind manchmal der Kälte und dem Hunger ausgesetzt ...«

Es darf nicht übersehen werden, daß einige Daimyō, die den Kampfruf »Vertreibung der Barbaren« unterstützten, taktische Ziele verfolgten. Ihnen ging es in erster Linie um die Schwächung und schließlich den Sturz des Tokugawa-Bakufu, da sie sich von einer Wiedererrichtung der kaiserlichen Macht eine Stärkung ihrer eigenen wirtschaftlichen und politischen Positionen versprachen. Andere wieder, besonders die Daimyō des südwestlichen Landesteils, hatten ihrerseits Handelskontakte mit den Ausländern aufgenommen, die sie ungestört von einer Zentralgewalt zum eigenen Nutzen wahrnehmen wollten.

Bald nach Unterzeichnung der neuen, erweiterte Rechte der Ausländer enthaltenden Verträge trafen die Abgesandten der Vertragsstaaten, Rutherford Alcock (England), Townsend Harris (USA), Duchesne de Bellecourt (Frankreich) und de Witt (Niederlande), in Edo ein. Rußland beließ seinen Gesandten zunächst noch in Hakodate. Das demonstrative Auftreten der Diplomaten und ihrer Begleitung mußte den Proteststurm verstärken, und das Shōgunat versuchte vergeblich, die Fremden von Edo, dem Zentrum des Aufbegehrens, zurückzuhalten. Zwangsmaßnahmen sollten den Widerstand brechen. Doch die Regierungsgewalt bewirkte Gegenwehr, die sich auch in sinnlosem subjektivem Terror gegen einzelne, besonders verhaßte Vertreter der ausländischen Gesandtschaften und gegen Beamte des Bakufu richtete. So wurde Naosuke Ji (1815–1860), ein für den Abschluß der Verträge verantwortlicher Beamter, als er sich zum Palast des Shōgun begeben wollte, überfallen und getötet.

Es war also eine unruhige und für die wissenschaftliche Arbeit ungünstige Lage, als sich Siebold entschloß, seine zweite Japanreise anzutreten. Zu allem Überfluß beabsichtigte er, auch seinen noch nicht einmal dreizehnjährigen Sohn Alexander zu der Fahrt ins Ungewisse mitzunehmen.

Vor der Abreise richtete er an seine Freunde und Kollegen einen gedruckten Abschiedsbrief, in dem er seinen Entschluß begründete und weitreichende Pläne darlegte. Zweifellos mutet das wortreiche, für einen Dreiundsechszigjährigen entschieden zu euphorisch geratene Schreiben übertrieben und wohl auch stark ichbezogen an: »Es ist ebenso im Interesse der Wissenschaften wie der Industrie und des Handels, daß ich dem ehrenvollen Rufe der Niederländischen Handelsgesellschaft entsprochen habe, eine zweite Reise nach Japan zu unternehmen. 36 Jahre sind verflossen, seit ich an den ungastlichen Küsten des Reiches Nippon gelandet bin, seit der Mitte des 17. Jahrhunderts allen europäischen Staaten verschlossen, außer den Holländern, die es dank ihrer reinen Handelspolitik verstanden haben, freundschaftliche Beziehungen mit diesem Volke zu bewahren, welche das zivilisierteste Ostasiens, aber auch durch

*Bei der Ernte*

seine traurigen Erfahrungen das mißtrauischste auf unserer Erde geworden ist. Die Erfolge meiner wissenschaftlichen Forschungen und meine zahlreichen Entdeckungen sind den meisten bekannt und sind von der gelehrten und industriellen Welt gewürdigt worden. Indessen waren es nur Früchte, die auf einem durch die politischen Einschränkungen begrenzten und durch das Mißtrauen einer zugleich patriarchalischen und despotischen Regierung sorgfältig bewachten Raum gesammelt werden konnten.

Die Zeiten haben sich seit meinem ersten Besuch in diesem Reich der aufgehenden Sonne geändert, und ich hoffe, daß die Öffnung seiner Häfen für den Welthandel dazu beitragen wird, die wissenschaftlichen Forschungen mehr als bisher zu begünstigen und die Nutzung der Reichtümer der Natur in diesem weiten Archipel zu erleichtern. Das Ziel meines zweiten Besuchs in diesem Lande, dem die Spuren der alten Kultur Ostasiens eingeprägt sind, beschränkt sich nicht darauf, die Reichtümer der Natur und der Industrie auszunutzen. Es erstreckt sich auch auf die Ergebnisse meiner Bestrebungen, unsere

Kenntnisse während eines sieben Jahre langen Aufenthalts bei diesem klugen und wißbegierigen Volke zu verbreiten. Es erstreckt sich auf die Fortschritte der Schule, die ich dort gegründet habe und deren Schüler sich jetzt auszeichnen an der Spitze der wissenschaftlichen Entwicklung dieses weiten, und mit den zivilisiertesten Nationen unserer Erde in Verbindung getretenen Inselreiches. Diese glückliche Wirkung, diese heilsamen Früchte meiner Arbeiten und meiner philantropischen Grundsätze verpflichten mich und spornen mich an, dieser braven und edlen Nation, deren Regierung mir gnädigerweise die Erlaubnis zur Wiederkehr erteilt hat, meine Unterstützung zu bringen, – sei es, um sie auf die Rohstoffe, die Erzeugnisse ihres Landes hinzuweisen, um selbst die noch wenig ergiebigen Quellen für den Außenhandel zu nähren und um sie in den Stand zu setzen, freundschaftliche Beziehungen mit der Handelswelt auszubauen, welche sich gegenwärtig nach der nördlichen Halbkugel des Pazifischen Ozeans richtet, – sei es, um ihr zu helfen, ihre jahrhundertelange Ruhe und ihre Unabhängigkeit durch die Macht des geistigen Einflusses (die fruchtbare Ausströmung des menschlichen Geistes in unserem Jahrhundert) zu befestigen und zu bewahren.

Erfüllt von dieser Hoffnung und ermutigt durch die schmeichelhafte Aufnahme der Ergebnisse meiner ersten Reise, wende ich mich mit diesem Briefe an die Mäzene, die so wohlwollend meine umfangreichen und kostspieligen Veröffentlichungen unterstützt haben, an die Akademien und gelehrten Gesellschaften, die mich der Aufnahme unter ihre berühmten Mitglieder gewürdigt haben, an die Gartenbau- und Ackergesellschaften, die den reisenden Botaniker (der ihre Gärten und Felder mit neuen Zier- und Nutzpflanzen ausgestattet) mit Diplomen und Medaillen geehrt haben, und an die industriellen und kommerziellen Vereinigungen, die Produkte der japanischen Kultur und Industrie zu schätzen wissen und die versuchen, sie in ihrer Industrie zur Anwendung zu bringen und in ihre Spekulationen einzubeziehen. So richte ich denn an Sie, meine Herren Kollegen, Mitarbeiter und Freunde, im Drange der Geschäfte, die durch die Vorbereitungen zu einer so weiten und wichtigen Reise verursacht sind, zu einer Reise, die ich nach ernster Überlegung in einem vorgerückten Alter, aber belebt von dem Eifer meiner Jugend, unternehme, durch diese Zeilen des Dankes, der Hochachtung und Ergebenheit einen letzten

Abschiedsgruß, aufrichtige und erste Worte, indem ich Sie, meine Herren, bitte, mir auch in Zukunft Zeichen ihres wohlwollenden Gedenkens zu geben und mir die Früchte Ihrer Arbeit zu schicken, damit sie den Geist auf ermüdender Wanderschaft erfrischen, gleich wie Ihre gelehrten Beobachtungen und der Aufhellung bedürftige Fragen mitzuteilen, damit ich daraus Nutzen ziehe während meines Fernseins von Ihnen und im Stande bin, gegenseitige Aufklärung zu geben.

Was einige Teile meiner Werke über Japan anbetrifft, die noch nicht beendet sind, so ist es Hauptzweck meiner Reise, sie zu vervollständigen und die letzte Hand in Japan selbst zu legen, während ich bereits die erforderlichen Maßnahmen getroffen habe, daß der Druck der ergänzenden Lieferungen während meiner Abwesenheit ausgeführt wird. Es bleibt mir noch übrig, Ihnen meine Herren, die Sie die Gefühle eines Vaters zu würdigen wissen werden, mitzuteilen, daß ich mich entschlossen habe, mich von meinem ältesten Sohne, erst 12 $^1/_2$ Jahre alt, begleiten zu lassen, um ihn in Japan selbst in das Studium der chinesisch-japanischen Sprache und Literatur einzuführen und in ihn meine reichen und nützlichen Erfahrungen niederzulegen und damit er Zeuge sei meines Wirkens im Interesse der Wissenschaft, der Industrie und des Handels, auf daß er eines Tages – falls die Vorsehung mir nicht das Glück gewähren sollte, zu Ihnen zurückzukehren – von meiner Aufopferung für die Vergrößerung unserer Kenntnisse und für die Entwicklung der Zivilisation der Menschheit sowie von meinen Bestrebungen, neue Quellen für das öffentlich Wohl zu finden, Rechenschaft ablegen könne.«

Im Überschwang der Gefühle schloß er sein umfangreiches Schreiben mit der Vergilschen Sentenz: »Fest steht jedem sein Tag, kurz und unwiderbringlich ist allen die Lebenszeit; aber der Tapferkeit Werk ist, durch Taten den Ruhm zu verbreiten.« –

Wie wir bereits wissen, trifft es nicht zu, daß Siebold einem »Rufe der Niederländischen Handelsgesellschaft entsprochen habe«. Die Anregung zu der Reise ging vielmehr von ihm aus. Vor allem aber hatte die niederländische Regierung ihre Bedenken, Siebold im offiziellen Auftrag nach Japan zu senden, nicht abgelegt, und man war schließlich froh, in der Tatsache, daß Siebold erst die Konfirmation seines Sohnes abwarten wollte, ehe er die Reise antrat, den formalen Anlaß der Zeitverzögerung als Vorwand zu haben, um ihm den staatlichen Auftrag zu entziehen. So reiste er nur als Vertreter der Handelsgesellschaft, was für ihn sehr nachteilige materielle Auswirkungen hatte.

## Zweite Japanreise

Bei regnerischem Wetter und aufkommendem Sturm ging Siebold mit seinem Sohn Alexander am 13. April 1859 in Marseille an Bord des Postdampfers »Tiger«.

Auch die persönlichen Voraussetzungen, unter denen er die Fahrt antrat, waren, wie ein Brief an seine Frau verdeutlicht, wenig verheißungsvoll: »Meine innig geliebte Helene! Du wirst Dich wundern, daß ich Dir wenigstens von hier aus, wo wir seit dem 9. abends uns befinden, noch keine Zeile geschrieben habe. Ich kam aber hier sehr leidend an, keine innere Krankheit, sondern ein äußeres Übel, ein unbeschreiblich großes und schmerzliches Blutgeschwür ... Ich kann seit drei Tagen kaum stehen, liegen oder sitzen, und die Schmerzen sind so groß, daß ich jeden Abend heftiges Fieber habe ... Hoffentlich wird es besser auf der Reise von hier nach Alexandrien werden, wo ich ruhig liegen bleiben und Umschläge machen werde. Aber welche Voraussicht, in einem solchen Zustand eine Seereise zu machen, die ohnehin schon angreifend ist. Ich vertraue fest auf meinen eisernen Willen und Mut, den ich nie werde sinken lassen. Alexander ist sehr liebenswürdig und mir ein wahrer Trost ...«. Die Überfahrt ging schnell vonstatten, und noch am Tage der Ankunft wurden mit der Bahn Kairo und Suez erreicht, wo schon der Dampfer bereit stand, der sie durch das Rote Meer bringen sollte. Glühende Hitze begleitete die Fahrt; nicht die leiseste Brise verschaffte wenigstens eine kleine Erleichterung. Im Gegensatz zu der engen Kabine der Überfahrt, war das Schiff aufs beste ausgestattet. Neben den Schlafplätzen boten ein Salon und das Badezimmer wohltuende Bequemlichkeit. Auf Deck sorgte ein kleines Orchester für Unterhaltung.

Nach acht Tagen zeichneten sich am Horizont die malerisch geformten Berge von Aden ab. Ein Kontrast zu den beeindrukkenden bizarren Landschaftsformen bildete die verödete Natur. Kein Baum oder Strauch, kein frisches Grün war zu sehen. Nur glühend heißer Staub und Sand, in dem sich magere Kamele mühsam fortbewegten. Hingegen bot die Fauna des Ufergebietes manches Interessante. Der Aufenthalt, der allenfalls einen Abstecher in die Stadt erlaubte, war nur kurz, dann wurde die Reise durch die Gluthitze fortgesetzt. Eine Wohltat waren die Badewannen, die stündlich mit frischem Seewasser gefüllt wurden. Sechs Badezimmer standen den Herren zur Verfügung, die in leichten Pluderhosen und luftigem Hemd auf Deck spazierten – in dieser »ungenierten« Kleidung allerdings nur bis acht Uhr, dem Zeitpunkt, an dem auch die Damen zu erscheinen pflegten.

An der Felseninsel Sokotra vorbei führte die Fahrt in den Indischen Ozean, mit Kurs auf Ceylon. Hier ging das Schiff an der Reede von Point de Galle, dem Landeplatz der Postdampfer, vor Anker. Alexander von Siebold berichtet, daß sein Vater als »holländischer Beamter« den Verlust Ceylons, dieser »Perle aller Kolonien«, für die Niederlande bedauerte. Die Insel war 1795 durch die Engländer besetzt und ihnen schließlich 1802 im Frieden von Amiens »überlassen« worden.

Kaum befand sich Siebold an Land, war seine alte Forscherleidenschaft erwacht. Von einem Einheimischen begleitet, begab er sich auf botanische Exkursion. Sein Selbstbewußtsein als Wissenschaftler war wenige Tage vor der Abreise aus Frankreich durch einen sehr ehrenvollen Brief Alexander von Humboldts erheblich gestärkt worden. Dieser schrieb: »Mir als dem ältesten lebenden Forschungsreisenden kommt es zu, öffentlich zum Ausdruck zu bringen, wie sehr er Ihren großherzigen Entschluß bewundert, der Sie, mein lieber und berühmter Herr Kollege, in derselben Weise beseelt, wie Ihre wissenschaftliche Hingabe, die seit einem halben Jahrhundert dank Ihrem seltenen Fleiß und der Vielseitigkeit Ihrer Kenntnisse Früchte getragen hat. Die physikalische Geographie hat in allen Teilen Nutzen gezogen aus Ihren großartigen Arbeiten über die japanische Inselwelt. Unsere botanischen Gärten sind geschmückt mit den Pflanzen, die Sie eingeführt haben und sie begeben sich jetzt wieder an Ort und Stelle, um Ihre glänzenden Arbeiten fortzusetzen und zu vervollständigen. Möchte Ihre Gesundheit, die allen am Fortschritt der Wissenschaft Interessierten so teuer ist, den neuen Anstrengungen gewachsen sein, und Ihr edles Vorhaben unterstützen. Das ist der Wunsch, den ich für Sie hege als einer Ihrer ältesten Freunde und innigsten Bewunderer.« Auch der Mediziner Dietrich Georg von Kieser (1779–1862), der Nees von Esenbeck im Amte des Präsidenten der Leopoldina gefolgt war, hatte ihm seine besten Wünsche übermittelt.

Leider war der Ceylon-Aufenthalt allzu kurz. Bereits einen Tag nach der Ankunft erfolgte die Weiterreise nach Singapur. In Pinang, wo die Postdampfer einige Stunden Rast einlegten, bot sich Gelegenheit zu einem kurzen Ausflug. Die stattlichen Anwesen der Europäer standen inmitten tropischer Vegetation, während die ärmlichen Hütten der Einheimischen im Palmendunkel verschwanden. Ein Gewitterregen hatte das Land erfrischt, so daß die belebte Natur in ihrer ganzen Schönheit unter den Strahlen der Sonne erglänzte.

Nach Passage der für Segelschiffe nicht ungefährlichen Malakkastraße erreichten sie Singapur. Unmittelbar am Strand boten von großen prächtigen Gärten umgebene Hotels vorzügliche Unterkunft. Eine breite Promenade gab der eleganten Welt Gelegenheit, sich in der Abendkühle in ihren Equipagen zu zeigen.

*Moschee und Hinduschrein in Singapur*

Am Abend besuchten die Siebolds die belebten Basare. Die Vielzahl der Sprachen und Dialekte glich einer babylonischen Sprachverwirrung, wobei die Chinesen als Händler, Wechsler und Makler vorherrschten. Auffallend war, daß trotz des regen Lebens die Ordnung gewahrt wurde, ohne daß die Polizei, die man kaum zu sehen bekam, eingreifen mußte.

Da Vater Siebold in der Hoffnung, in Batavia endlich Klarheit über seine Japan-Mission zu erhalten, auf baldige Abreise drängte, beschränkte sich der Aufenthalt nur auf wenige Tage. Im Gegensatz zu dem ansprechend ausgestatteten Dampfer, den sie verlassen hatten, war das wesentlich kleinere Fahrzeug, auf das sie nun gingen, alles andere als luxuriös.

Kaum von seinem schmerzhaften Geschwür erlöst, widerfuhr dem Pechvogel Siebold erneut ein schweres Mißgeschick. Als der Steuermann ihm im Dunkel seine Kabine zuwies, wurde übersehen, daß eine Luke offenstand. Siebold stürzte hinab und trug erhebliche Verletzungen davon, an denen er noch nach Monaten zu leiden hatte. Das Schiff war unbeschreiblich schmutzig und beherbergte eine Vielzahl von Ungeziefer.

In langsamer ruhiger Fahrt ging es Richtung Süden. Das Fahrwasser war zuweilen so eng, daß man glaubte, auf einem Binnensee zu sein. Beim Anlaufen des Hafens war von Batavia kaum etwas zu sehen. Die Stadt war wegen der ungesunden Küstenlage weiter ins Land zurückverlegt worden.

Der Aufenthalt verzögerte sich, da sich die Verhandlungen mit dem Direktorium der Gesellschaft, in denen Siebold seine Japanerfahrungen für den beabsichtigten Ausbau der Handelsbeziehungen übermitteln sollte, als sehr langwierig erwiesen. Die Ablehnung der ihm ursprünglich zugesicherten diplomatischen Legitimation und der damit verbundene Wegfall der staatlichen Reisespesen von etwa zweitausend Gulden begannen sich schmerzlich auszuwirken. Nur auf die Zuwendungen der Handelsgesellschaft angewiesen, und Kaufleute sind bekanntlich sparsam, zeigten sich bedenkliche Lücken im Reiseetat. Als Angehöriger der Niederländisch-Indischen Armee – Siebold bekleidete den Rang eines Obersten – mußte er sich auch beim Generalgouverneur in dessen Buitenzorger Residenz melden. In dem auf einer Anhöhe gelegenen, von einem großen Park umgebenen Palast war das Leben wesentlich angenehmer als im stickigen Batavia.

Vater und Sohn genossen einige Tage behaglichen Aufenthalts in der Residenz, die mit ihren Diners und eleganten Damentoiletten den Lebensstil kleiner europäischer Höfe nachzuahmen suchte.

Das besondere Interesse Sieboldts galt dem an den Schloßpark grenzenden botanischen Garten, in dem er eine Vielzahl der während seiner ersten Reise gesammelten Pflanzen wiederfand. Viele von ihnen hatten, hier kultiviert und akklimatisiert, ihren Weg in die Gärten Europas angetreten und die Anlagen verschönert. Mit großer Freude konnte Siebold seinen alten Freund de Villeneuve begrüßen, der im Gegensatz zu den meisten Holländern während seiner schweren Arrestzeit treu zu ihm gehalten hatte.

Villeneuve bewohnte im Kreise seiner glücklichen Familie ein unweit von Batavia gelegenes hübsches Landhaus, in dessen Garten die alten Reisegefährten unter tropischen Bäumen Erinnerungen austauschten.

Alexander war wie verzaubert: »Auf mich machte das Leben in dieser reichen Tropenlandschaft, besonders nach Untergang der Sonne, wo eine Unmasse von Tieren, die den Tag über sich zurückhielten, herumflogen, wo fast in jedem Gebüsch Leuchtkäfer glänzten, wo das dunkle Dickicht vor dem Gebrüll der Raubtiere bis zu dem Schrei der Rieseneidechse in allen Tonarten widerhallte, einen traumähnlichen Eindruck. Fast unheimlich war es, wenn während des kurzen Dämmerlichtes zwischen den dicht belaubten Bäumen sich große Fledermäuse, welche von den Holländern ihrer Größe wegen mit den Namen ›Fliegende Hunde‹ bezeichnet werden, in schwerfälligem Fluge bewegten.«

So anregend und schön der Aufenthalt auch war, Siebold zog es nach Erledigung der geschäftlichen Angelegenheiten weiter nach Japan. Zunächst ging es zurück nach Singapur. Statt wie üblich hier die englischen Postschiffe zur Weiterfahrt nach Shanghai zu benutzen, zog Siebold das unter russischer Flagge fahrende Segelschiff »Lucy and Harriet« vor. Die Mannschaft, einschließlich des Kapitäns, bestand ausschließlich aus Deutschen.

Die infolge ungünstiger Windverhältnisse langsame Reise bot wenig Bemerkenswertes. Umso angenehmer waren deshalb die liebenswürdige Aufnahme durch den Kapitän und die gute Verpflegung. Siebold konnte sich sogar als erfahrener Lotse betätigen: »Mein Vater fühlte sich auf dieser Tour so ganz in seinem

Element; befanden wir uns doch bald in dem Chinesischen Meere, welches jahrelang das Objekt seiner hydrographischen Studien gewesen war. Jede Insel, jedes Felsenriff war ihm bekannt, jede Strömung hatte er studiert, und selbst in der Theorie der Wirbelstürme hatte er sich so eingearbeitet, daß er den alten Seebären, unserm Kapitän, ein Privatissimum darin erteilen konnte.

Mit Erlaubnis des Kommandanten hatten wir an dem Stern des Schiffes ein Schleppnetz ausgehängt, welches von Zeit zu Zeit aufzuziehen meine Aufgabe war. Es fanden sich darin fast jedesmal interessante Algen und kleinere Seetiere, doch fast nie Fische. Mitunter trifft man auch auf offener See, Hunderte von Meilen vom Lande, kleine Seeschlangen an, welche durch ihren flachen Schwanz fast wie Aale aussehen ...«.

Die genauen Ortskenntnisse Siebolds werden auch durch den von ihm 1851 herausgegebenen »Atlas von Hand- und Seekarten« und seinen »Wegweiser von Java nach Japan« (1859) belegt. Nach einmonatiger Fahrt war die Mündung des Jangtse erreicht, dessen tiefgelbe Färbung sich bereits weit vor der Küste abzeichnete. Bis zur Abreise nach Nagasaki nahm der niederländische Konsul die Siebolds für einige Wochen gastfreundlich in seinem Hause auf.

Schon zu dieser Zeit war Shanghai ein pulsierendes Handelszentrum. Ursprünglich ein kleines Fischerdorf, hatte die günstige Lage, die über ein weitverzweigtes Stromnetz den Zugang zu einem gewaltigen Hinterland erschließt, bereits 1279 zur Gründung einer Stadt geführt, die als Hafen und Handelsmittelpunkt an Bedeutung gewann. Nach dem Vertrag von Nanking (1842) setzte ein umfassender Aufschwung ein. In diesem, nach dem ersten Opiumkrieg aufgezwungenen ersten ungleichen Vertrag wurde China gezwungen, Hongkong an Großbritannien abzutreten und neben Shanghai noch weitere vier Häfen für den ausländischen Handel zu öffnen.

Zwei Jahrzehnte vor Siebolds Eintreffen hatten 1843 Großbritannien und 1849 Frankreich hier ihre Niederlassungen gegründet und gegenseitig die Konzessionen abgegrenzt. Riesige Geschäftshäuser und Banken zeugten in der City von der Aktivität der kapitalistischen Unternehmen. Von prächtigen Gärten umgeben, lagen die luxuriösen Villen der Ausländer im Westteil der Stadt.

Der leidenschaftliche Botaniker Siebold fand ein reiches Betätigungsfeld. Die Flora war besonders interessant, da sie der japanischen in vielen Arten ähnelte. Gleich am ersten Morgen zog er in aller Frühe noch vor Sonnenaufgang hinaus und kehrte mit reicher Beute zurück.

Ein Besuch in der katholischen Missionsanstalt Hikawai führte durch das chinesische Wohnviertel: hier stand die Armut im krassen Gegensatz zum Wohlleben der Ausländer. Die dem Jesuitenorden angehörenden Missionare versuchten sich den chinesischen Sitten und Gebräuchen anzupassen. Sie trugen chinesische Kleidung und hatten die Haare zu einem Zopf geflochten. Selbst die Gestaltung der Kirchen entsprach dem chinesischen Geschmack. Das Christuskind trug ein Zöpfchen, während Mutter Maria die zierlichen Füße der höheren chinesischen Stände schmückten.

Diese von dem Jesuiten Roberto de Nobili (1577–1656) begründete neue Missionsmethoden der »Akkomodation«, hatte ungleich größere Erfolge als die radikale Verfahrensweise, in der die christliche Verkündigung sich zur besseren Wirksamkeit kräftig des weltlichen Arms bediente. Doch Verbote, Verfolgungen und Zerstörungen von Tempeln und Götterbildern waren wenig überzeugende Argumente. Die Jesuiten zogen sehr zum Ärger der Dominikaner notwendige Schlüsse und erlaubten den Konvertiten in der Frühphase der Christianisierung sogar, den traditionellen Ahnenkult fortzusetzen.

Das entrechtete, doppelter Ausbeutung unterworfene chinesische Volk hatte in der Ausplünderung durch die fremden Kolonialmächte eine Ursache der sozialen Notlage erkannt und machte in einzelnen spontanen Erhebungen seiner Empörung Luft. Während Siebolds Klosterbesuch war in der Stadt ein Aufruhr gegen die fremden Unterdrücker ausgebrochen. Widersprüchliche Gerüchte verhinderten einen genauen Überblick, doch die während der Nacht andauernde Schießerei zeigte, daß die »Befriedung« der Rebellen durch kaiserliche und Kolonialsoldaten noch im Gange war. Für alle Fälle wurden zum Schutze der Siebolds holländische Matrosen abkommandiert.

Die Fahrtverbindung von Shanghai nach Japan war sehr unregelmäßig, und man konnte von Glück sprechen, auf einem gelegentlich auslaufenden Dampfschiff, allerdings für eine ansehnliche Summe, Unterschlupf zu finden.

Ohne nennenswerte Ereignisse ging die Fahrt bei spiegelglatter See dem Ziel entgegen. Sich mehrende kleine japanische Fischerboote, die zum erhofften günstigen Tauschhandel (hoch im Kurs stand der Tausch von Fisch gegen leere Flaschen) ausgerückt waren, kündigten das Land an.

Man näherte sich dem Hafen von Nagasaki. Die strengen Vorschriften zur Zeit von Siebolds erstem Eintreffen vor 36 Jahren waren gelockert. Die beiderseits der engen Einfahrt errichteten, außer Funktion gesetzten Forts, die aber jederzeit wieder zum Schutze des Landes aktiviert werden konnten, zeugten von der Wachsamkeit gegenüber den Fremden. Nun lag alles still. Nicht einmal die früher obligatorischen Salutschüsse ertönten. Der Hafen war für den Verkehr geöffnet worden.

Das von zahlreichen Booten umringte Schiff ging am 4. August 1859 vor Anker. Siebold bot sich ein bekanntes Bild. Im Halbkreis breitete sich vor ihm die an den Berghängen terrassenförmig angelegte Stadt aus.

Mit einem Boot erreichten Vater und Sohn Dejima, wo eine kleine Gruppe zu ihrer Begrüßung erschienen war. Unter ihnen der Packhausmeister, der im Namen des Faktoreidirektors Jan Hendrik Doncker Curtius zu einem Besuch in dessen Amtswohnung einlud. Wenig hatte sich in den mehr als drei Jahrzehnten auf der Insel verändert. Auch Siebolds ehemaliges Domizil, das kleine Haus des Faktoreiarztes, machte den Eindruck, als habe er es erst vor kurzem verlassen. Umso schmerzlicher aber war das Bild, das der von ihm mit vieler Mühe angelegte botanische Garten bot. Von den schönen Anlagen, die einem Lagerhaus weichen mußten, war kaum noch etwas zu sehen. Selbst der von ihm zu Ehren seiner Vorgänger Kaempfer und Thunberg errichtete kleine Gedenkstein war nur nach langem Suchen aufzufinden. Die langen Gespräche mit dem Faktoreidirektor und dessen Mitarbeitern brachten viele Neuigkeiten. In den letzten Jahren waren die Niederlande in ihren Handelsbeziehungen von Amerika und England, die drauf und dran waren, den gesamten Handel des chinesisch-japanischen Raums zu ihrer Domäne zu machen, weit überflügelt worden. Das nur auf Profit ausgerichtete Treiben, das die Lebensweise des traditionsbewußten japanischen Volkes mißachtete, hatte eine breite Volksbewegung gegen die Ausländer hervorgerufen. Doch das japanische Volk wußte sehr wohl zwischen Freund und Feind zu unterscheiden. Der Ausländer Siebold, dem man sich zutiefst verbunden fühlte, war hoch willkommen. Wie ein Lauffeuer hatte sich die Nachricht von seiner Ankunft verbreitet. Aus der

Stadt und ihrer Umgebung eilten die alten Freunde herbei, um ihn zu begrüßen. Selbst einige von ihm früher behandelte Patienten waren erschienen. So herzlich die Wiedersehensfreude war, so schmerzlich war auch manche Nachricht über das schwere Schicksal einiger Schüler und Freunde. Sie waren in Haft gestorben oder hatten Selbstmord verübt.

Bald kamen auch Besucher aus entlegeneren Landesteilen. Es war, wie Alexander von Siebold feststellte, »eine förmliche Wallfahrt«, die nach Nagasaki stattfand: »Es war rührend, die Anhänglichkeit und Verehrung zu beobachten, mit denen die alten Schüler meinem Vater entgegenkamen. Als einer der Getreuesten stand Nonomiya Keisaku an der Spitze, er hatte lange Jahre im Gefängnis geschmachtet, weil er auf Geheiß meines Vaters den Berg Fuji mit einem Höhenbarometer gemessen hatte ... Ehemalige Schüler und Schüler von diesen, frühere Patienten und Kranke, die ihre ganze Hoffnung auf den so berühmten fremden Arzt setzten, kamen, meistens in Zeremonienkleidern, in den Tempel. Mein Vater, der dreißig Jahre lang nicht praktiziert hatte, mußte all seinen Scharfsinn zusammennehmen, um allen ärztlichen Anforderungen gerecht zu werden.«

Dem Gouverneur von Nagasaki, Okabe Surugano Kami, stattete Siebold einen offiziellen Besuch ab. Die Audienz, zu der er in Oberstenuniform, versehen mit Orden und Ehrenzeichen erschien, verlief sehr feierlich. Alexander von Siebold beschreibt das Zeremoniell, bei dem sein Vater geschickt auch seine botanischen Interessen und Wünsche zur Geltung zu bringen verstand: »Bei unserem Eintritt in den Audienzsaal wurden wir von dem Gouverneur, dem Vizegouverneur und dem ... Oberkontrolleur (ein vom Shōgun beauftragter Regierungsbeamter zur Überwachung der örtlichen Regierungsorgane und zur Kontrolle der Einhaltung der bestehenden Rechtsvorschriften. W. G.) empfangen, welche reiche seidene Gewänder trugen, bestehend in einem Schlafrock ähnlichen, durch einen Gürtel zusammengehaltenen Rock, breiten seidenen Hosen und einem wappenverzierten Überwurf. Im Gürtel befand sich das kleinere der beiden Schwerter, während sie das zweite in der Hand hielten oder durch einen Pagen sich nachtragen ließen. Auf beiden Seiten des Saales waren niedrige, schwarz lackierte Tische aufgestellt, auf denen sich ebenfalls schwarz lackierte Kästen mit bronzenen Rauchutensilien befanden. Hinter diesen standen schwarz lackierte Sessel mit schwarzem Sammetpolster. Zwischen uns kniete auf den weißen Matten ein japanischer Dolmetscher, welcher die holländische Sprache beherrschte.

Die ersten Anreden und Antworten spielten sich in gemessenen, fast feierlichen Formen ab. Es wurde dann in blauweißen Tassen auf schwarzen Untergestellen ein dünner Tee ohne Zukker serviert, worauf sich nach und nach eine etwas lebhaftere Unterhaltung entwickelte, während welcher mein Vater dem Gouverneur eine Anzahl von aus Europa mitgebrachten Samen überreichte. Besonders die Getreidearten, von denen auf einer Musterkarte mehrere mit außerordentlich reichen Ähren vorgelegt wurden, erweckten das Interesse des Gouverneurs und führten schließlich zur Anlegung eines kleinen landwirtschaftlichen Mustergartens, in dem nach einiger Zeit diese Samen gesäet wurden. Bei diesem Anlaß bat mein Vater den Gouverneur, ihm zu gestatten, außerhalb von Dejima und dem Fremdenviertel in einem Tempel seine Wohnung aufschlagen zu dürfen, eine Bitte, welche auch nach einiger Zeit genehmigt wurde und zu unserer Übersiedlung nach dem Tempel Horenji führte.«

Der auf den Höhen gelegene buddhistische Kultbau bot einen herrlichen Ausblick über das Panorama der Stadt und weit auf die Bucht hinaus, die von Hunderten kleiner und großer Segel belebt wurde.

Die Priesterwohnung bestand aus zwei großen und einigen kleinen Räumen, die durch Schiebewände getrennt waren. Eine schöne Veranda und ein in voller Blütenpracht stehender Vorgarten vervollständigten die vorzügliche Unterkunft. Die Wandflächen der Hauptzimmer wurden mit der umfangreichen Bibliothek Siebolds, die in etwa vierzig Kisten sorgfältig eingepackt gewesen war, ausgefüllt. Auch einige Meßinstrumente waren erhalten geblieben und konnten wieder benutzt werden.

Anbahnung und Ausbau von Handelsbeziehungen waren Siebolds offizielles Amt, doch bildete die Fortsetzung der naturwissenschaftlichen Studien sein Hauptanliegen. Sohn Alexander sollte ihm dabei behilflich sein und möglichst viel lernen. Der Arzt Nonomiya Keisaku stellte seinen Adoptivsohn Shūzō, der das Holländische vorzüglich beherrschte, als Sprachlehrer des jungen Siebold zur Verfügung. Zu Alexanders Leidwesen entwikkelte er dabei einen solchen Eifer, daß der Unterricht den ganzen Tag andauerte und nur durch die Mahlzeiten und kurze

Pausen unterbrochen wurde. Zum Lehrplan gehörte außer dem in Nagasaki-Dialekt vermittelten Japanischen die chinesische Schriftsprache. Alexander machte gute Fortschritte. An die hundert Mal malte er jedes Schriftzeichen, bis er es beherrschte. Auch die »Pausen« waren mit Arbeit ausgefüllt. Es galt, Pflanzen zu trocknen, Vögel abzubalgen und andere Hilfsdienste zu verrichten.

Auch die Haushaltführung gehörte zum Amtsbereich von Siebold junior. Der Speisezettel war seinem Bericht folgend, allerdings wenig reichhaltig: »Was nun ein armer Quintaner, wie ich, von Kochen und Haushaltung wußte, kann man sich denken. Dabei sagte meinem Magen die japanischen Küche nicht zu, so daß ich bald mit allerlei Leibesbeschwerden unter die Behandlung der Hausapotheke geriet.

Unser Menü war etwa folgendes: Morgens gekochten Reis mit Tee oder Milch, aber mit braunem, unraffiniertem Zucker. Mittags abgekochten Reis mit abgekochtem oder am Rost gebratenem Fisch, dazu Tee wie am Morgen, manchmal ein Huhn, Ente oder Taube. Abends wieder abgekochten Reis, weil Brot, Kartoffeln, europäische Gemüse fehlten. Dafür gab es manchmal aus wissenschaftlichen Gründen Versuchsspeisen: z. B. tranigen Walfischspeck, auch Tintenfisch und als Delikatesse Holuturien (eine Art Seeigel), welche kleingeschnitten wie Ochsenmaulsalat schmecken. Auch die andern Seetiere, wie der Octopus, Tripang (getrocknete Holuturien), verschiedene Seegrasarten, namentlich das Kombu, ein langgestreiftes lederartiges Seegewächs, und einige Seemuschelarten fehlten nicht. Hatte ich aber Fasanen und dergleichen eßbare Vögel abgezogen und für die Sammlungen präpariert, wobei die Bälge mit stark arsenikhaltiger Seife eingerieben wurden – so wurden die Fleischteile noch in der Küche verwendet, was allerdings ein etwas gefährliches Experiment war, da man doch Gefahr lief, daß bei der Präparierung eine Spur von Arsenik auf die Körperreste der abgezogenen Vögel überging.

Da wir nie Rind-, Kalb- oder Hammelfleisch zu sehen bekamen und Schweinefleisch nicht sehr verlockend erschien, ergriff ich das Angebot eines Eta (Mitglied der als »unrein« verachteten und unterdrückten Landarbeiterkaste der Paria. W.G.), welcher sich anbot, uns Rindfleisch zu besorgen. Er brachte auch nach einigen Tagen Fleisch in langen Streifen geschnitten, welches er uns zu unglaublich billigen Preisen abließ. Nach

Beratung mit meinem Vater kochten wir eine Suppe und bereiteten Beefsteaks, welche aber einen ganz anderen Geschmack hatten wie zu Hause.«

Die Ursache der Geschmacksveränderung klärte sich bald auf. Es war Fleisch von verendeten Tieren, das in der Abdeckerei »wohlfeil« zu haben war. »Wie sich mein jugendlicher, nicht mehr unverdorbener Magen bei dieser Nachricht aufbäumte, brauche ich nicht näher zu beschreiben. Auf meinen Vater machte die Sache nicht viel Eindruck; aber wir gaben die Versuche, europäische Fleischspeisen einzuführen, wieder auf und kamen ganz auf die japanische Kost zurück.«

Der Tagesablauf gestaltete sich so, daß der Vormittag für Besucher zur Verfügung stand, während der Nachmittag zu botanischen Exkursionen genutzt wurde, auf denen Siebold regelmäßig eine Anzahl Schüler begleitete. Am Abend widmete sich Siebold schriftstellerischen und wissenschaftlichen Arbeiten. Er hatte eine Reihe unvollendeter Manuskripte des »Nippon-Archivs« mitgenommen, die er in Japan unter Mithilfe seiner Freunde abschließen wollte. Natürlich fanden auch wirtschaftliche Fragen Berücksichtigung. So erschienen einige Beamte des Fürsten von Chikuzen, um die kapitalkräftige niederländische Handelsgesellschaft für die Eröffnung einer Kohlenmine auf dem Landbesitz ihres Herren zu gewinnen.

Siebold richtete auf Dejima eine Druckerei ein, in der 1861 auch seine »Offenen Briefe über Japan« erschienen, die seine Eindrücke während des zweiten Japanaufenthalts wiedergaben. Er mißbilligte die rücksichtslose Gewinnsucht der Engländer und Amerikaner, sprach sich gegen die Öffnung mehrerer Häfen aus (den Ausländern standen bereits die Häfen Shimoda, Hakodate, Yokohama, Niigata, Ōsaka, Kōbe und Nagasaki zur Verfügung) und gab der japanischen Regierung den Rat, nur einen Hafen, möglichst Nagasaki, zum Freihafen zu erklären. In Erledigung seines Auftrages gab er der Niederländischen Handelsgesellschaft Empfehlungen, wie verlorene Privilegien zurückgewonnen werden könnten, ohne dabei die Interessen Japans zu beeinträchtigen. Er verwies auf die Zweckmäßigkeit, eine Dampfschiff-Verbindung zwischen Japan und China zu errichten und den Handel mit Sibirien aufzunehmen.

Einer Begegnung sah Siebold mit erheblichen Herzklopfen entgegen: dem Wiedersehen mit seiner japanischen Frau Sonogi, die er vor mehr als drei Jahrzehnten einem ungewissen

Schicksal überlassen mußte. Doch die Freude an dem Treffen war ungetrübt. Ihre gemeinsame Tochter Oine (1827–1903) genoß als Hebamme in Nagasaki einen guten Ruf. Sonogi hatte 1830 einen Kaufmann geheiratet und war nach dessen Tode eine neue Ehe eingegangen.

Ein sehr schöner japanischer Brauch, dem auch Siebold folgte, war der ungezwungene Verkehr zwischen befreundeten Familien. Es war üblich, ohne große Vorbereitung oder Einladung, einfach abends mal hereinzuschauen, um gemütlich bei einer Tasse Tee zu plaudern, falls der Besuchte Zeit hatte; konnte er diese wegen dringender Arbeiten nicht erübrigen, ging man einfach ohne zu hadern, zum nächsten Bekannten.

Zunehmende Probleme bereitete den Siebolds der nahende Winter. In den Räumen, die nur durch Papierwände vom Garten abgegrenzt waren, wurde es bitter kalt, da sich die kleinen Holzkohlenbecken allenfalls zum Aufwärmen der Hände eigneten.

Zum japanischen Neujahrsfest herrschte emsiges Treiben, doch nicht nur voller Jubel und Freude, sondern auch, um rechtzeitig alle noch offenen Rechnungen zu bezahlen, für die der Neujahrstag Stichtag war, wollte man sich nicht mit einem gehörigen Zinssatz belasten. Für Händler und Handwerker, aber auch für Ärzte war deshalb das Neujahrsfest Anlaß zu doppelter Freude, während mancher arme Teufel sorgenvoll in die Zukunft sehen mußte.

Zum Glück hält das Frühjahr in Japan schon sehr zeitig Einzug. Siebold hatte in Narutaki, wo er bereits während seines ersten Aufenthalts ein Grundstück, die berühmte »Hochschule«, erworben hatte, ein an der Wallfahrtsstraße zum Tempel gelegenes Landhaus gekauft. Um das Anwesen legte er einen kleinen botanischen Garten an, in dem er seltene japanische Pflanzen aufzog, um sie in Spezialkisten nach Europa zu versenden, wo sie in seinem Leidener Garten akklimatisiert wurden.

Das prächtig gelegene Landhaus war Anziehungspunkt so mancher europäischer Gäste. Zu ihnen zählten nicht nur Botaniker und Angehörige der holländischen Kolonie. Hier weilten auch der russische Admiral Iwan Fedorowitsch Lichatschew (1826–1907) sowie der spätere Legationsrat Rudolf Lindenau. Er sollte im Auftrag der schweizerischen Eidgenossenschaft einen Handelsvertrag einleiten und erhoffte sich von Siebold freundschaftlichen Rat.

Besonders zu erwähnen aber ist Friedrich Albrecht Graf zu Eulenburg (1815–1881), der Befehlshaber der preußischen Expedition, der auf seiner Rückreise in Nagasaki Station machte.

Das von ihm befehligte »Kommandounternehmen« sollte im Schnellverfahren verlorene Zeit im Wolfskampf der Profitjäger wettmachen. Um auch die deutsche Öffentlichkeit zielgerichtet mit dem Anliegen vertraut zu machen, hatte der Zeichner Wilhelm Heine, der als Berichterstatter der »Kölnischen Zeitung« auf dem Flaggschiff mitreiste, rechtzeitig sein Buch »Japan und seine Bewohner. Geschichtliche Rückblicke und ethnographische Schilderung von Land und Leuten« herausgegeben und dabei über die Zielstellung, mit der sich der »patriotische deutsche Bürger« identifizieren sollte, keine Zweifel gelassen: »Ein deutsches Geschwader hat die heimatlichen Küsten verlassen und befindet sich auf dem Wege nach dem östlichen Asien. Was noch vor einem Jahr ein frommer Wunsch war, ist zur Hoffnung erregenden Tatsache herangereift, und dies bürgt dafür, daß die dringende Notwendigkeit erkannt ist, der deutschen Nation eine weltbürgerliche Stellung, dem deutschen Handel und der deutschen Industrie große Märkte zu eröffnen.«

Erstmals hatte derartige Absichten bereits 1855 der Kaufmann Friedrich August Lühdorf in seinem aufsehenerregenden Brief an den Gouverneur von Shimoda geäußert. Er war, wie seiner Reisebeschreibung »Acht Monate in Japan nach Abschluß des Vertrages von Kanagawa« (1857) zu entnehmen ist, mit einem amerikanischen Schiff unter Kapitän Georg Philipp Thaulow (geb. 1821) nach Japan gekommen: »Im April 1855 nahm ich ein Engagement als Superkargo der Brigg ›Greta‹ an, die vom amerikanischen Gouvernement gechartert war, 100 Tonnen Kohlen für den Gebrauch des amerikanischen Geschwaders nach Hakodate zu bringen. Die Ladung der Brigg, die 350 Tonnen trug, wurde mit verschiedenen Gütern komplettiert, womit man den Markt in Japan, von dem nach Abschließung des Vertrages von Kanagawa die größten Erwartungen gehegt wurden, versuchen wollte.«

Sein Brief an den Gouverneur lautete: »Obgleich unser Schiff von der amerikanischen Regierung als Transportschiff enga-

*Friedrich Albrecht Graf zu Eulenburg*

giert ist und wir gegenwärtig unter dem Schutze der amerikanischen Flagge fahren, ist doch nicht Amerika, sondern Deutschland unser Vaterland. Da es die Pflicht eines jeden Deutschen

*Mitglieder der preußischen »Expedition«*

ist, das Interesse seines Vaterlandes zu vertreten, wo es auch sein möge, so dürfen wir unsere Anwesenheit in Japan nicht vorübergehen lassen, ohne diese Gelegenheit zu benutzen und im Interesse unseres Vaterlandes Ew. Excellenz die Bitte allergehorsamst vorzulegen, bei der Kaiserlich japanischen Regierung in unserm Namen beantragen zu wollen, der deutschen Nation dieselben Vorteile und Privilegien gewähren zu wollen, welche die Kaiserlich japanische Regierung bereits mehreren andern zivilisierten Nationen erteilt hat.«

Mit diesem Anliegen machte sich Lühdorf freilich weniger zum Sprecher seines Vaterlandes als vielmehr zum Sprachrohr insbesondere der deutschen Hansestädte, die der preußischen Regierung in einer Denkschrift den Rat gegeben hatten, dem Vorbild anderer Mächte zu folgen und möglichst bald mit Japan zur Aufnahme von Handelsbeziehungen in Verhandlungen zu treten.

Nach zunächst zögerndem Verhalten vergrößerten sich mit der im Oktober 1858 angetretenen Regentschaft durch den Prinzen Wilhelm auch die handelspolitischen Aktivitäten. Die Regierung entschloß sich zur Entsendung einer Expedition, die neben Japan auch China und Siam aufsuchen sollte.

Die Ende der 50er Jahre verstärkt auf Europa orientierte außenpolitische Konstellation erlaubte zunächst keine Abweichung. Doch im Frühjahr 1860 war es soweit. Unter Leitung von Eulenburg begab sich die aus der Dampfkorvette »Arkona«, der Segelfregatte »Thetis«, dem Schooner »Frauenlob« und dem Transportschiff »Elbe« mit einer Gesamtbesatzung von 740 Mann bestehende Expedition auf Asienkurs. Sie vertrat die im Deutschen Zollverein vereinigten Staaten, die Hansestädte und Mecklenburg. Die Aufgabe lautete, Handelsverträge abzuschließen und der preußischen Marine Gelegenheit zu geben, »Erfahrungen zu sammeln«. Wichtig war auch, daß einige Wissenschaftler die Möglichkeit hatten, mitzureisen. Zu ihnen zählte u. a. der Geologe Ferdinand Freiherr von Richthofen (1833–1905).

Die Korvette »Arkona« war am 4. September 1860 vor Edo vor Anker gegangen. Die diplomatische Mission konnte beginnen. Dazu zählte natürlich auch zackiges Auftreten, und so wurde zunächst, wie das Tagebuch des Befehlhabers vermerkt, auf Deck »tüchtig Parademarsch geübt.« Am 8. September erfolgte der Einzug in die Stadt: »Wir setzten uns in Marsch, voraus das Musikkorps, das Preußenlied spielend, dann vierzig Seesoldaten, dann ich, den Kommodor zu meiner Linken, und mein Gefolge hinter mir, wir alle zu Pferde. Den Schluß machten achtzig Matrosen.« Das Interesse für Preußens Gloria aber war bei weitem nicht so groß, wie erhofft, »wahrscheinlich des schlechten Wetters und des Schmutzes wegen«, tröstete sich Eulenburg. Auch die Verhandlungen waren schwierig. Auf Grund des immer stärker werdenen Protestes des japanischen Volkes gegen das System ungleicher Verträge versuchte das Tokugawa-Bakufu, den Abschluß zu verzögern. Am 11. Januar 1861 aber hatte die Beharrlichkeit Eulenburgs einen Teilerfolg errungen. Er konnte das inzwischen »entsetzlich schmutzige und verstaubte Bild« des preußischen Regenten auspacken und säubern lassen, damit es dem feierlichen Vorgang die rechte Weihe gebe. Nicht zufriedenstellend war die Tatsache, daß sich Japan nur bereit erklärte, mit Preußen, nicht aber zugleich mit dem Zollverein und weiteren deutschen Staaten Verträge zu vereinbaren. Dessen ungeachtet lachte das Herz des Hohenzollernvasallen: »Preußische Schiffe werden den sehr lebhaften Handel zwischen China und Japan betreiben können, aber auch nur preußische, nicht hannoversche, oldenburgische oder hamburgische! Deutsche, die sich in Japan niederlassen wollen, müssen Preußen werden oder sich wenigstens für solche ausgeben.« Übrigens hatten es auch Nichtpreußen noch vor Abschluß der Verträge verstanden, ihre Interessen wahrzunehmen. So weilten der Leipziger Großkaufmann Gustav Harkort und weitere Vertreter des Handelsbourgeoisie in Japan, um Geschäfte anzubahnen.

Am 24. Januar 1861 fand die Unterzeichnung der preußisch-japanischen Verträge statt. Eulenburg konnte zufrieden die Fahrt in Richtung China fortsetzen. Am 18. Februar lief er die Bai von Nagasaki an und vier Tage später vermerkt ein Brief an seine Frau: »Heute vormittag besuchte mich der durch sein Werk über Japan bekannte Herr von Siebold (es war wenige Tage nach seinem 65. Geburtstag W. G.) in großer holländischer Oberstuniform mit unzähligen Orden, den Preußischen Rothen Adler-Orden zweiter Klasse oben auf.« Tags zuvor war Eulenburg Gast des niederländischen Konsuls Metman gewesen, bei dem offensichtlich während des Empfanges manches Negative über Siebold geäußert worden war, denn im Brief heißt es weiter: »Was ich von ihm gehört hatte, war nicht sehr günstig, er gleicht aber frappant Papa Rothkirch (Verwandter Eulenburgs W. G.), daß ich mich sofort zu ihm hingezogen fühlte und seine etwas konfusen Auseinandersetzungen und eitlen Anspielungen mit großer Geduld anhörte.«

Am nächsten Tag besuchte Eulenburg Siebold in seinem Sommerhaus: »Es ist dies ein sehr hübsches japanisches Häuschen, hinter welchem sich ein bewaldeter Hügel erhebt, von welchem aus man nach allen Seiten eine wunderhübsche, gemütliche Aussicht hat. Inwendig sieht es gelehrt unordentlich aus; umgeben ist es von einem kleinen botanischen Garten, und auf dem Hügel springen zahme rehartige Hirsche umher. Ich wäre gern länger geblieben, allein die Sonne fing an zu sinken. Siebold gab mir noch ein Stück Weges das Geleit und nahm dann, Tränen in den Augen, Abschied von mir.« Eulenburg hatte den Eindruck, daß »er niemals mehr nach Europa zurückkehren wird ... er ist in Japan und in die Japaner verliebt und will sein Werk über sie hier vollenden. Ob er jemals dazu kommen wird, ist mehr als zweifelhaft. Er hat enormes Material zu verarbeiten, und bei einem Alter von 65 Jahren hat man nicht mehr sehr viel Zeit zur Ausführung lang aussehender Projekte.«

Siebold leitete den Tag mit einem erfrischenden Bad in dem nahe vorbeifließenden Bach ein. Vom Garten seines Hauses konnte er weit ins Tal blicken, bis hin zu den mit Stroh gedeckten Hütten der Bauern. Er fand ausreichend Gelegenheit, das Leben des Landvolkes kennenzulernen. Man stand sehr früh auf und ging nach arbeitsreichem Tag zeitig zur Ruhe. Trotz harter Arbeit konnten die Bauern auch bei äußerst bescheidener Lebensweise nicht die Existenz ihrer Familien sichern. Abgaben und Belastungen waren zu groß.

Die Steuern waren in Naturalien in Höhe von 60% der Ernte zu entrichten, für den Feudalherrn mußten zusätzlich Frondienste geleistet werden und die Priester wollten ja schließlich auch leben.

Die Nachricht, daß der berühmte Siebold wieder in Japan sei, war bald auch nach Edo gedrungen. Auf Veranlassung der Leibärzte, zu denen ehemalige Sieboldschüler zählten, erhielt er den Ruf in die Landesmetropole, um, wie der offizielle Auftrag lautete, wissenschaftliche Vorträge zu halten. Angesichts der sich zuspitzenden Krisensituation erhoffte sich das Tokugawa-Bakufu von ihm Rat in innen- und außenpolitischen Fragen. Eine Erwartung, die durchaus seinen Vorstellungen entsprach.

Das schöne Landhaus zu verlassen fiel Vater und Sohn sehr schwer. Da jedoch der Vertrag mit der Niederländischen Handelsgesellschaft ablief und, wie Siebold mitgeteilt wurde, kaum Aussicht auf eine Verlängerung bestand, kam ihm das Angebot sehr gelegen.

In Begleitung der beiden Siebolds befand sich noch immer der »Sprachlehrer« Nonomiya Shūzō. Die Abreise verzögerte sich, da bei einer Probefahrt der Kessel der »England« platzte. Erst am 13. April 1861 konnte die Fahrt mit dem Dampfer »Scotland« angetreten werden. Kaum hatte dieser den schützenden Hafen verlassen, kamen heftige Stürme auf, die bereits am nächsten Tage dazu zwangen, am Eingang der Bucht von Kagoshima Schutz zu suchen. Nach beschwerlicher Reise wurde am 19. April 1861 das Verkehrs- und Handelszentrum Yokohama erreicht, das verglichen mit Nagasaki auf den jungen Siebold einen allzu nüchternen Eindruck machte.

In der Stadt herrschte wegen der Ermordung des amerikanischen Gesandtschaftssekretärs Heusken noch immer große Aufregung. Das vor einem Vierteljahr erfolgte Attentat war Ausdruck des tiefen Hasses gegen die an Einfluß gewinnenden fremden Profitmacher. Die Regierung sah sich, um internationale Konflikte zu vermeiden, zu Schutzmaßnahmen gezwungen, die jedoch von den ausländischen Vertretern häufig mißverstanden oder gar unterlaufen wurden.

In ihrem Hotel, das ihnen wegen der großen Unruhe wenig zusagte, trafen die Siebolds auf höchst interessante Gäste. Aus seiner sibirischen Verbannung geflohen, hatte hier der russische Anarchist Michail Alexandrowitsch Bakunin (1814–1876) auf dem Wege nach Großbritannien Quartier bezogen. Er stand im Mittelpunkt der allgemeinen Aufmerksamkeit.

Wilhelm Heine, der in Japan zurückgeblieben war, pries mit Stolz sein inzwischen zu Papier gebrachtes Reisewerk, dessen Oberflächlichkeit Siebold mit einer vernichtenden Rezension – »Hundert und ein Irrtum über Japan« – bedenken wollte.

Das ihm nach einigen Vorsprachen von der japanischen Regierung zur Verfügung gestellte Gästehaus bot wesentlich mehr Annehmlichkeiten als das von höchst undurchsichtigen Gestalten bevölkerte Hotel. Nicht zuletzt trug die Hilfsbereitschaft des französischen Gesandtschaftsträgers Duchesne de Bellecourt, der sogar einen Koch zur Verfügung stellte, zum behaglichen Aufenthalt bei.

Die von dunklen Palisaden umgebenen, meist einstöckigen Häuser machten einen recht düsteren Eindruck und bestärkten das Gefühl der Beklemmung, so daß man es vorzog, im Bereich des Grundstücks zu bleiben.

Die restliche, bis zum Reiseziel nur noch wenige Kilometer zählende Wegstrecke wurde bald angetreten. Das turbulente Treiben auf der Heerstraße bot ein farbenreiches Bild. Nahe der Vorstadt Shiuagawa mit ihren unzähligen Teehäusern lag der Sommersitz des Prinzen von Satsuma, der als Freund und Förderer der Wissenschaft Siebold während seines ersten Aufenthalts von großem Nutzen gewesen war.

Zur Unterkunft erhielten die Siebolds in Edo das Palais von Akabane, in dem wenige Monate zuvor die preußische Delegation Quartier bezogen und auch die Unterzeichnung des preußisch-japanischen Vertrages stattgefunden hatte.

Vielfältige Sicherheits- und Vorsichtsmaßnahmen ließen auf akute Gefahren schließen. »Unser Palais gleicht einem befestigten Lager. Im Hofe wimmelte es von Bewaffneten, und die Vorsäle waren besonders des Nachts von Leibgardisten des Shōguns besetzt«, schreibt Alexander von Siebold.

Als am 4. Juli 1861 die englische Gesandtschaft überfallen wurde, bewiesen die japanischen Wachen großen Mut. Sie verteidigten die ihrem Schutz anvertrauten ungeliebten Ausländer unter Aufopferung des Lebens und bewahrten damit ihr Land vor schweren Konflikten.

Auch im Palais Akabane, das etwa einen Kilometer vom Ort des schrecklichen Geschehens entfernt lag, wurde Alarm ausgelöst. Doch hier blieb alles ruhig. Siebold versuchte, sofort in die englische Gesandtschaft zu eilen, um ärztliche Hilfe zu leisten. Das aber wollte zumindest noch während der Nacht die Schutzwache nicht verantworten, so daß er erst bei Tagesanbruch aufbrechen konnte. Den Augen bot sich ein Bild des Grauens. Das Gebäude war in völliger Unordnung. Im Vorhof lagen die Leichen der Attentäter, und Siebold hatte reichlich Gelegenheit, sein chirurgisches Können bei den schwerverwundeten Wächtern unter Beweis zu stellen.

Die Vorkommnisse waren Anlaß, die Besatzung in dem von Siebold bewohnten Palais auf dreihundert Mann zu verstärken. Unmittelbar vor seinem Zimmer hatten fünf schwer bewaffnete Soldaten Posten bezogen. Die Attentäter, überwiegend Rōnin, entlassene »arbeitslose« Soldaten, waren, wie ein bei einem

*Philipp Franz von Siebold*

Getöteten aufgefundener Eid zeigt, zutiefst überzeugt, ihrem Vaterland als Patrioten zu nutzen: »Wenn ich Unterzeichneter auch meiner niedrigen Stellung wohl bewußt bin, so fühle ich mich dennoch außerstande, ruhig mit anzusehen, wie das heilige Reich durch die Fremden mit Füßen getreten wird. Es ist diesmal mein fester Entschluß, den Willen meines hohen Herrn auszuführen. Wenn auch meine Kräfte und Mittel beschränkt sind und ich nicht imstande bin, viel zur Verherrlichung meines Vaterlandes im Auslande beizutragen, so hoffe ich dennoch, durch treue Pflichterfüllung und ritterliche Dienste meine Erkenntlichkeit für die erhaltenen Wohltaten an den Tag zu legen. Sollte das dazu beitragen können, die Fremden allmählich zum Rückzug zu zwingen und dadurch einigermaßen die Sorgen seiner Majestät (des Kaisers) und der Regierung (des Shōguns) zu erleichtern, so würde ich mir dies als hohes Verdienst anrechnen. Indem ich mein Leben hiermit freiwillig opfere, gehe ich dem vorgesteckten Ziel entschlossen entgegen.«

Die von Haß diktierten Verzweiflungstaten bewirkten jedoch das Gegenteil. Sie dienten den Kolonialmächten zum Vorwand, mit bewaffneten Kräften zum vorgeblichen Schutz ihrer Landsleute (der, wie das Beispiel Siebold zeigt, durchaus von der japanischen Regierung gewährleistet werden konnte) aufzumarschieren und mit erpresserischen Maßnahmen auf Einhaltung und Erweiterung der ungleichen Verträge zu dringen.

Ungeachtet aller Unruhen versammelten sich täglich im Palast von Akabane japanische Wissenschaftler, um von Siebold nach einem gemeinsam festgelegten Studienplan in den Naturwissenschaften und der Medizin sowie in Fragen des Bergbau- und Hüttenwesens, zu Problemen der Volkswirtschaft, des Schul- und Armenwesens unterrichtet zu werden.

Weiteres wichtiges Anliegen des Zusammenwirkens war die Arbeit an einem japanisch-holländisch-englisch-französischen Wörterbuch, und »nebenbei« sollte das »Nippon-Archiv« fortgesetzt werden. Siebold beschäftigte sich auch mit Fragen der japanischen Staatsverwaltung und -verfassung, Themen, die in der bewegten innen- und außenpolitischen Zeit von besonderer Brisanz waren. Er schrieb im Gegensatz zu den in Europa vorherrschenden hysterischen Ausfällen über den »Barbarismus der Asiaten« einen sachlichen Bericht über die mit dem Attentat auf die englische Gesandtschaft im Zusammenhang stehenden Ereignisse. Zunächst analysierte er sehr objektiv die Motive der Attentäter: »Unterwirft man den Inhalt dieser Eidesschrift einer näheren Prüfung, so findet man darin ausgesprochen, einen Abscheu gegen die Ausländer, eine Mißbilligung ihres Betragens, Besorgnis für das Vaterland und den festen Entschluß, dasselbe sowie den Mikado und den Taikun zu beschützen.«

Er war um einen friedlichen Ausgleich zwischen der japanischen Regierung und den Vertragsmächten, die nach »Vergeltung« riefen, bemüht: »Wenn man aber von dem redlichen, festen Willen der Regierung überzeugt ist, so müßte dies, meine ich, die Ansichten der hier anwesenden Diplomaten umstimmen. Die Regierung kämpft mit aller ihr zu Gebote stehenden Macht gegen diese Volksmeinung an. Sie hat die Kraft bewiesen, seit länger als 200 Jahren den Frieden in ihrem Reiche zu erhalten. Dies zwar nicht durch die Gewalt der Waffen, sondern durch Handhabung der Gesetze im volkstümlichen Sinne. Erleichtert wurde ihr diese Haltung durch die dem Volk tief eingewurzelte Achtung vor dem Gesetz und Ehrerbietung gegen die Gesetzgeber. Es müßte auch auf der anderen Seite die Unmöglichkeit erwogen werden, mit einem Male, durch ein Machtwort, die Denkungsart eines Volkes zu ändern. Dies alles dürfte die Zweifel der Vertreter der fremden Mächte beseitigen, ihre Anforderungen beschränken und ihren Unwillen gegen die Regierung des Taikun mäßigen. Wie ich bewiesen habe, ist sie nicht allein unschuldig an allen geschehenen Exzessen, sondern tief entrüstet darüber. Sie bietet alles auf, ähnlichen Begebnissen fernerhin vorzubeugen. Sie ist bestrebt, den Fremden neues Vertrauen einzuflößen, um die Verhältnisse in Japan einer glücklichen Strömung entgegenzuführen.«

Siebold hatte seinen Bericht »Das Attentat auf die englische Gesandtschaft in Yeddo (Edo). Von einem historisch-politischen Gesichtspunkte aus betrachtet«, 1861 nicht zufällig in der »Kölnischen Zeitung« veröffentlicht. Dieses Organ der rheinischen Bourgeoisie hatte seit der Verbreitung des amerikanischen Vorgehens seine Leser ausführlich über das Geschehen unterrichtet.

Ursprünglich als Informationsorgan des Kölnisch-rheinischen Handels-, Schiffahrts- und Speditionsgewerbes geschaffen, hatte es sich weniger für politische Fragen als für einträgliche Möglichkeiten privater Geschäftsspekulationen interessiert.

Das hatte dazu geführt, daß das mehr auf industriell-kapitalistischen Fortschritt orientierte Bürgertum der rheinischen Wirtschaftsmetropole zur Durchsetzung seiner Interessen ein eigenes Organ, die »Rheinische Zeitung« schuf, zu deren Chefredakteur der erst 24jährige Karl Marx berufen wurde, unter dessen Leitung das Blatt revolutionär-demokratischen Charakter annahm. Nach dem auf Betreiben der preußischen Regierung erfolgten Verbot versuchte das liberale Bürgertum, die »Kölnische Zeitung« auf »Fortschrittsbahnen« zu lenken. So fand Siebold ein seiner Einstellung gemäßes Publikationsorgan, in dem er mehrfach zu außenpolitischen Problemen zu Worte kam.

Nach dem Attentat auf die englische Gesandtschaft wurde er von der japanischen Regierung in diplomatischen und politischen Fragen zu Rate gezogen. Insbesondere erhoffte man sich von ihm einen ausgleichenden Einfluß auf die Vertragsmächte, ein Anliegen, dem Siebold, soweit es ihm möglich war, auch nachkam.

Das Leben in dem umlagerten Palais wurde, wie Alexander seiner Mutter schrieb, immer prekärer. Die Zahl der Aufrührer wuchs: »Unsere Wohnung gleicht einer Festung oder vielmehr einem Gefängnis: Hecken, Verhaue und spanische Reiter sollten den Eingang verwehren.

An dreihundert Mann Soldaten und Offiziere sollen die Höfe und Gärten verteidigen und vierzig Offiziere unser inneres Haus. Abends ist alles auf dem Kriegsfuße. Patrouillen mit Spießen, Lanzen, Gewehren, Säbeln und Dolchen bis an die Zähne bewaffnet, in Eisen geharnischt, durchziehen fortwährend den ganzen Platz. An jeder Ecke stehen Wachen mit geladenen Gewehren und eine Unmasse von Laternen und Fackeln erleuchten die Umgebung. Die Zukunft wird lehren, ob diese Vorsichtsmaßregeln nötig oder unnütz waren; in dieser Hinsicht tut ja das japanische Gouvernement was es nur tun kann.«

In seinen Ratschlägen, die Siebold dem Tokugawa-Bakufu in politischen und Handelsfragen erteilte, stand er zum Teil offensichtlich im Widerspruch zu dem niederländischen Generalkonsul Jan Karel de Witt (1819–1894), der Doncker Curtius abgelöst hatte. De Witt befürchtete, die japanische Regierung könnte Siebolds Ansichten mit den Zielen der Niederlande identifizieren, zumindest würden durch die unterschiedlichen Auffassungen Unstimmigkeiten zwischen den niederländischen Vertretern deutlich. Siebold war für ihn ein Ärgernis. Zunächst versuchte er, ihn mit einem Schreckgespenst zu kurieren und möglichst kaltzustellen. Er erklärte, es in Anbetracht der unsicheren Verhältnisse nicht länger verantworten zu können, ihn als »Schutzbefohlenen« in Edo zu belassen. Er solle deshalb aus Sicherheitsgründen schnellstens zurückkehren, lehne er das ab, so müsse er ihm seinen diplomatischen Schutz entziehen.

Die Reaktion war unerwartet: Siebold antwortete, daß er sehr wohl auf diese »Gunst« verzichten könne, da er sich unter dem Schutz der Japaner durchaus sicher fühle. Nun galt es, schwerere Geschütze, allerdings hinter den Kulissen, aufzufahren. De Witt nahm auf diplomatischem Wege, nicht ohne spürbaren Nachdruck, Einfluß auf die japanische Regierung, die sich nach langem Zögern, um die zu befürchtenden diplomatischen Konfrontationen zu vermeiden, gezwungen sah, es Siebold am 13. Oktober 1861 nahezulegen, Edo zu verlassen. Die unerwartete Wende traf ihn völlig unvorbereitet und damit umso schmerzlicher. Er war jedoch auf Grund seiner Erfahrungen Realist genug, keine aussichtslosen Versuche zur Rücknahme der Entscheidung zu unternehmen. Seine Mission war zu Ende. Die Trennung von seinen Freunden und Schülern, die am 16. November in großer Zahl gekommen waren, sich von ihm zu verabschieden, war umso schwerer, da Siebold in seinem fortgeschrittenen Alter kaum damit rechnen konnte, sie jemals wiederzusehen.

Am 18. November reiste er nach Yokohama. Hier schlug auch die Abschiedsstunde für Vater und Sohn. Zwischen ihnen hatte es hinsichtlich der Zukunftspläne Auseinandersetzungen gegeben, da Alexander dem Wunsche des Vaters, ihn durch Vermittlung von Admiral Lichatschew eine Laufbahn in der russischen Marine zu eröffnen, wenig Geschmack abgewinnen konnte. Er hatte sich deshalb bei der Mutter beklagt: »Papa hat den Entschluß gefaßt, mich in die russische Marine zu tun als Kadett volontaire, er meint, daß dieses das beste sei, da ich doch für die (niederländische W. G.) Marine bestimmt war; zugleich soll ich Dolmetscher (des Admirals) für das Japanische sein. Es liegt eine Fregatte hier, auf welcher ich in sechs Monaten eintreten soll. Er (mein Vater) hat schon an Großfürst Konstantin durch den Kommandanten der Eskadres (Admiral Likatschew) geschrieben und wir warten nun die Antwort von St. Petersburg ab. Papa verspricht sich sehr viel davon, aber ich weiß nicht – ohne ein Wort Russisch zu können – aber ich hoffe es bald zu lernen. Angenehm wird es nicht sein – ganz allein auf einem fremden Schiff, ohne ein Wort der Sprache zu verstehen – aber ich will mein Bestes tun.«

Die Mutter legte, kaum hatte sie die für sie erschreckende Nachricht erhalten, energisches Veto gegen die eigenmächtige Entscheidung ihres Mannes ein, und er mußte auf sein Vorha-

フォリップ フランツ フォン ジーボルト

最終日本紀行

PH. FR. VON SIEBOLD'S

LETZTE REISE NACH JAPAN

1859—1862

自安政六年至文久二年

VON SEINEM ÄLTESTEN SOHNE

ALEXANDER FREIHERR VON SIEBOLD

男爵アレキサンデル、ジーボルト著

BERLIN 伯林 1903

VERLAG VON KISAK TAMAI

出版人玉井喜作

HERAUSGEBER DER MONATSSCHRIFT „OST-ASIEN"

月刊雜誌„東亞"發行者

*Bericht über die letzte Japanreise*

ben verzichten. Da die Absicht, den Sohn in russische Dienste zu geben, gescheitert war, sah sich Siebold nach neuen Möglichkeiten um. Freudig griff er das Angebot des portugiesischen Honorar-Konsuls Edward Clark auf, der Alexander als außeretatsmäßigen Dolmetscher bei der englischen Gesandtschaft unterbringen wollte. Sir Rutherford Alcock (1809–1897) gefiel der aufgeweckte Junge, dem er die Stelle, verbunden mit einer ansehnlichen Summe von sechstausend Mark Jahresgehalt bewilligte. Eine ungewöhnlich gute Startposition für einen Fünfzehnjährigen, den sein Vater zum Fortsetzer seiner Japan-Mission auserkoren hatte.

Die Trennung war für den in der Fremde erstmals auf eigenen Füßen stehenden jungen Siebold sehr bitter: »Der Abschied von meinem Vater wurde mir außerordentlich schwer – und schwerer noch dem greisen Manne, der noch die letzten Stunden dazu benutzte, mir gute Lehren und Warnungen mit auf den Lebensweg zu geben. Eines Abends brachte ich ihn an Bord des Dampfschiffes ›St. Louis‹, welches ihn nach Nagasaki führen sollte, und wir schieden nach einer letzten Umarmung. Als ich den nächsten Morgen bei schwerem Sturm das Schiff noch vor Anker liegen sah, versuchte ich nochmals, mich in einem japanischen Boote demselben zu nähern: Eine hohe, auf dem Verdeck stehende Gestalt winkte mir zu, wieder ans Land zu fahren – es war mein Vater, der mich erkannt hatte, aber in Anbetracht des schweren Seeganges mich nicht an Bord lassen wollte – es war sein letzter Gruß. Wir haben uns nie wiedergesehen.«

In der gefahrenvollen Fahrt durch die tückischen Klippen und Untiefen des japanischen Binnenmeeres gab der mit den Schwierigkeiten der Route wohlvertraute Siebold dem Kapitän, dem ein Lotse verweigert worden war, Hilfestellung. In Nagasaki unternahm er einen letzten Versuch, die japanische Regierung zu veranlassen, ihn als Begleiter einer inzwischen nach Europa abgereisten Delegation einzusetzen. Er hatte in Edo noch auf die Zusammensetzung dieser Gesandtschaft Einfluß genommen, die den Auftrag hatte, an den europäischen Höfen im Interesse einer Minderung der innenpolitischen Spannungen einen Aufschub der Handelsverträge zu erwirken. Siebold konnte sich dabei auf eine Empfehlung von Admiral Lichatschew berufen, der im Namen der zaristischen Regierung zum Ausdruck brachte, daß Siebold als Vertreter der japanischen

Angelegenheiten sehr willkommen sei. Der Petersburger Hof zog sogar in Erwägung, ihn später als Gesandten nach Edo zu schicken.

Im Gegensatz zu Prinz Heinrich der Niederlande, der ebenfalls Siebolds Teilnahme an der japanischen Europareise begrüßt hatte, ließ der Kolonialminister James Loudon (1824–1900) nichts unversucht, seinen Nutzen in Frage zu stellen. Er riet dazu, ihn als Berater des Generalgouverneurs von Niederländisch-Indien Ludolfe Sloet von der Beele (1806–1890) einzusetzen. So fand Siebold in Nagasaki die ehrenvoll erscheinende Berufung vor, die ihm doch noch günstige Perspektiven zur Verwirklichung seiner Ziele in Aussicht stellte.

Auf der Reise nach Batavia erarbeitete er einen Plan, den er dem Generalgouverneur vorlegen wollte. Darin schlug er vor, als niederländischer Gesandter nach Edo zurückzukehren, um hier zugleich als Sprecher des diplomatischen Corps alle Vertragsmächte bei der japanischen Regierung zu vertreten.

Mag diese Zielstellung auch unrealistisch gewesen sein, wesentlich ist die Absicht, die Siebold mit dieser Aufgabe verband: »Unsere Politik muß die Kinder des Friedens beschützen: Wissenschaft, Industrie, Seefahrt und Handel.« Zur Verwirklichung dieses Anliegens schlug er vor, ihm »wissenschaftliche Attachés« zur Seite zu stellen.

Doch als er in Batavia eintraf, erwiesen sich alle Pläne als Utopie. Die Leitung der japanischen Angelegenheiten war aus dem Ressort des Generalgouverneurs in die Amtsgeschäfte des Außenministers übergewechselt. Tief enttäuscht kehrte Siebold am 14. November 1862 nach Europa zurück.

In Den Haag versuchte er nochmals mit Unterstützung des Generalgouverneurs, die Regierung davon zu überzeugen, ihn als Gesandten nach Japan zu berufen. Als das am Widerstand des Außenministers scheiterte, zog er es vor, den Abschied aus dem niederländischen Staatsdienst zu nehmen.

Ein Trost für die wenig faire Behandlungsweise sollte die Beförderung zum Generalmajor im Generalstab des Niederländisch-Indischen Heeres sein, eine »Ehre«, von der Siebold nie Gebrauch machte, die Bewilligung einer Jahrespension von 4000 Gulden war hingegen eine willkommene und nach vierzig Dienstjahren wohl auch angemessene Abfindung, die ihn in die Lage versetzte, seine Forschungen weiterzuführen. Nach dem Abschied aus dem Staatsdienst zog Siebold mit seiner Familie im Frühjahr 1864 in die alte Heimatstadt Würzburg, wo ihn die Studenten herzlich empfingen. Auch aus der Ferne verfolgte er interessiert die weitere politische Entwicklung Japans. Zahlreiche Freunde und Schüler, nicht zuletzt auch sein Sohn Alexander hielten ihn über das Geschehen auf dem laufenden.

Die Lage hatte sich weiter zugespitzt. Obwohl das Shōgunat, dessen Tage gezählt waren, sich ohnmächtig zeigte, dem um sich greifenden Wirren Einhalt zu gebieten, lehnten die Vertragsmächte auch einen wenigstens zeitweiligen Rückzug ab, der die Lage beruhigt hätte, nein sie demonstrierten zunehmend eine Position der Stärke. Am 11. Juli 1863 hatten sechs englische Kriegsschiffe in der Bucht von Kagoshima drei Dampfer des Daimyō von Satsuma in ihre Gewalt gebracht, und am 15. August ließ Admiral Kuper die Stadt beschießen, da der Daimyō die geforderte »Genugtuung« für die im Vorjahr erfolgte Ermordung des Engländers Richardson verweigerte. Auch in der Meerenge von Shimonoseki war es im Bereich des Daimyats Chōshū zu bewaffneten Zwischenfällen gekommen. Angesichts dieser Attacken, die den Zorn des Volkes gegen die Eindringlinge noch vertieften, sah sich das Shōgunat zu einer Proklamation veranlaßt: »Du fragst, ob wir die totale Verjagung der Fremden wünschen. Dies ist gerade nicht ganz unser Wille. Wir wünschen dieselben nur unter gewissen Bedingungen ... Es war ausdrückliche Übereinkunft, daß die mit den Fremden abgeschlossenen Handelsvertäge nur eine große Gunst sein sollten ... Anstatt die ihnen bewilligten Privilegien als eine Gunst anzunehmen, wagen sie jetzt zu sagen, daß jene Verträge ihnen ein gesetzmäßiges Recht gewähren. Die Würde und die Majestät unseres Landes erlauben nicht, daß wir ein solch verwegenes Auftreten dulden.

Wie in vergangenen Zeiten kann man ihnen erlauben, Geld bei uns zu gewinnen ... Aber wir sehen nicht ein, warum sie von ihren Jakunins begleitet sein müssen. Sie haben niemanden anders als ihre Bureau-Chefs notwendig, und jedenfalls dürfen wir niemanden anders bei uns dulden als Kaufleute, die sich unseren Gesetzen und Handels-Reglements fügen ...

Du sagst, daß die Fremden anderer Meinung sind. Nun, so müßten wir ihnen die Privilegien wieder entziehen ...«

Japan sei bereit zum Widerstand: »Welcher Unterschied besteht denn zwischen der gegenwärtigen Epoche und der vor 250 Jahren? Hatten die Fremden vor zwei Jahrhunderten etwa keine großen Schiffe, keine Artillerie, keine Armeen, keine großen Königreiche? Hatten sie etwa keine Kenntnis von der Taktik des Krieges gehabt? der einzige Unterschied, der besteht, daß sie damals Segelschiffe hatten, und daß sie heute ihre Fahrzeuge mit Dampf betreiben. Desto besser für sie, sie werden um so schneller abreisen können ...« Das waren markige Worte, doch zu einem bewaffneten Abwehrkampf war man nicht in der Lage. Das Shōgunat mußte vielmehr versuchen, die außen- und damit auch die innenpolitische Lage auf dem Verhandlungswege zu entschärfen.

## Frieden, sein oberstes Prinzip

Alle Hoffnungen, bei den Vertagsmächten Verständnis oder gar Entgegenkommen zu finden, waren illusorisch. Die im Februar 1860 zu Verhandlungen nach Washington gereiste japanische Delegation hatte zugleich die Aufgabe, möglichst viel Anregungen für die Entwicklung der japanischen Wissenschaften aufzugreifen. An ihr nahm der liberale Aufklärer Fukuzawa Yukichi (1835–1901) teil. Er hatte sich als Zwanzigjähriger in Nagasaki der »holländischen« Wissenschaft gewidmet, später in Ōsaka bei Ogata Kōan Holländisch und Medizin studiert und sich im Verkehr mit den Ausländern in Yokohama auch das Englische angeeignet. Aus Amerika zurückgekehrt, wurde er Dolmetscher im Auswärtigen Amt und nahm an einer Reise in die europäischen Staaten teil. Im Ergebnis seiner Erfahrungen legte er 1866 das Buch »Europäische Verhältnisse« vor, das für die bürgerlich-geistige Umgestaltung des feudalen Japan von großer Bedeutung war.

Die erste japanische Gesandtschaft in Europa traf am 3. April 1862 in Marseille ein. Nach Frankreich waren England, Polen, Rußland und Portugal ihre Reiseziele. Die Abordnung hatte die Aufgabe, die in den ungleichen Verträgen vereinbarte Öffnung der Häfen angesichts der zunehmenden Protestbewegung hinauszuzögern.

Schließlich begab sich unter Führung des Fürsten Ikeda am 18. April 1864 eine weitere Delegation nach Europa. Sie vermochte jedoch ihr Hauptziel, Napoleon III. zu veranlassen, sich auf die Öffnung der Häfen Nagasaki und Hakodate zu beschränken, nicht zu erreichen.

Alle Versuche, die Tokugawa-Herrschaft zu erhalten, waren zwecklos. Weder Terror noch Kompromißbereitschaft vermochten den Wandel der japanischen Wirtschaft und des Soziallebens aufzuhalten. Das überlebte Feudalsystem war historisch zum Untergang verurteilt.

Siebold versuchte bei den Vertragsmächten eine realistische Sicht der japanischen Verhältnisse zu bewirken. Er lehnte strikt jede Einmischung in die inneren Angelgenheiten des Inselreiches ab und wirkte nach Kräften dem drohenden Ausbruch eines verhängnisvollen Bürgerkriegs entgegen. Er bemühte sich, die Weltmächte davon zu überzeugen, daß chaotische japanische Verhältnisse auch ihren Interessen entgegenstünden: »Dieser höchst bedenkliche Zustand«, schrieb er dem russischen Marineminister, »der nicht bloß die Folge ist von einem unzubefriedigendem Handelsinteresse, sondern auch durch politische Beweggründe herbeigeführt wurde, hat es mir, der mit der besten Absicht für den Völkerverkehr Japan zu öffnen gesucht hat, auch zur Pflicht auferlegt, das Land und das Volk in Schutz zu nehmen und zugleich einen vorteilhaften Handelsverkehr auf dem Wege des Friedens erhalten zu helfen.«

Da Rußland im Vergleich zu den anderen Vertragsmächten bei der Verfolgung seiner wirtschaftlichen Interessen weitaus weniger militant vorgegangen war, hielt er es für eine Vermittlerrolle besonders geeignet und bot sich erneut an, diese Aufgabe vorbehaltlos zu übernehmen. Doch das von Krisen erschütterte zaristische Reich war zu sehr mit seinen eigenen Problemen beschäftigt, als daß es in der Lage gewesen wäre, eine aktive Außenpolitik im Fernen Osten zu betreiben. Wie kein anderer Europäer hatte Siebold auf Grund seiner genauen Kenntnisse der politischen Lage unter Berücksichtigung der Lehren aus der japanischen Geschichte die Entwicklung vorausgesehen und bereits vom Oktober 1864 bis zum Januar 1865 in der Augsburger »Allgemeinen Zeitung« seine »Rundschau am politischen Horizont des Sonnenaufgang-Landes Nippon (Japan)«, im Rahmen einer Artikelfolge dargelegt.

Entgegen aller Vernunft und historischen Einsicht hatten die Vertragsmächte noch 1864 dem historisch überlebten Shōgunat politische und auch militärische Hilfe gewährt. Erst als man erkennen mußte, daß eine gewaltsame Öffnung des Landes verlustreich und ergebnislos wäre, orientierte man sich (mit Ausnahme von Frankreich, das das Shōgunat weiter unterstützte) über den 1865 berufenen neuen englischen Gesandten Harry Parkes (1828–1885) auf einen Annäherungskurs an die Kaiser-Partei.

Siebold wurde nicht müde, nach potentiellen Bundesgenossen seiner Japanpolitik zu suchen. Er glaubte, diese im Herbst 1865 in den Vertretern der französischen Bourgeoisie gefunden zu haben, die für ein – ihnen Gewinn versprechendes – Projekt einer französisch-japanischen Handelsgesellschaft Interesse zeigten. Als sich aber zwischen ihrem Besitzstreben und Siebolds humanitärem Anliegen schwerlich zu überbrückende Widersprüche zeigten, begannen die Geldgeber an der Zweckmäßigkeit des Unternehmens zu zweifeln, das durch Ausbruch des preußisch-österreichischen Krieges, der Frankreich zwang, sich auf die europäische Politik zu konzentrieren, ohnehin in die Ferne gerückt wurde. Siebold mußte damit seine bereits eingeleiteten Vorbereitungen für die erhoffte dritte Japanreise einstellen.

Auch für den Abschluß seines »Nippon-Archivs« wäre diese Reise dringend notwendig gewesen, da Siebold in der Hoffnung, nochmals zurückzukehren, 1862 einen Großteil seiner Unterlage in Nagasaki zurückgelassen hatte.

Zu seinen Pariser Mitarbeitern hatte auch der Schriftsteller Alphonse Daudet (1840–1897) gezählt, von dem er sich jedoch, als für das Sekretärsamt der geplanten Reise ungeeignet, bald wieder trennen mußte.

Nachdem alle Hoffnungen, sein Friedenswerk fortzusetzen und eine neue Japanreise antreten zu können, gescheitert waren, zog sich Siebold im Frühjahr 1866 zurück. Doch Resignation entsprach nicht seinem Wesen. Freudig griff er deshalb das Angebot der bayerischen Regierung auf, in München eine Ausstellung seiner umfangreichen Sammlungen vorzubereiten. Dank der Vermittlung des Konservators und Amerikareisenden Moritz Wagner (1813–1887) wurde auch der Aufkauf dieser Kostbarkeiten durch den bayerischen Staat erwogen. Erneut drohte ein Mißgeschick, das Vorhaben in Frage zu stellen: Preußische Truppen bedrohten die Landeshauptstadt des im preußisch-österreichischen Krieg mit den Habsburgern verbündeten Bayern. Doch unbeirrt von dem Geschehen, ging Siebold daran, in München seinen Traum vom Aufbau eines völkerkundlichen Museums zu verwirklichen. Bereits 1835 hatte er dem bayerischen König entsprechende Vorschläge unterbreitet und auch in Leiden und Paris dieses Ziel zu verwirklichen gesucht.

Trotz behelfsmäßiger Unterbringung waren die völkerkundlichen Sammlungen des bayerischen Staates weit mehr als das sonst noch übliche Konglomerat exotischer Kuriositäten, sondern dank des von Martius und Spix systematisch gesammelten und von Zuccerini erschlossenen Materials bereits ein Fundus von hohem wissenschaftlichem Wert. Moritz Wagner vereinigte die Spix-Martius-Sammlung mit der chinesischen und indischen sowie der zum Kauf angebotenen Sieboldschen Sammlung (die bisher als Privateigentum gegen Eintrittsgeld zu besichtigen war) und eröffnete damit das Museum für Völkerkunde, das jedoch für Ausstellungszwecke denkbar ungeeignet war. Max Buchner, der Nachfolger Wagners und Direktor des Museums, schildert die Lage:

»Die Gefährlichkeit des Museums gab sich zunächst als Winterkälte bis in den Münchener Sommer hinein. Es war merkwürdig, wie in ihm diese Minustemperaturen sich so hartnäckig halten konnten. Solange es schneite, ließen die Stiefel der Besucher häufig Spuren davon zurück, die ungeschmolzen liegen blieben. Und Schnee kam auch noch durch die Fenster und sogar bis in die Schränke, da beide oben Löcher hatten, ohne daß den Museumsdienern das bemerkbar gewesen wäre. Mehr als einmal lagen während des ersten Winters Schneehäufchen neben Museumsschätzen in den scheinbar verschlossenen Schränken ... Es herrschte beständig in den Sälen eine dumpfe Gruftatmosphäre.

Nur einige von den vielen Fenstern, fünf oder sechs, konnten normal geöffnet werden, freilich immer mit der Gefahr, daß sie sich nicht mehr zumachen ließen, weil auch ihre alten Scharniere schon sehr schadhaft geworden waren.«

Unter derartig erschwerten, ungesunden Bedingungen arbeitete Siebold, um seine Sammlung dem Fundus einzufügen. Eine schwere chronische Erkältung hatte seine Widerstandskraft so sehr geschwächt, daß er nach nur kurzem Krankenlager an den Folgen einer Blutvergiftung am 18. Oktober 1866 verstarb.

In der Sitzung vom 28. März 1867 würdigte der Sekretär der mathematisch-physikalischen Klasse der Bayerischen Akademie der Wissenschaften, Karl Friedrich Philipp von Martius, den

Verstorbenen: »Es liegt eine akademische Befriedigung in dem Gedanken, daß die Wissenschaft mächtigen Anteil hat an den großen kulturhistorischen Ereignissen, die unser Jahrhundert bezeichnen. Darum schätzen wir in unserem entschlafenen Kollegen nicht bloß den mutigen Reisenden, den betriebsamen Förderer der Erkenntnis mannigfachster Tatsachen, den feinen Beobachter von Dingen und Menschen, den tätigen Sammler, – sondern auch eine jener Naturen, die mit seltener Volubilität (Beweglichkeit W. G.) der Sprache, der Gedanken und der Lebensformen sich in alles zu finden wissen und die mit unversiegender Spannkraft dem Ziele zustreben, für das sie eine providentielle Mission in sich verspüren. Siebold hielt sich berufen, das ferne Nippon durch die Fäden der Wissenschaft mit den Lebenskreisen Europas zu verschlingen. Soviel ein einzelner Mann, ein Gelehrter, der auch zum Diplomaten wird, zu wirken vermag, hat er mit Griffel und Wort bewirkt.«

Der von japanischen Freunden und Schülern in Nagasaki errichtete Gedenkstein trägt die Inschrift: »Unter den Gelehrten Europas gilt Siebold als der wissenschaftliche Entdecker Japans, und dieser Ruf ist wohlbegründet. Hier sei es in Stein gehauen und als ein Denkmal für ihn an der Küste von Nagasaki aufgestellt: Sein Name ist unsterblich durch seine große Tat, daß er das Edelste unseres Landes und Volkes erkannt und die Kunde davon den Nationen vermittel hat. Hier in diesen Stein, den wir zu seinem ewigen Andenken an der Küste von Nagasaki errichteten sei sein Ruhm eingehauen.«

## Im Geiste des Vaters

Das Werk Philipp Franz von Siebolds fand in dem Wirken der Söhne Alexander und Heinrich von Siebold würdige Fortsetzung. Wie war seit dem Abschied von dem Vater die Entwicklung Alexanders verlaufen? Er nimmt dazu in seinen »Erinnerungen aus Alt-Japan, unter britischer Flagge« Stellung: »Wenn es schon ein seltenes Glück war, in meinem Alter, wo man gewöhnlich noch die Schulbank drücken muß, eine solche Stellung zu gewinnen, so war eigentlich meine Ernennung noch wunderbarer, wenn man bedenkt, daß ich damals kaum ein

*Alexander von Siebold*

paar Worte Englisch verstand und daher nicht nur im Dienst erst lernen, sondern auch mich erst in der englischen Sprache selbst zurechtfinden mußte. Es war aber, wenn auch ein Glücksfall für mich, keineswegs eine Folge von Protektion oder höherer Einflüsse, daß mir dieser Posten angeboten wurde. Der englische Gesandte, Mr. Rutherford Alcock, glaubte in mir gerade dasjenige gefunden zu haben, was der englische diplomatische Dienst vor allem in Japan brauchte: eine Person, welche imstande war, den direkten Verkehr mit den höheren japanischen Staatsbeamten unter Umgehung der eingeborenen Dolmetscher zu ermöglichen und die gleichzeitig über die politische Lage im Lande sichere Information sammeln konnte. Bisher war es nicht gelungen, in das undurchsichtige Dunkel, mit welchem die Regierung des Shōgun ihre Politik umgeben hatte, einzudringen. Der Fremde war Zeuge der politischen Agitationen, man hörte von den Mordanfällen gegen die hohen Staatsbeamten des Shōgun, ja man war selbst fortwährend der Lebensgefahr ausgesetzt, aber was hinter den Kulissen vorging, darüber war niemand vollständig orientiert. Man wußte selbst nicht, ob es sich um eine große politische Umwälzung handelte, ob nicht sogar dynastische Restaurationsbewegungen im Gange waren. Keiner konnte darüber sichere Auskunft geben. Wenn es ohnehin schon schwierig war, einen Einblick in das Labyrinth japanischer Politik zu gewinnen, so wurde dieser Versuch ein unlösbares Rätsel, sobald man sich der Vermittlung der Beamten des Shōgun bediente und auf die Erklärung eingeborener Dolmetscher sich verlassen mußte. Zwar hatte die englische Regierung schon frühzeitig einige talentierte junge Eleven zum Studium der japanischen Sprache der Gesandtschaft zugeteilt, welche mir, was meine wissenschaftliche Vorbildung anbetraf, weit voraus waren. Sie widmeten sich auch mit dem größten Eifer dem Studium der japanischen Sprache und der chinesischen Literatur, bis dahin hatten sie aber noch nicht dieselbe Geläufigkeit in der japanischen Umgangssprache wie ich erworben, und es vergingen noch Jahre, bis sie imstande waren, bei diplomatischen Konferenzen dolmetschen zu können.

Von meinem Chef, einem Gentlemen vom Scheitel bis zur Sohle, wurde ich in wahrhaft väterlicher Weise aufgenommen. Bei meinen Kollegen, die selbstverständlich alle älter waren als ich, fand ich Entgegenkommen und liebevolle Unterstützung. Der Gesandte sprach geläufig Französisch, was für die erste Zeit meines Dienstes für mich eine große Erleichterung war, und, da er mir zwei Zimmer in seinem Hause einräumte, hatte ich Gelegenheit, wieder nach langen Jahren nicht nur den Komfort einer europäischen Wohnung, welche ich seit meiner Abreise aus der Heimat entbehren mußte, zu genießen, sondern auch an der gastfreien Tafel meines Chefes meine durch langjährige Entbehrung der gewohnten Lebensweise etwas angegriffene Gesundheit zu kräftigen.«

Schon wenige Tage nach seiner Anstellung hatte Alexander von Siebold Gelegenheit, seine Sprachkenntnisse bei einer Beratung unter Beweis stellen. Mister Alcock war sehr zufrieden, und er nahm den Eleven als Dolmetscher zu einer längeren schwierigen Konferenz mit Vertretern des Bakufu nach der Shōgun-Stadt Edo mit.

Die neue Würde brachte für Alexander von Siebold auch mancherlei Bürde. Auf Grund seiner Fähigkeiten neben dem Dolmetscher auch noch zum Privatsekretär und damit zu einer Art »Hofmarschall« des Gesandten ernannt, hatte er als verantwortlicher Chef des Haushalts etwa fünfundvierzig japanische Dienstboten anzuleiten und stets für die notwendigen Vorräte zu sorgen. Als Rutherford Alcock im März 1862 einen längeren Urlaub antrat, übernahm Charles A. Winchester vertretungsweise sein Amt. Während der Anreise traf er in Nagasaki noch Vater Siebold an, der ihm das Wohl seines Ältesten ans Herz legte. So wurde Alexander mehr noch als bisher in das Familienleben des Gesandten einbezogen und erhielt die Aufgabe, Mrs. Winchester auf ihren ausgedehnten täglichen Spazierritten zu begleiten. Unter so günstigen Bedingungen beherrschte er bald auch die englische Sprache vollkommen und wurde nach bestandenem Staatsexamen im Sommer 1863 endgültig als Dolmetscher und Übersetzer in den englischen Staatsdienst genommen.

In dieser Funktion mußte er den Legationssekretär Oberst John Edward Neale auf dem Flaggschiff »Euryalus« auf seiner Fahrt mit dem englischen Geschwader begleiten, das am 12. August 1863 die Hafenstadt Kagoshima im Süden der Insel Kyūshū unter Beschuß nahm (siehe S. 214). Nach dem auch für die Engländer verlustreichen Gefecht mußten diese erkennen, daß eine gewaltsame Öffnung des Landes wenig erfolgversprechend war. Viel sinnvoller erschien es, sich auf die Reformpartei und den Kaiser zu orientieren, um auf diesem Wege das angestrebte Ziel zu verwirklichen.

Seiner erfolglosen, wenig gewandten Diplomatie wegen war der britische Gesandte Alcock im Juli 1865 durch Harry Parkes

(1828–1885) abgelöst worden, der sich, in praktischen Fragen der Verhandlungsführung mit den Japanern noch unkundig, von Alexander von Siebold, der bereits einige Erfahrungen gesammelt hatte, informieren ließ. A. v. Siebold berichtete seinem Vater: »Ich stehe ungeheuer gut mit meinem Chef, und er hat mich sehr nützlich und verständig gefunden, auch geht mit dieser Mail (Post W. G.) eine Depesche nach London, welche meine Haltung und Nützlichkeit dem Gouvernement anbefiehlt. Ich habe mir eine sehr gute Position in der Legation herausgearbeitet, und meine Kenntnis aller Sachen und Unterhandlungen und der der japanischen Politik macht mich sehr nützlich, obwohl ich kaum auf Erhöhung meines Gehalt oder Rang hoffen kann, so denke ich jetzt meine Position als sehr angenehm und ehrenvoll.«

Als schließlich im Februar 1867 eine von dem Bruder des Shōgun geleitete Delegation nach Europa reiste, befand sich auch Alexander von Siebold in seiner Begleitung.

Die Gesandtschaft weilte zunächst einige Monate in Paris, wo sie von Kaiser Napoleon III. (1808–1873) empfangen wurde. Nach Abstechern nach Bern, Wien, Brüssel, Den Haag und Florenz begab sie sich Ende des Jahres nach der britischen Metropole, wo ihr Königin Victoria, der Alexander von Siebold als Dolmetscher zur Seite stand, eine Audienz gewährte.

Er nutzte die Gelegenheit des Europaaufenthalts, um im Britischen Museum in London und mit den Münchener Sammlungen wegen der Übernahme von Nachlaßteilen seines vor einem Jahr verstorbenen Vaters zu verhandeln.

Als Alexander von Siebold 1868 über Kalifornien nach Japan zurückkehrte, fand er eine völlig neue Situation vor. Am 26. November 1867 hatte das Shōgunat den ausländischen Gesandten folgende Erklärung übermittelt: »Gegenwärtig ist uns der Westen in bezug auf Waffen und Kriegskunst überlegen. Wir haben nicht nur erkannt, daß es taktisch falsch wäre, mit unserem an einen über zweihundertjährigen Frieden gewöhnten Volke plötzlich einen sinnlosen Krieg zu führen, sondern auch schnell verstanden, das es unvernünftig wäre, wenn wir in einer veränderten Zeit, in einer Zeit, da ferne Länder wie Nachbarn miteinander verkehren und ein einzelnes östliches Inselland nicht über die Kraft verfügt, neben den anderen Ländern als seinen Feinden zu bestehen, die uns unter dem einen Himmel umgebenden Völker von uns abzuschneiden nicht mit ihnen zu verkehren. Und so entschlossen wir uns, Verträge mit jedem Land abzuschließen.«

Noch im selben Monat hatte sich der letzte Tokugawa-Shōgun, Keiki, infolge der wachsenden Anti-Bakufu-Koalition gezwungen gesehen, die oberste Macht an den Kaiser zurückzugeben. Versuche von Nutznießern und Anhängern der ehemaligen Bakufu-Regierung, die Entwicklung im Interesse ihrer Privilegien aufzuhalten oder gar die Macht mit militärischer Gewalt zurückzuerobern, waren nicht zuletzt auch an dem entschlossenen Widerstand der Bauern und des städtischen Bürgertums gescheitert.

Den Anhängern des Kaisers Mutsuhito und der neuen Meiji-Regierung (»erleuchtete Regierung«) gelang es, nach ihrem Sieg im Bürgerkrieg unter Beibehaltung feudaler Relikte die historisch notwendigen gesellschaftlichen Reformen durchzusetzen.

Die Meiji-Restauration, ihrem Charakter nach eine unvollendete bürgerliche Revolution »von oben«, begünstigte die Entwicklung des Kapitalismus und bewirkte damit eine weitgehende Modernisierung des Landes, einschließlich des Verwaltungsapparates. Es entstand eine Industrie, die auf den technisch-wissenschaftlichen Errungenschaften der entwickeltsten kapitalistischen Länder aufbaute.

Nachdem am 3. Januar 1868 die Wiederherstellung der Monarchie proklamiert wurde, beeilte sich bereits fünft Tage später ein Sprecher der neuen Regierung, un keine internationalen Konflikte heraufzubeschwören, den ausländischen Gesandten zu versichern, daß die Regierung des Kaisers die (bisher abgelehnten) Verträge zwischen dem Shōgunat und den Vertragsmächten anerkenne. Ja, es wurden nach deren Muster neue Vereinbarungen mit Schweden, Norwegen und Spanien (November 1868) und Preußen (Februar 1869) abgeschlossen.

Zugleich aber wußte die neue Regierung von den mit den ungleichen Verträgen verbundenen innen- und außenpolitischen Gefahren. Sie brachte deshalb bereits in ihrer ersten Verlautbarung über die Richtlinien der Außenpolitik am 8. Februar 1868 zum Ausdruck, daß es erforderlich sei, »alle schädlichen Verträge, welche vom Tokugawa-Shōgunat abgeschlossen wurden, zu revidieren, nachdem man über die Vor- und Nachteile solcher Verträge im Kabinett frei diskutiert habe«. Die Regierung konnte sich in ihrer Entscheidung auf ein Gutachten des einflußreichen Politikers Iwakura Tomomi stützen, in dem es heißt: »Auch die Handelsverträge, die wir schon mit England, Frankreich, Amerika, Preußen usw. abgeschlossen haben, müssen wir revidieren, damit wir die Unabhängigkeit unseres heiligen Reiches zurückerlangen. Es ist eine große Schande für uns, daß wir in der heutigen Zeit fremde Soldaten in unsere Hafenstädte hereinlassen, und daß wir diejenigen Ausländer, die unsere Gesetze übertreten, den Behörden ihrer Staaten ausliefern müssen. Es ist dringend notwendig, die Hoheit unseres Reiches wiederherzustellen, indem wir alle jene Verträge mit entscheidender Haltung revidieren. Selbst wenn die Vertragspartner bei den Revisionsverhandlungen unsere Forderungen mit verwegenen Argumenten abzulehnen versuchen, müssen wir unseren Willen mit Hilfe logischer Folgerichtigkeit trotzdem durchsetzen.« Das Ziel war klar, doch galt es zunächst, die Voraussetzungen seiner Durchsetzung zu schaffen. Erste Bedingung war die Aufrechterhaltung des Friedens. Deshalb sah sich die Meiji-Regierung zunächst veranlaßt, weitere Verträge nach altem Muster abzuschließen, ja, wie der am 18. Oktober 1869 mit Österreich-Ungarn vereinbarte Handels- und Schiffahrtsvertrag zeigte, sogar noch erweiterten Privilegien die Zustimmung zu geben.

Eine entscheidende Voraussetzung, die Revisionsabsichten mit Erfolg durchzusetzen, war die weitere Modernisierung des Landes nach dem Vorbild der fortgeschrittenen Industriestaaten. Erst wenn die Ursachen beseitigt werden, die das Aufzwingen der ungleichen Verträge ermöglicht hatten, war an deren Revision zu denken. Das Aufholen des wirtschaftlichen und technisch-wissenschaftlichen Vorsprungs Amerikas und der europäischen Mächte war deshalb ein entscheidendes Ziel.

Alexander von Siebold, der, den Auffassungen seines Vaters folgend, bereits vor den Meiji-Reformen zu einer Orientierung auf die den historischen Fortschritt repräsentierende »Kaiser-Partei« geraten hatte, sah mit Genugtuung seine Prognose bestätigt. Bald stieg er auf der Leiter der diplomatischen Karriere einige Stufen höher. Er vertrat den Gesandtschaftssekretär Ernest Satow (1843–1929) und führte selbständig die Konsulatsangelegenheiten in Tōkyō (bisher Edo).

Als Anfang Oktober 1869 eine österreich-ungarische Handelsmission unter Admiral Anton von Petz (1819–1885) in Yokohama eintraf, wurde er ihr auf ausdrücklichen Wunsch des österreichischen Reichskanzlers Ferdinand von Beust (1809–1886) als Dolmetscher und Berater zugewiesen. Als Zeichen der Anerkennung für sein Mitwirken beim Zustandekommen des »Freundschafts-, Handels- und Schiffahrtsvertrages« erhob ihn Kaiser Franz Joseph I. (1830–1916) in den Freiherrnstand.

Das Ansehen und die internationalen Verbindungen des gewandten jungen Diplomaten vertieften sich. Wie groß das Vertrauen war, das auch die japanische Regierung in ihn setzte, zeigt das Angebot, ihn in den diplomatischen Dienst zu übernehmen, das Alexander von Siebold im August 1870 freudig aufgriff. Damit erhielt sein Wirken einen noch größeren Aktionsradius. Siebold reiste als Berater und Sonderbevollmächtigter in europäische Länder, war Mitglied der Vorbereitenden Kommission der Wiener Weltausstellung und wurde 1874 als Europaspezialist in Tōkyō dem Staatsrat zugeteilt. In dieser Funktion war er aktiv bei der von der japanischen Regierung beabsichtigten Revision der ungleichen Verträge beteiligt. Er sah sein Ziel dabei vor allem darin, bei den äußerst schwierigen Verhandlungen zwischen den divergierenden Positionen Möglichkeiten eines Kompromisses zu finden.

## Vom Ausland lernen

Die als erster Versuch einer Revision der ungleichen Verträge geltende Iwakura-Delegation war, wie auch die Zusammensetzung der Teilnehmer zeigt, mehr eine großangelegte Studien- und Informationsreise. Geführt von Iwakura Tomomi begaben sich achtundvierzig offizielle Delegationsmitglieder, praktisch die neue politische Führungsspitze, meist Verwaltungs- und Finanzfachleute, Juristen und Pädagogen – auf die Reise. Begleitet von vierundfünfzig jungen Aristokratensöhnen, die sich zu Studienzwecken in Amerika und Europa aufhalten sollten. Am 15. Januar 1872 traf die Delegation in San Francisco ein. Nach einem Besuch bei dem amerikanischen Präsidenten Ulysses Simpson Grant (1822–1885), dem erfolgreichen Heerführer der Nordstaaten im Sezessionskrieg, wurden Verhandlungen mit Staatssekretär Hamilton Fish aufgenommen. Im großen und ganzen beschränkten sich die Aussprachen auf einen für die japanische Delegation äußerst instruktiven Meinungsaustausch über Möglichkeiten einer Vertragsrevision, die nach der Rückkehr gründlich ausgewertet wurden. Die japanische Regierung hatte sich das Ziel gestellt, die Revision nicht mit einem oder einzelnen Staaten einzuleiten, sondern die Verhandlungen auf einer internationalen Konferenz mit allen Unterzeichnerstaaten gleichzeitig zu führen.

Nach siebenmonatigem Amerikaaufenthalt begab sich die japanische Delegation nach Europa. Wie gründlich sie überall die Möglichkeit nutzte, sich mit den Verhältnissen vertraut zu machen, zeigt, daß sie sich ein halbes Jahr in England aufhielt, um dann eine ausgedehnte Reise auf dem europäischen Kontinent anzuschließen. London, Paris, Den Haag, Brüssel, Berlin (es fanden Gespräche mit Bismarck statt), Petersburg, Kopenhagen und Stockholm waren Stationen ihres ausgedehnten Reiseprogramms. Über Italien, Österreich, die Schweiz und Frankreich wurde schließlich nach zweiundzwanzig Monaten die Rückkehr mit einer Fülle von Erfahrungen und Kenntnissen angetreten. Alexander von Siebold war als Berater der japanischen Regierung an der Auswertung des reichhaltigen Materials und der Vorbereitungen der Vertragsrevisionen maßgeblich beteiligt. Mit seinen reichen Erfahrungen und Kenntnissen stand er auch den japanischen Missionen in den europäischen Staaten jederzeit zur Verfügung. 1910 konnte er hoch geehrt sein vierzigjähriges Jubiläum im japanischen diplomatischen Dienst begehen. Erst der Tod beendete am 23. Januar 1911 sein unermüdliches Streben im Dienste der deutsch-japanischen Freundschaft. In seiner Gedenkrede brachte der japanische Gesandte Chinda Sumechi (1856–1929) zum Ausdruck: »Der Mann, der am längsten unserer Regierung treu gedient, der sich völlig seinem teueren Japan geweiht hatte, der die intimste Fühlung mit unserem Seelenleben gehabt, fast möchte ich sagen: der mit uns verwachsen war, das war Alexander von Siebold. Es dürfte überflüssig sein, alle die wertvollen Verdienste aufzuführen, die er unserem Vaterlande erwiesen hat. Aber einen Umstand darf ich nicht übersehen: die Tatsache, daß Siebold sein Leben an ein hohes und weitschauendes Ziel gesetzt hat, das nichts anderes war, als die Bande herzlicher Freundschaft, die schon zwischen Japan und Deutschland bestanden, noch fester zu knüpfen und die wohlbegründeten vertraulichen Beziehungen zwischen den beiden Ländern noch inniger zu gestalten. Und nicht vergebens waren seine Bemühungen.«

Alexander von Siebold hatte als Diplomat auch den deutsch-japanischen Wissenschaftsbeziehungen große Aufmerksamkeit gewidmet. In dem Bestreben, so bald und so viel wie möglich vom Ausland zu lernen, hatte die japanische Regierung bis zum Jahre 1875 etwa fünfhundert ausländische Spezialisten in Dienst gestellt, deren Zahl sich bis zum Jahre 1890 auf dreitausend erhöhte.

Auf wissenschaftlichem Gebiet hatte man sich dabei mehr und mehr auf Deutschland orientiert, das seit der Reichsgründung eine besonders intensive wirtschaftliche und wissenschaftliche Entwicklung durchlief und mit seinem späten Eintritt in die kapitalistische Gesellschaft vielerlei Ähnlichkeiten zu den japanischen Verhältnissen hatte.

Wegbereiter dieses Kurses war der Staatswissenschaftler Katō Hiroyuki (1836–1916), unter dessen Einfluß 1863 in dem aus dem ehemaligen »Prüfungsamt für Schriften der Barbaren« hervorgegangenen »Prüfungsamt für westliche Schriften« die deutsche Sprache als Lehrfach eingeführt wurde. Als erster Rektor der 1877 gegründeten Universität Tōkyō war er unter Mitwirkung deutscher Juristen um eine Kodifizierung des japanischen Rechts nach deutschem Vorbild bemüht.

Zu den nach Japan gerufenen deutschen Rechtsgelehrten zählte der Rostocker Staatswissenschaftler Karl Friedrich Hermann Roeder (1834–1894). Zunächst wirkte er als juristischer Berater des Auswärtigen Amtes, ab 1881 widmete er sich der Fixierung des japanischen Handelsrechts und hatte schließlich auch an der Erarbeitung der japanischen Verfassung maßgeblich Anteil. Gleich ihm waren im Auftrag der japanischen Regierung seit 1876 Paul Mayet (1846–1920) im Finanzministerium, Karl Rathgen (1855–1921) seit 1882 im Landwirtschafts- und Handelsministerium und viele andere Juristen, Finanz- und Nationalökonomen tätig. Doch es gingen nicht nur deutsche Gelehrte nach Japan. Die japanische Regierung delegierte auch junge Japaner zum Studium nach Deutschland. In den Jahren nach der Reichsgründung waren bereits mehr als hundert japanische Studenten an der Berliner Universität immatrikuliert, eine Zahl, die bis zur Jahrhundertwende auf das Fünffache anwuchs.

Besondere Bedeutung in der Entwicklung und Vertiefung der

deutsch-japanischen Wissenschaftsbeziehungen erlangte der spätere japanische Außenminister Aoki Shūzō (1844–1919), der 1868 zum Studium nach Berlin gekommen war. Seinen Empfehlungen folgend, wurden nicht nur die traditionellen Fachgebiete Medizin und Militärwesen belegt, er sorgte dafür, daß auch technische Disziplinen in das Studienprogramm einbezogen wurden und Praktikanten die deutschen Industriebetriebe besuchten.

In Nachfolge von Philipp Franz von Siebold ist für uns besonders interessant, wie die von ihm geförderte medizinische Aus- und Weiterbildung ihre Fortsetzung fand. Trotz der Verdienste Siebolds bei der Verbreitung der Erkenntnisse der westlichen Medizin war die japanische Medizin bis zu den Meiji-Reformen zumeist der ostasiatischen, vor allem der chinesischen Medizin gefolgt. Kenntnisse der westlichen Medizin blieben einer relativ kleinen Gruppe von Ärzten vorbehalten.

Das änderte sich mit dem Jahre 1868. Nach den Meiji wurden an der 1857 auf Initiative des Holländers Pompe van Meerdervoist als Privatanstalt gegründeten Medizinschule von Tōkyō, die inzwischen vom Staat übernommen worden war, zunächst vor allem englische Ärzte angestellt. Ein Memorandum von Sagara Kōan und Iwasa Jun, der Rektoren der Medizinschule, führte auf der Grundlage der nach Europa entsandten Delegationen jedoch den Nachweis, daß die deutschsprachige Medizin den ersten Platz in der Welt einnehme, und leitete daraus die Forderung ab, daß die japanischen Medizinstudenten von deutschen Professoren nach deutschen Studienplänen unterrichtet werden sollten.

Die japanische Regierung ersuchte den preußischen Geschäftsträger Max von Brandt (geb. 1835) um Vermittlung einer geeigneten Lehrkraft. Die Wahl fiel auf den Oberstabsarzt Leopold Müller, der bereits während eines zwölfjährigen Aufenthalts in Haiti Erfolge bei der Organisation des medizinischen Unterrichts und beim Aufbau der öffentlichen Hygiene erringen konnte und über große Erfahrungen verfügte. Müller, dem die Auswahl des Begleiters überlassen wurde, entschied sich für den Marine-Assistenzarzt Theodor E. Hoffmann.

Nachdem der Ausbruch des Deutsch-Französischen Krieges die Abreise verzögert hatte, trafen beide Ärzte am 23. August 1871 in Yokohama ein. Der bisherige Direktor machte sie mit ihrem neuen Wirkungskreis, der Medizinschule »Igakko« zu

Tōkyō vertraut. Müller übernahm den Unterricht in Chirurgie, Augenheilkunde und Geburtshilfe, während sich Hoffmann der Inneren Medizin widmete. Vor allem setzten sich beide die Modernisierung der japanischen medizinischen Ausbildung zum Ziel. Dabei war die enge Verbindung von theoretischer und praktischer Unterweisung oberstes Prinzip. Müller charakterisierte die Verhältnisse der Medizinschule bei seiner Ankunft: »Das Hauptgewicht des ärzlichen Studiums wurde auch nicht auf den Besuch der Medizinschule gelegt, sondern jeder Schüler ging zu einem älteren Arzte in die Lehre, lernte von ihm außer den alten chinesischen Traditionen, noch einige, seinem Meister spezielle Rezepte, Kurmethoden oder chirurgische, viel seltener auch geburtshilfliche Operationen oder Handgriffe, die dann, als großes Geheimnis, alleiniges Eigentum dieses Lehrers und seiner Schüler waren und deren Ruhm begründeten. Die Lehrzeit war unbestimmt, zwei bis drei Jahre; der Schüler mußte die Geheimhaltung des Gelernten versprechen und hatte auch persönlich das größte Intesse daran, daß die großen Geheimnisse und Künste, denen er Ruf und Broterwerb verdankte, nicht etwa Gemeingut würden.« Die Hauptausbildung war also die »Lehrzeit«, die durch den Besuch der Medizinschule ergänzt wurde, in der kein systematischer Unterricht stattfand, sondern jeder Schüler besuchte sie so lange und so oft, wie er es für richtig hielt. Man las in Büchern und stellte dem Lehrer Fragen.

Die ungewohnte, höhere Anforderungen an den Hörer stellende Umstellung des bisherigen Frage-Antwort-Prinzips auf eine systematische Wissensvermittlung behagte der Mehrzahl der dreihundert Schüler nicht. Bald blieb die Hälfte dem Unterricht fern, ihnen folgten weitere, meist ältere Teilnehmer, so daß schließlich nur noch fünfunddreißig übrigblieben, diese aber waren eine echte Elite, die »Kaderschmiede« der künftigen japanischen Ärzteschaft. Es hatte sich gezeigt, daß es für ein wissenschaftlich fundiertes Medizinstudium in den Anfangsjahren erforderlich war, naturwissenschaftliche und Sprachkurse einzuführen, auf denen dann das spätere Fachstudium aufbaute. Zu diesem Zweck wurde weiteres Lehrpersonal von Deutschland nach Japan entsandt.

Deutsch wurde zur vorherrschenden Unterrichtssprache, was den Vorteil hatte, daß auch die in der Mehrzahl in deutscher Sprache zur Verfügung stehende Fachliteratur im Original gelesen werden konnte. Gemeinsam mit Max von Brandt gründete Müller 1873 die »Deutsche Gesellschaft für Natur- und Völkerkunde Ostasiens«. Ursprünglich als Vereinigung der in Japan tätigen deutschen Wissenschaftler und Berater zum Gedanken- und Erfahrungsaustausch gedacht, förderte sie bis zum Übergang des Deutschen Reiches in seine imperialistische Phase durchaus die wissenschaftlichen Forschungen und Kontakte, vor allem auf naturwissenschaftlich-medizinischem Gebiet.

Die sich nach 1904 vollziehende Ablösung der Wissenschaftler durch Kaufleute und Politiker führte nicht nur zu einem Absinken des wissenschaftlichen Niveaus, mehr und mehr wurde die »Gesellschaft« auch zu einer Pflegestätte des »Deutschtums« und damit zu einem Gremium, das ideologisch an dem Weg in die Tragödie unserer beider Völker ihren Anteil hatte.

Nachdem Müller die Ärzte A. Wernich und W. Schultze eingearbeitet hatte, kehrte er gemeinsam mit Hoffmann in die Heimat zurück. Leider ermangelte es Wernich an der entscheidenden Voraussetzung zum Erfolg, der Liebe und Achtung zum japanischen Volk. Er gefiel sich als Schulmeister und selbstgefälliger Kritiker und schied 1878 aus seinem Amt aus.

Das ganze Gegenteil war Erwin von Bälz (1849–1912), ein würdiger Nachfolger Siebolds, der in dessen Geist ein selbstloser, hochgeachteter Freund seines Gastgeberlandes war. Im März 1876 war er dem Ruf der japanischen Regierung gefolgt und hatte die Lehrtätigkeit der Inneren Medizin aufgenommen.

Als im Mai 1877 die bisherige medizinische Hochschule als Fakultät mit der neu gegründeten Universität vereinigt wurde, boten sich ihm noch größere Wirkungsmöglichkeiten. Er führte erstmals in Japan Spezialvorlesungen der Psychiatrie, Gynäkologie und Geburtshilfe ein und stellte die für die studentische Ausbildung notwendige enge Verbindung zu Klinik und Ambulanz her. Sein engster Mitarbeiter war Julius Scriba (1848–1905), der sich um die Fundierung und Ausbreitung der wissenschaftlichen Chirurgie in Ostasien große Verdienste erwarb. Beiden Ärzten wurden noch zu Lebzeiten bei dem Universitätsgebäude in Tōkyō ein Denkmal gesetzt.

In seiner Festrede zum 100. Geburtstage seines großen Vorbildes Philipp Franz von Siebold erklärte Bälz, daß die deutschen Ärzte nicht nur als Lehrer und Gebende gekommen waren. Außerordentlich groß waren auch die Anregungen und

Gaben, die sie in Japan empfangen konnten. Das vor allem im Bereich der Naturwissenschaften, auf dem weiten Feld tropischer Infektionskrankheiten und in den die europäische Medizin bereichernden Naturheilverfahren, mit denen die Eigenkräfte des Organismus zur Wiedergesundung und Gesunderhaltung aktiviert werden.

Bälz erklärte, die deutschen Ärzte kamen in das ferne Inselreich, »begierig ihr eigenes Wissen und das ihrer Landsleute zu bereichern. Sie kamen auch voll vorbereitet für ihre Aufgabe ... Sie hatten die beste wissenschaftliche Ausbildung, die damals zu haben war, und vor allem brachten sie die kostbarste Gabe des Erforschens neuer Länder mit sich: ein offenes Auge und Ohr und Herz für die ganze Natur, einen scharfen Blick für alles was da grünt und blüht, lebt und webt, sich regt und bewegt, fleucht und kreucht unter Gottes lieber Sonne, dazu einen festen beharrlichen Willen und schließlich die unentbehrliche eiserne Gesundheit ... Siebold war ein Freund der Japaner, und die Japaner haben es dankbar anerkannt.«

Gewiß waren zu Beginn des wissenschaftlichen Kontaktes in dem Bestreben, das fortgeschrittene Wissen möglichst schnell und umfassend zu nutzen, Fehler begangen worden. Bälz machte darauf aufmerksam: »Meiner Meinung nach sind in Japan falsche Ansichten zu Ursprung und Wesen der westlichen Wissenschaft verbreitet. Man hält die Wissenschaft für eine Maschine, die innerhalb eines Jahres eine bestimmte Leistung erbringt, oder auch für eine Maschine, die man ohne weiteres an einen anderen Ort versetzen und dort weiterarbeiten lassen kann. Das ist ein Fehler! Die Welt der westlichen Wissenschaft ist durchaus keine Maschine, sondern ein Organismus ...«

Die japanischen Wissenschaftler verstanden es immer besser, nicht nur die Ergebnisse zu übernehmen, sondern auch deren Entwicklung kennenzulernen und entsprechende Schlußfolgerungen für ihr eigenes Land zu ziehen. Dabei bemühten sie sich zunehmend, das Neue mit den nationalen Traditionen in Übereinstimmung zu bringen. Es gelang ihnen, mit den neuen Erkenntnissen ihr wissenschaftliches Weltbild zu erweitern, vor allem vermochten sie, die Wissensbereicherung zielgerichtet mit deren praktischer Anwendung in Produktion, Transport- und Kommunikationswesen zu verbinden.

Bälz vermerkte jedoch auch im Gegensatz zu den freundschaftlichen Kontakten der Wissenschaftler, die im beiderseitigen Nutzen vertieft und ausgebaut wurden, mit großer Sorge das Anwachsen des »Molochs der nationalen Eitelkeit« der deutschen Diplomaten, deren dünkelhafte Überheblichkeit die freundschaftlichen Bande der Völker störte. Im Mai 1900 notierte er in seinem Tagebuch: »Graf Leyden (deutscher Gesandter W. G.) ... hat auch nicht den Schatten von Interesse und Verständnis. Er hat eine tief eingefleischte Abneigung gegen die Japaner. Er trägt sie ganz offen zur Schau. Auf einem anderen Posten mag er sich bewähren, hier bedeutet sein Verhalten einen ungeheuren Schaden ... Um so schlimmer für Deutschland, als schon sein Vorgänger (Freiherr von Gutschmidt W. G.) ähnliche Gesinnung bezeigte.«

## Lebendiges Erbe

Ein Diplomat völlig anderer Sinnesart war Heinrich von Siebold, dessen Wege sich in Ausübung des Dienstes häufig mit seinem älteren Bruder Alexander kreuzten. Beide setzten in Denken und Handeln das humanitäre Werk ihres Vaters fort. Das Beispiel von Vater und Bruder hatten auch das Interesse Heinrich von Siebolds an dem fernen Land geweckt. Bereits der 14jährige Gymnasiast lernte intensiv Japanisch, und mit 17 Jahren reiste Heinrich von Siebold mit dem Sekretär seines Bruders 1869 nach Tōkyō, wo er bei der österreichisch-ungarischen Vertretung zunächst als unbezahlter Dolmetscher arbeitete, bald aber eine feste Anstellung erhielt. Der österreichische Gesandte Heinrich von Calice (1831–1912) stellte den jungen Siebold der japanischen Ausstellungskommission zur Vorbereitung der Wiener Weltausstellung zur Verfügung, und er reiste mit einer Anzahl japanischer Kaufleute, Künstler und Handwerker in die österreichische Metropole, wo er sich mit seinem Bruder traf. Die japanische Exposition war Hauptmagnet der Weltausstellung. Hier bot sich erstmals in Europa Gelegenheit, die kulturellen Errungenschaften, aber auch die industriellen Fortschritte des fernen, bisher völlig vom Weltverkehr abgeschlossenen Landes zu bewundern.

Nach Japan zurückgekehrt, war Heinrich von Siebold wie sein Bruder an den Verhandlungen um die Revision der unter

Druck abgeschlossenen ungleichen Verträge beteiligt. Das Amt des österreichischen Legationssekretärs bot ihm jedoch ausreichende Zeit, auch Reisen durch das Land zu unternehmen und damit die Forschungen und Sammlertätigkeit seines Vaters, dessen Ansehen ihm überall die Türen öffnete, fortzusetzen.

Heinrich von Siebolds Interesse galt vor allem der altjapanischen Kultur. Er vermochte mit eigenständigen Studien gewichtige Beiträge zur japanischen Archäologie und Ethnologie, besonders über die Sitten und Gebräuche der Ainu, zu leisten. Viele seiner Sammlungsgegenstände fanden Eingang in europäische Museen, besonders in das Museum für Völkerkunde in Leipzig, als dessen Bevollmächtigter er in Japan tätig war.

Das fehlende Studium und damit auch die nicht abgelegten Diplomatenexamen standen jedoch einer erfolgreichen Karriere entgegen. Der Einsatz in Aufgabenbereichen, die seinen Fähigkeiten nicht entsprachen, war für ihn auf die Dauer unbefriedigend. Als ihm schließlich der beeinträchtigte Gesundheitszustand weitere Sorgen bereitete, zog es Heinrich von Siebold 1899 vor, um die Versetzung in den Ruhestand nachzusuchen. Dank einer großzügig gewährten Pension konnte er sich in der Heimat der Fortsetzung seiner Studien widmen.

Die Brüder Siebold bemühten sich, die Erinnerung an ihren Vater wachzuhalten und sein Werk in seinem Sinne fortzusetzen. Alexander von Siebold verfaßte für die »Allgemeine Deutsche Biographie« einen Beitrag über seinen Vater, legte 1896 anläßlich seines 100. Geburtstages die »Denkwürdigkeiten aus dem Leben und Wirken von Ph. Fr. von Siebold« vor und widmete ihm in der Zeitschrift »Ost-Asien« die Artikelfolge »Erinnerungen an Alt-Japan«, die 1903 in einer überarbeiteten Fassung unter dem Titel »Ph. F. von Siebold's letzte Reise nach Japan 1859–1862« auch als selbständige Publikation erschien. Der umfassenden Siebold-Biographie des japanischen Arztes Kure Shūzō (1867–1932) folgend, legte Heinrich von Siebold 1909 die Schrift »Ph. F. Siebold. Der Erforscher Japans, sein Leben und Wirken« vor.

Beide Söhne bearbeiteten mit großzügiger Unterstützung der japanischen Regierung und hoher japanischer Würdenträger gemeinsam die zweite Auflage des »Nippon-Archivs« und bekannten zu ihrem Vorhaben im Vorwort der Neuausgabe: »Die erste Auflage des Nippon blieb leider unvollendet. Es ist das Bestreben der Herausgeber der zweiten Auflage gewesen, diese

Lücken auf Grund der hinterlassenen Aufzeichnungen auszufüllen und somit das Werk nach dem ursprünglichen Entwurfe zu vollenden. Diese Arbeit wurde durch den glücklichen Umstand erleichtert, daß unter dem hinterlassenen Material die fehlenden Teile in fast vollendeter Ausarbeitung vorgefunden wurden, so daß die Herausgeber bloß die letzte Hand anzulegen brauchten.«

So blieb der Name Philipp Franz von Siebold als des besten Japankenners seiner Zeit dank dem Wirken seiner Söhne, die das Werk des Vaters in seinem Sinne der Völkerverständigung fortsetzten, bewahrt. Der österreichische Diplomat Ottmar von Mohl (1846–1922) beschrieb in seinen Erinnerungen »Am japanischen Hofe« (Berlin 1904) seine Eindrücke von den Brüdern Siebold und deren Leistungen: »Bei der Entdeckung von Deutschland und dem damit verbündeten Österreich seitens der Japaner spielten ohne Zweifel die Nachkommen des Forschers Ph. F. v. Siebold, die Freiherren Alexander und Henry v. Siebold, eine einflußreiche Rolle, da sie, als die vollkommensten Kenner der japanischen Sprache und Verhältnisse überhaupt, die geborenen Vermittler zwischen japanischen und europäischen Anschauungen in ihren verschiedenen Stellungen in Tokio sein mußten.«

# Anhang

## Literaturverzeichnis


Werke von Philipp Franz von Siebold

De historia naturalis in Japonia statu, nec non de augmento emolumentisque in decursu perscrutationum exspectandis dissertatio, cui accedunt spicilegia faunae japonice. Batavia 1824.

Nippon. Archiv zur Beschreibung von Japan und dessen Neben- und Schutzländern: Jezo mit den südlichen Kurilen, Krafto, Kooraï und den Liukiu-Inseln, nach japanischen und europäischen Schriften und eigenen Beobachtungen bearbeitet. Leiden 1832–1858. 7 Teile (Davon: Niederländische Übersetzung der 1. Lieferung, Leiden 1832. Französische Übersetzung von Teilen in 5 Bänden, Paris 1838–1840. Russische Übersetzung einzelner Abschnitte 1840)

2., veränderte und ergänzte Auflage. Würzburg und Leipzig 1897. 2 Bände.

3., ergänzte Auflage (Zentenarausgabe). Berlin, Wien, Zürich 1930–1931. 5 Bände.

Bibliotheca Japonica, sive selecta quaedam opera Sinico-Japonica in usum eorum, qui literis Japonicis vacant. Leiden 1833–1841. 6 Bücher (verfaßt mit Joseph Hoffmann).

Fauna Japonica sive descriptio animalium, quae in itinere per Japoniam, jussu et auspiciis superiorum, qui summum in India Batava imperium tenent, suscepto, annis 1823–1830 collegit, notis, observationibus et adumbrationibus illustravit Ph. Fr. de Siebold. Leiden 1833–1850. 5 Bände (verfaßt mit Hermann Schlegel und Willem de Haan).

Flora Japonica sive Plantae, quas in imperio Japonico collegit, descripsit, ex parte in ipsis locis pigendas curavit Dr. Ph. Fr. de Siebold. Leiden 1835–1841 (verfaßt mit Joseph Gerhard Zuccarini, fortgesetzt von Friedrich Anton Wilhelm Miquel, Leiden 1870).

Karte vom Japanischen Reiche nach Originalkarten und astronomischen Beobachtungen der Japaner. Leiden 1840.

Geschichte der Entdeckungen im Seegebiete von Japan nebst Erklärung des Atlas von Land- und See-Karten vom Japanischen Reiche und dessen Neben- und Schutzländern. Leiden, Leipzig, Berlin, New York 1852. (auch in Nippon)

Urkundliche Darstellung der Bestrebungen von Niederland und Rußland zur Eröffnung Japan's für die Schiffahrt und den Seehandel aller Nationen. Bonn 1854. (Niederländische und Russische Übersetzung 1854, 1855)

Open brieven uit Japan. Deshima 1861.

Catalogue de la bibliothèque apportée au Japon. Deshima 1862.

Werke über Philipp Franz von Siebold (nur in deutscher Sprache)

Körner, Hans: Die Würzburger Siebold. Eine Gelehrtenfamilie des 18. und 19. Jahrhunderts. Neustadt 1967.

Siebold, Alexander von: Denkwürdigkeiten aus dem Leben und Wirken von Ph. Fr. von Siebold zur Feier seines hundertjährigen Geburtstages. Würzburg 1896.

Siebold, Alexander von: Ph. F. von Siebold's letzte Reise nach Japan 1859–1862. Berlin 1903.

Siebold, Heinrich von: Ph. Fr. von Siebold. Der Erforscher Japans, sein Leben und Wirken. Nach der japanischen Denkschrift des Dr. S. Kure dargestellt. Leipzig 1909.

Reisen in Nippon. Berichte deutscher Forscher des 17. und 19. Jahrhunderts aus Japan. Ausgewählt und eingeleitet von Herbert Scurla. Berlin 1982.

## Personen- und Ortsregister

## Bildquellen

Universitätsbibliothek, Leipzig (8), Archiv Autor (62). Die Japan-Bilder entstammen Philipp Franz von Siebolds Werk »Nippon«. Zentenarausgabe 1930–1931.

Reproduktionen: Foto Lotze, Leipzig, Fotostelle Universitätsbibliothek, Leipzig, Zentrale Fotostelle Klinikum Kröllwitz, Martin-Luther-Universität Halle-Wittenberg